创新创业教研公众号　　创新创业虚拟教研室

- 2021年教育部产学合作协同育人项目"专思创融合视角下创新创业教师教学能力培训"（202102490067）

- 2020年湖南省普通高等学校教学改革研究项目"基于专思创融合视角的创新创业混合式教学模式与'金课'建设研究"（HNJG-2020-0167）

从创意到创业系列丛书

创新创业
一流课程教学指导手册

孟奕爽 著

华中科技大学出版社
http://press.hust.edu.cn
中国·武汉

内 容 提 要

本书是创新创业课程的教学用书,适合从事创新创业专职教学和"专创融合"课程教学的教师作为教学设计和实践的参考书。本书具有以下三方面特点。

原创性。本书主要内容均来自作者多年从事创新创业教育和研究的积累和积淀。作者从实践出发,不断总结教学心得体会,提炼出了创新创业课程设计的"4P原则""5M模型"和"5D策略"。

有效性。作者通过两年时间在20余所院校交流分享教学心得体会,帮助教师们进行课程建设,其方法和策略经过实践验证确实有效可行,可供从事"双创"教育的老师们借鉴。

融合性。作者将创新创业教育、专业教育和思政教育相融合,在"双创"教育中结合学生专业深度学习,在培养学生商业思维的同时强调商业伦理和公益精神,从而引导学生树立正确的人生观和价值观。

作者通过孜孜不倦的教学研究和实践,逐渐形成了一套具有系统性、有效性、可复制性的教学方法,这一教学方法对一流课程建设和"双创"教育有很强的启发性,有助于培养学生创业精神、创新思维和创造能力。

图书在版编目(CIP)数据

创新创业一流课程教学指导手册/孟奕爽著.—武汉:华中科技大学出版社,2022.10
ISBN 978-7-5680-8543-4

Ⅰ.①创… Ⅱ.①孟… Ⅲ.①大学生-创业-高等学校-教材 Ⅳ.①G647.38

中国版本图书馆CIP数据核字(2022)第180924号

创新创业一流课程教学指导手册 孟奕爽 著
Chuangxin Chuangye Yiliu Kecheng Jiaoxue Zhidao Shouce

策划编辑:王　乾
责任编辑:王　乾
封面设计:原色设计
责任校对:刘　竣
责任监印:周治超

出版发行:华中科技大学出版社(中国·武汉)　　电话:(027)81321913
　　　　　武汉市东湖新技术开发区华工科技园　　邮编:430223
录　　排:孙雅丽
印　　刷:武汉科源印刷设计有限公司
开　　本:787mm×1092mm　1/16
印　　张:12.75
字　　数:292千字
版　　次:2022年10月第1版第1次印刷
定　　价:59.80元

本书若有印装质量问题,请向出版社营销中心调换
全国免费服务热线:400-16679-118　竭诚为您服务
版权所有　侵权必究

推荐序一

20世纪80年代,沃伦·本尼斯(Warren Bennis)和伯特·纳努斯(Burt Nanus)在《领导者》(Leaders)一书中将世界的形势总结为乌卡(VUCA,即 volatility(易变性)、uncertainty(不确定性)、complexity(复杂性)和 ambiguity(模糊性)的缩写)。2016年著名未来学家牙买加·卡西欧(Jamais Cascio)在此基础上提出世界已经进入了BANI时代,BANI即 brittle(脆弱)、anxious(焦虑)、non-linear(非线性)和 incomprehensible(无法理解)的缩写。卡西欧认为过去不稳定的事物已经不再可靠;人们除了感到不确定外,面对无法预测的未来更会感到焦虑;事物的发展规律比过去更加复杂,呈现出非线性系统的逻辑;过去看起来模棱两可的特征在今天更无法被人理解。无论是VUCA还是BANI,都是人们用来理解当前环境变化的一种思维框架,对于人们重新认识世界,更好地把握事物变化的因果关系提供了全新的认知范式。2020年以来,太多的黑天鹅事件和灰犀牛事件集中爆发,使人们发现已经无法用过去的经验应对突如其来的变化。气候的反常、疫情的反复、环境的动荡、世界格局的剧变等一系列突如其来的变化改变了人们对于世界原有的认知范式。当年高呼"重估一切价值"的哲学家尼采恐怕也很难想象如今的世界能发生如此大的剧变。

在这样的时代背景下,沿袭传统的就业导向或者常规商业模式的"谋生型创业"已经不能适应社会需求,创业教育需要转变为基于创新的创业(IBE, Innovation based Entrepreneurship)。作为未来社会知识精英的大学生们不仅需要认真学习各类专业知识和技能,更要熟练掌握基于创新思维的创业方法。为了帮助学生实现这一目标,"双创"教育需要不断升级迭代,从自身开始实施教学创新,更新教学理念、变革教学方法、改进教学策略,设计开发出更适合时代发展需求和学生成长需要的优质课程。

湖南师范大学的孟奕爽老师是创新创业教育领域的辛勤耕耘者,他主持了国家级一流本科线上课程"从创意到创业"和湖南省一流本科课程(线上线下混合式)"知识创业思维与方法",本书主要来自他多年从事一线教学的感悟和体会,具有很强的启发性。我认为本书可以帮助从事创新创业教学的老师们获得以下两方面价值。

首先是加深对创新创业课程定位的理解。早期的"双创"教育多来自复制MBA课程,教授学生们如何注册一家公司,以及如何创办和运营一家企业。实际上,真正具有创立企业条件和资源的学生是非常少的,对于大多数学生来说,"双创"课程其实是一种博雅教育,即通过"双创"教育帮助学生以创新创业的思维与方法解决成长过程中面临的问题,以经营企业的方法运营好自己的人生。亚历山大·奥斯特瓦德(Alexander Osterwalder)和伊夫·皮尼厄(Yves Pigneur)曾经在《商业模式新生代》(Business Model Generation)的个人篇里提到,他们在完成了商业模式画布之后惊喜地发现,商业模式思维同样可以应用于个人职业生涯规划。

无独有偶，全球顶尖的营销战略专家，"定位"之父杰克·特劳特（Jack Trout）基于自己提出的定位理论专门写了一本名为《人生定位：特劳特教你营销自己》（Horse Sense:The Keys of Success Is Finding a Horse to Ride）的书，我国的管理咨询专家刘捷也出了一本书，名为《像经营企业一样经营自己：人人都能学的职场规划术》。创立一家企业需要分析市场、设计生产产品、提供客户服务、实现商业价值。个人职业发展又何尝不是如此呢？我们可以用SWOT模型分析自己的优势、劣势、威胁和机会，用STP模型进行准确定位，用PEST工具认知职业环境，等等。创新创业课程绝不仅仅教会学生如何创立和运营一家企业，它还能帮助学生开创属于自己的一番事业，从而实现自己的人生价值。

其次是创新创业课程的教学方法。本书详细分析了线上教学、案例教学、项目式教学、游戏化教学等多种教学方法的应用技巧，有助于教师综合运用这些方法从而提升教学效果。作者结合自己的实践，不仅深度解读了这些教学方法的应用场景，更给出了具体的操作细节，方便教师参考运用。同时，这些教学方法并非"双创"课程专用的，在其他专业课程教学过程中也可以广泛应用。目前，很多学校都在提倡"专创融合"，教师们可以引导学生立足于本专业开展项目式学习、科技创新和内容创业，通过结果导向式教学，以输出倒逼输入，以成果催化认知，全面提高学生的综合素养。

教有常法，但无定法，贵在得法。教学是一项技术，更是一种艺术，需要教师们不断探索、持续改进，为学生们提供更有价值的引领性思想和专业性指导。本书是孟奕爽老师教学研究的创新性、阶段性成果，对于建设国家级创新创业学院、国家级虚拟教研室和一流课程可以发挥重要作用，推荐给各位，希望大家一起交流、共同进步。

教育部数智时代创新创业教育改革虚拟教研室负责人
中国高等教育学会创新创业教育分会秘书长
教育部高等学校创新创业教育指导委员会委员
上海财经大学商学院副院长、创业学院执行副院长
博士、教授

推荐序二

习近平总书记曾指出:"实现中华民族伟大复兴的中国梦,需要一代又一代有志青年接续奋斗。广大青年要以国家富强、人民幸福为己任,胸怀理想、志存高远,积极投身中国特色社会主义伟大实践,并为之终生奋斗。"历史和现实都告诉我们,青年一代有理想、有担当,国家就有前途,民族就有希望,实现我们的发展目标就有源源不断的强大力量。当代大学生肩负着继承和发展民族大业的重要使命,大学生的创新创业能力培养关乎时代发展和社会走向。创业并不仅限于创立企业,更是开创新的事业。创业者是一群渴求改变现状的人,他们希望锐意创新、实现抱负,愿意为了未来更美好的愿景而殚精竭虑、开拓进取。面对不确定性,他们没有犹豫和焦虑,积极利用不确定性所孕育的机会,驾驭风险,实现人生梦想和社会价值。面向大学生的"双创"教育不仅要培育学生开创企业运营管理的能力,更要培育他们的开拓精神、创新思维,使学生成长为"敢闯会创"的精英人才。

回望我国创新创业教育的发展历程,起点可以追溯到1997年清华大学举办首届创业计划大赛,当年该校经济管理学院最早在国内MBA培养计划中设立创新创业专业方向。[①] 2002年4月,教育部在9所大学开展创新创业教育试点工作。2007年党的十七大明确提出"提高自主创新能力,建设创新型国家"和"促进以创业带动就业"的发展战略,这一国家政策显著促进了创新创业教育的发展。2010年5月,教育部颁行了第一个推进创新创业教育的全局性文件《关于大力推进高等学校创新创业教育和大学生自主创业工作的意见》,并将创新创业教育明确定义为"适应经济社会和国家发展战略需要而产生的一种教学理念和模式"。《2015年国务院政府工作报告》中,将"大众创业,万众创新"作为驱动经济发展的重要引擎。随后,国家连续颁布了多项支持高校创新创业教育的政策性文件,国办发〔2015〕36号文件《国务院办公厅关于深化高等学校创新创业教育改革的实施意见》中明确指出,深化高等学校创新创业教育改革,是国家实施创新驱动发展战略、促进经济提质增效升级的迫切需要,是推进高等教育综合改革、促进高校毕业生更高质量创业就业的重要举措。国务院办公厅于2021年10月12日发布了《关于进一步支持大学生创新创业的指导意见》,进一步强调"纵深推进大众创业万众创新是深入实施创新驱动发展战略的重要支撑,大学生是大众创业万众创新的生力军,支持大学生创新创业具有重要意义"。经过20多年的蓬勃发展,创新创业教育理念、培养目标、教学方法等方面不断创新和迭代,已经从最初的鼓励学生注册公司创立企业转变为培养创新思维和创业精神;从关注风险管控和资源利用效率的最大化更新为应对不确定性和资源高度约束条件下的快速行动;从面对常态化情景到关注充满变化中的场景;从注重流程、质量和稳定发展到更多在意机会、速度和竞争优势。从一定程度上讲,创

---

① 中华人民共和国教育部高等教育司组.创业教育在中国:试点与实践[M].北京:高等教育出版社,2006.

业者不仅需要努力在确定环境下做到更优,更要在变化环境中实现更适应性。当然,创业并非仅限于新创企业,近年来备受关注的企业内部创业即是在已有企业中开发新的项目、业态或者产品。当今环境已经从 VUCA 变为和 BANI,越来越多的企业开始用创业思维和理念思考战略问题。

教学目标和教学内容发生了变化,教学方法也需要不断创新和突破。很多教师都在该领域进行积极的探索和实践,湖南师范大学的孟奕爽老师就是其中的优秀代表。他于2016年至2019年在中南大学工商管理博士后流动站从事创新创业研究工作,一直关注该领域的前沿和发展。2019年他出版了专著《创业思考力:从创意到产品开发》,研究了创业者从洞察需求、发现机会到开发产品、形成商业模式的过程。近年来,他重点研究了创新创业教育领域的问题,本书是他主持的教育部产学合作协同育人项目"专思创融合视角下创新创业教师教学能力培训"和湖南省普通高等学校教学改革研究项目"基于专思创融合视角的创新创业混合式教学模式与'金课'建设研究"的成果之一,对从事"双创"教育的教师有一定启发作用。我认为该书具有以下三方面特点。

一是原创性。该书主要内容均来自作者多年从事创新创业教育和研究的亲身体会。他主持的线上课程"从创意到创业"获得了首批国家级一流本科线上课程认定;"知识创业思维与方法"获得了湖南省一流本科课程(线上线下混合式)认定,并被推荐参评国家级一流本科课程。作者从自己建设一流课程的教学实践出发,不断总结心得体会,提炼出了创新创业课程设计的"4P原则""5M模型"和"5D策略"。这些结构化思维模型有助于"双创"教师们更高效地开发课程、实施教学。

二是有效性。作者通过教学实践总结规律,通过研究提升思想,进一步促进教学。他获得了湖南省普通高校教师课堂教学竞赛和信息化教学竞赛一等奖、湖南省高校教师就业指导课程教学创新大赛特等奖和首届全国高校教师教学创新大赛一等奖等多个奖项,并在20多所院校和教学研讨会上分享了教学心得体会,帮助教师们建设课程,不少教师应用这些方法和策略在多个教学竞赛中获奖,因此,其理论和方法已得到实践证实,可供从事"双创"教育的老师们借鉴。

三是融合性。在教学内容方面作者将创新创业教育、专业教育和思政教育相融合,在"双创"教育中结合学生专业进行深度学习,在培养学生商业思维的同时更强调商业伦理和公益精神,引导学生树立正确的人生观和价值观。商业上的成功不仅要靠创业者的聪明才智和勤奋努力,良好的人品和真诚的态度才是根本。在教学方法方面,他将体验式教学、项目式教学和案例式教学等多种方法融合,实现了良好的效果。

作者通过孜孜不倦的教学研究和实践,逐渐形成了一套具有系统性、有效性、可复制性的教学方法,该方法对一流课程建设、创新创业教育有很强的启发性,有助于培养学生成为具有创业精神、创新思维和创造能力的优秀人才。

中南大学商学院二级教授、博士生导师

自　序

《"十四五"数字经济发展规划》中指出：新一轮科技革命和产业变革深入发展，数字化转型已经成为大势所趋。在这一形势下，我们必须准确识变、科学应变、主动求变，善于在危机中育先机、于变局中开新局。如何应对未来的挑战，对于国家、各类组织以及个人来说都是关乎生存和发展的重要课题。面对VUCA时代的易变性、不确定性、复杂性和模糊性，以往的经验可能已经失效，原有的理论方法并不能解决层出不穷的新问题，创新创业教育作为破局之法，其价值和作用显得尤为重要。然而，如今很多学校、教师和学生对于创新创业教育还存在不同程度的误解，以为教创业就是让学生开公司、办实业，认为学生没技术、没资源、没社会积累、没经验，无法开展创业活动。实际并非如此。创字在《说文解字》中原本的写法是"刱"：左边是井字、右边是刅字，意思是用利刃去挖井。古人"凿井而饮，耕田而食"，新挖了一口井就是开拓了一个新的定居点，开启了新的生活。我们不能局限地将创业理解为开公司、办企业，而应将创业理解为开创新的事业、创建新的基业。南开大学张玉利教授及其团队将创业定义为：在资源高度约束、不确定性强情境下的假设验证性、试错性、创新性的快速行动机制，这个机制支撑的是改变、挑战和超越，创建企业只是创业的一种载体或手段。我们可以这样理解，创业的核心是通过创造性地利用有限资源条件，不停试错、不断进取，达成目标的过程。创业的形式有很多，可以是注册公司，也可以是成立社会组织，可以是自由职业，也可以是大公司内部创业。创业者无论是成立个人工作室还是建团队办公司，无论是在公司内部开启新的项目还是在短视频网站当up主，这些都是创业。大学创新创业教育是国家的要求，时代的需求，也是个人的追求。

第一，从国家角度看，习近平总书记提出了"三创"，即"创新、创业、创造"，强调创新创业的价值和作用。2015年，国务院印发的《关于大力推进大众创业万众创新若干政策措施的意见》中明确提出："推进大众创业、万众创新，是发展的动力之源，也是富民之道、公平之计、强国之策。"2018年，国务院印发《关于推动创新创业高质量发展打造"双创"升级版的意见》中再次指出："推进大众创业万众创新是深入实施创新驱动发展战略的重要支撑、深入推进供给侧结构性改革的重要途径。"2021年，国务院办公厅又发布了《关于进一步支持大学生创新创业的指导意见》，进一步强调："大学生是大众创业万众创新的生力军，支持大学生创新创业具有重要意义。"从时间上看，恰好每隔三年出台一个重要文件，这些文件的发布说明国家对创新创业的重视。如今，创新创业在中国已经不是一个孤立的企业行为，而是激发社会潜在资源、推动经济发展的国家关注点。我们需要从"中国制造"升级为"中国创造"，基于制造业优势升级产业,形成全产业链的核心竞争力。要完成这种转变,大学生的创新能力和创业精神是重要的支撑。

第二,从时代角度看,如今的世界已经进入倍速发展阶段,环境瞬息万变、社会日新月异,因循守旧、故步自封的人会很快被淘汰,只有与时俱进站在时代的潮头才能获得竞争优势,从而立于不败之地。农业时代遵循的是自然法则,日出而作,日落而息,依照四季变化生产生活;工业时代遵循的是技术法则,通过制度规范来保证群体行为按照线性发展;而互联网时代则呈现的是去中心化状态,各种规则不断被改变甚至颠覆,不确定性逐渐成为常态。互联网和信息技术的不断进步、应用和普及,驱动着数字化和智能化发展,这一进程势不可挡。熊彼特式增长①方式已经逐步取代由投资等要素驱动的经济增长方式,以新兴技术开发或应用为基础、以制度创新为条件、以创造新价值或探索价值创造新方法为基本逻辑的创业活动在经济增长过程中发挥了核心作用。在这样的时代背景下,传统的以知识传授、能力培养为核心的高等教育面临巨大的挑战,以培养创业精神、创新思维和创造能力为目标的创新创业教育就显得尤为重要。进入21世纪特别是第二个十年以来,"黑天鹅"和"灰犀牛"事件频发,国际局势波诡云谲,各类突如其来的变化让人们措手不及。在全球化的背景下,没有人能独善其身。因此,对于大学生来说,在纷繁复杂的环境中寻找解决问题的答案比接受已有的知识更加重要。

第三,从个人角度看,过去一份工作干到退休的时代已一去不复返了,人们逐渐从"读书—工作—退休"的三段式人生转为"读书—工作—创业—终身学习"的多段式人生。很多传统行业受时代发展和技术进步的影响,导致行业内企业用工需求越来越少,甚至部分行业已被新兴行业取代。例如,随着移动支付的兴起,银行柜员不断减少;随着直播带货的发展,实体店纷纷转型。随着智能化设备的升级,重复性工作已经不需要人工参与。高速公路和停车场的收费员不见了,车间里的工人被机器人取代了,甚至部分网络编辑和服装设计都能用人工智能实现。在未来,不懂创新创业就可能找不到适合自己的岗位;反之,如果学生能够不断找到社会需求、市场的痛点,并且想办法满足这些需求、解决这些痛点,就可以在创新创业中不断实现自己的人生价值。

如今,在国家政策的指引下,各级政府和各个高校对创新创业高度重视,也投入了大量资源,在"双创"教育方面取得了不少成绩。例如,很多学校专门成立了创新创业学院,将创新创业类课程作为大学生的必修课,鼓励学生积极参加以"互联网+"大学生创新创业大赛、"创青春"全国大学生创业大赛等为代表的各类赛事。

为了进一步提高创新创业教育的效果,核心课程建设非常关键。新时代的教育必须因时而进、因势而新,新时代的教师必须努力准确识变、科学应变、主动求变,培养堪当民族复兴大任的时代新人,否则从昨天走来的教师是无法培养今天的学生去面对明天的世界的。

---

① 熊彼特式增长:基于研发创新的技术进步所引致的经济增长。

自序

2018年6月教育部召开的新时代中国高等学校本科教育工作会议,此后各个高校都积极开展"一流本科教育"建设。2018年9月,习近平总书记在全国教育大会上进一步指出"教育是民族振兴、社会进步的重要基石,是功在当代、利在千秋的德政工程,对提高人民综合素质、促进人的全面发展、增强中华民族创新创造活力、实现中华民族伟大复兴具有决定性意义。教育是国之大计、党之大计"。2019年10月24日教育部正式发布了《关于一流本科课程建设的实施意见》(教高〔2019〕8号)文件,正式开启了国家级一流课程的认定工作,目前通过两批国家级一流课程认定的课程共计10866门。一流课程代表了教育部对大学课程的要求,已经获得教育部认定的一流课程可以作为同类型课程建设的范例,本书正是基于此,介绍了创新创业课程建设的思路和方法。

笔者一直从事创新创业教育的研究与实践,主持的线上课程"从创意到创业"在2019年获得湖南省普通本科学校省级精品在线开放课程认定、2020年获得首批国家级一流本科线上课程认定,该课程截至2023年8月,共有来自551所高校的20余万名学生学习,连续6次被智慧树在线教育平台在其上线的数万门课程中评为Top100课程,2022年3月入选教育部国家智慧教育平台。"知识创业思维与方法"2020年获得了湖南省一流本科课程(线上线下混合式)认定,2023年获得教育部国家级线上线下混合式一流课程认定。与之配套的专著《创业思考力:从创意到产品开发》于2019年正式出版。在教学实践方面,本人基于"从创意到创业"课程荣获2019年湖南省普通高校教师信息化教学竞赛一等奖。之后于2021年荣获湖南省高校教师就业指导课程教学创新大赛特等奖,同年8月,荣获首届全国高校教师教学创新大赛·就业指导课程教学赛事一等奖。在教学研究方面,笔者于2020年主持湖南省普通高等学校教学改革研究项目"基于专思创融合视角的创新创业混合式教学模式与'金课'建设研究"(HNJG-2020-0167),2021年主持教育部第二批产学合作协同育人项目"专思创融合视角下创新创业教师教学能力培训"(202102490067)。本书是以上两个研究课题的部分成果。

通过亲身实践创新创业课程的设计、实施和教学反思,笔者总结出了一套创新创业教育的方法和策略,先后在全国30余所大学做经验分享,并多次在各类创新创业教育论坛做主题发言,希望能够帮助更多的"双创"教师打造"金课",使他们成为教学精英。谨以本书献给在创新创业教育领域辛勤耕耘的教师们,希望能够为大家提供四张图。

第一张图是教学思维云图,展示"双创"教育的理念和思想;第二张图是课程设计蓝图,提供教学设计的操作方法;第三张图是教学实施地图,展示线上教学、项目式教学、案例教学和游戏化教学四种常用教学方法的操作技巧;第四张图是教学反思导图,这是笔者多年从事教学实践活动的心得和体悟,希望读者能从中收获隐性知识。

这四张图从宏观到微观,越来越具体。思维云图是理念,设计蓝图是行动路径,实施地图是具体的操作步骤,反思导图是从入门到精通的心法。笔者希望自己从教学经验中萃取的内容能够将隐性知识转变为显性知识,帮助读者结合自身特点领悟其真谛,形成解决问题的教学实战功夫。本书没有故作高深的理论和不明觉厉的道理,只有发自内心的真诚和毫无保留的分享。

  海明威在《真实的高贵》中说:"优于别人并不高贵,真正的高贵应该是优于过去的自己。"创新创业就是不断追求卓越,做最好的自己。《大学》中提到,"苟日新,日日新,又日新"正是如此。人生因创造而美好,普通人因创新而伟大,创业艰辛,正因此创业者被人们尊重;开拓艰难,正因此奠基人被世人铭记。我们都是芸芸众生中的一分子,当我们和一件具有开创性的事物联系在一起时,平凡就超越了平庸,瞬间就可能塑造永恒。创新创业让我们一起拥抱未来,一起点亮灵感。希望本书能够成为您从优秀到卓越路上的好伙伴。

孟奕爽于长沙
2022年4月

目 录

第一章 创新创业课程设计方法论 ... 1

第一节 创新创业课程设计理念 ... 2
一、专思创融合理念 ... 2
二、产学研协同理念 ... 6
三、师生企共创理念 ... 8

第二节 创新创业课程目标定位 ... 9
一、塑造创业者精神图谱 ... 9
二、培育创业者智力资本 ... 12
三、养成创业者行为模式 ... 16

第三节 创新创业课程设计思路 ... 18
一、课程设计原则 ... 18
二、课程设计方法 ... 23
三、课程实施策略 ... 32

第二章 创新创业线上教学 ... 43

第一节 线上课程教学设计 ... 44
一、课程基本情况 ... 44
二、教学团队 ... 46
三、课程资源 ... 47
四、教学活动 ... 48

第二节 线上课程资源制作 ... 49
一、教学视频的制作 ... 49
二、直播课程的实施 ... 53

第三节 线上课程运行管理 ... 56
一、上线运行 ... 56
二、日常运行 ... 57
三、考核评估 ... 57
四、复盘迭代 ... 58

第三章 创新创业项目式教学 ……………………………………………… 60

第一节 项目式教学概述 …………………………………………………… 61
一、项目式教学的起源与发展 …………………………………………… 61
二、项目式教学的特点 …………………………………………………… 63
三、项目式教学的价值 …………………………………………………… 64
四、项目式教学的局限 …………………………………………………… 66

第二节 项目式教学设计 …………………………………………………… 67
一、项目式教学类型 ……………………………………………………… 67
二、项目式教学环节 ……………………………………………………… 70
三、项目式教学评价 ……………………………………………………… 78

第三节 项目式教学实施 …………………………………………………… 82
一、教练式教学方法 ……………………………………………………… 82
二、师生沟通技巧 ………………………………………………………… 93
三、小组讨论工具 ………………………………………………………… 97
四、项目式教学实施标准 ………………………………………………… 105

第四章 创新创业案例教学 ……………………………………………… 108

第一节 案例教学概述 ……………………………………………………… 109
一、教学案例概述 ………………………………………………………… 109
二、案例教学法 …………………………………………………………… 115
三、教学案例示例 ………………………………………………………… 117

第二节 教学案例正文采编 ………………………………………………… 123
一、教学案例选题 ………………………………………………………… 123
二、案例素材收集 ………………………………………………………… 126
三、案例资料整理 ………………………………………………………… 129
四、案例正文撰写 ………………………………………………………… 130

第三节 案例教学设计实施 ………………………………………………… 132
一、案例使用说明编写 …………………………………………………… 132
二、案例教学实施过程 …………………………………………………… 139
三、案例反思复盘修改 …………………………………………………… 142

第五章 创新创业游戏化教学 …………………………………………… 145

第一节 游戏化教学概述 …………………………………………………… 146
一、游戏与游戏化活动 …………………………………………………… 146
二、不同类型课程的游戏化教学 ………………………………………… 152

第二节　游戏化教学设计·················160
一、活动场景设计·····················160
二、目标任务设计·····················162
三、流程规则设计·····················165
四、载体道具设计·····················166

第三节　游戏化教学实施·················176
一、流程管理························177
二、场地管理························184

后记 ·····························187

第一章 创新创业课程设计方法论

在高校开展创新创业教育是服务于创新型国家建设的重大战略举措,是知识经济对高等教育的必然要求。1998年10月联合国教科文组织世界高等教育会议明确提出"高等学校必须将创业技能和创业精神作为高等教育的基本目标"。2010年5月4日教育部发布的《关于大力推进高等学校创新创业教育和大学生自主创业工作的意见》指出"把创新创业教育有效纳入专业教育和文化素质教育教学计划和学分体系,建立多层次、立体化的创新创业教育课程体系"。2015年5月4日国务院办公厅印发的《关于深化高等学校创新创业教育改革的实施意见》进一步强调要健全创新创业教育课程体系,即"各高校要根据人才培养定位和创新创业教育目标要求,促进专业教育与创新创业教育有机融合,调整专业课程设置,挖掘和充实各类专业课程的创新创业教育资源,在传授专业知识过程中加强创新创业教育"。要落实国家文件精神,创新创业课程开发和实施是关键问题,本章基于多门课程开发经验,总结了创新创业课程设计开发的方法论,从课程设计理念、课程目标定位和课程设计思路三方面为"双创"教师提供借鉴。

本章思维导图

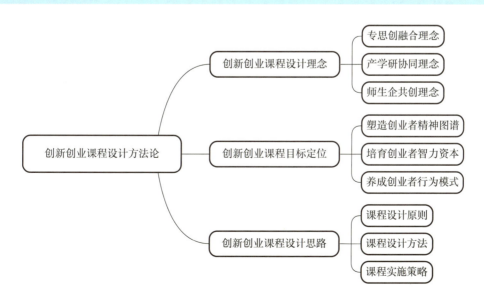

第一节　创新创业课程设计理念

国务院办公厅颁布的《关于深化高等学校创新创业教育改革的实施意见》中明确强调了"树立先进的创新创业教育理念,面向全体、分类施教、结合专业、强化实践,促进学生全面发展,提升人力资本素质""融入人才培养体系,丰富课程、创新教法、强化师资、改进帮扶,推进教学、科研、实践紧密结合,突破人才培养薄弱环节,增强学生的创新精神、创业意识和创新创业能力"和"集聚创新创业教育要素与资源,统一领导、齐抓共管、开放合作、全员参与,形成全社会关心支持创新创业教育和学生创新创业的良好生态环境"。要贯彻这三大基本原则,我们需要将创新创业教育与专业教育、课程思政相结合,将教学、科研和产业相结合,把创新创业教育融入教学主渠道,贯穿人才培养全过程,通过教师、学生和企业协作共创,实现创新创业教育资源的整合,拓展其广泛性和普及性,从而惠及每一个学生。

一、专思创融合理念

在创新创业课程设计中需要秉承专思创融合的理念,实现"双创"融合、"专创"融合和"思创"融合。

(一) 基于创新的创业教育

在新媒体、新技术、新业态的背景下,我们需要指导学生运用创新思维敏锐洞察社会需求,研发创新产品,创造性解决现实问题,实现高科技知识创业。作为教师,我们可以从如下三方面实施。

1. 观察社会新现象新趋势

创新无处不在,随着科技进步和时代发展,几乎所有的行业都可以换一种创新性形式进行重构。

例如,菜市场是传统的商业形式,盒马鲜生将阿里的互联网基因注入传统的菜市场,依托大数据进行需求分析,通过云计算将物流配送精准化,最大程度降低了成本,提高了效率。出行打车是人们常用的交通方式,网约车平台创新了叫车模式,促进了出租车行业的发展。

再比如,我国进入老龄化社会之后,很多人投身于服务老年人的产业之中,各类养生保健品热销、中老年服饰受宠、高品质老年公寓供不应求、服务于老人的电子产品不断推陈出新。老人鞋就是借助这一波风口迅速发展起来的。再比如,国家推出二孩、三孩政策后,母婴市场发展迅猛。在要第二个孩子、第三个孩子时母亲往往是高龄产妇,需要专业的产前产后护理,月子会所因此受到普遍关注。很多食品、用品都推出了更高档次的"母婴级"产品,其品质和价格均高于普通产品,但是为了母婴健康,很多人选择消费升级。

人们面对快节奏、高压力的生活工作,往往会选择养宠物来陪伴自己,这促使宠物经济蓬勃发展,仅宠物食品便已形成过千亿的市场。如果我们在京东上打开猫粮的品牌页面,就可以发现超过300个各类品牌。2022年春节期间,淘宝上很多人给自己的猫狗下单购买了"年夜饭"。一个豪华版"狗狗年夜饭套餐"竟然可以卖到998元,给人类做零食的企业"三只松鼠"专门开辟了宠物零食事业部。另外,各类宠物智能设备也大行其道。智能猫砂盆可以自动铲屎、除臭;智能项圈可以给宠物定位防丢,还能测量宠物的运动数据;智能喂食盆能够定时投喂;智能陪伴机器人,可以在主人不在家的时候陪伴宠物并监控其安全。很多著名的家电品牌都涉足宠物市场,其中,小米在2019年投资了一家名为"猫猫狗狗"的公司,并和对方合作生产智能宠物饮水机和米家智能喂食器;家电巨头美的在2021年专门成立了做宠物用品的子公司,其宠物饮水机和航空箱已经投入市场。著名的风投机构高瓴资本在2021年投资了一家名为Catlink的公司,这家公司就是专门做猫狗智能硬件的。很多投资者都积极建议做小家电见长的小熊电器多多开发宠物设备。

老师们可以不断引导学生关注社会新现象、新趋势,建立创新创业的敏感度,培养敏锐的创业洞察力。

2. 关注各类新技术新材料

对于理工科学生,创新创业往往来自对新技术、新材料等领域的关注和研究,指导老师可以帮助理工科学生,通过科技创新、产品研发来实现创业目标。

例如,在碳达峰、碳中和的背景下,节能减排技术备受关注。在此背景下,因为顺应减少碳排放的需求,新能源汽车产业取得飞速发展,由此也推动了车用电池的不断创新研发。宁德时代等企业就是借此契机发展起来的。吉利、比亚迪、理想、小鹏、蔚来等中国车企通过电动汽车在激烈的汽车市场竞争中实现了弯道超车。此外,全球第二大水泥巨头国企安徽海螺水泥股份有限公司2022年3月发布公告,将投资50亿元发展新能源业务,包括建设光伏电站、储能项目等。那么,一家水泥企业为什么和新能源联系在一起呢?因为水泥的制作过程需要通过高温煅烧石灰石,期间会消耗大量化石燃料,同时石灰石在分解的过程中也会释放大量二氧化碳。有人曾经计算,如果把全球的水泥产业看成一个国家,那么其碳排放量将仅次于中国和美国,位居世界第三。要解决水泥生产碳排放问题,就需要从两个方面着手。从煅烧石灰石的能源方面出发,一个是废热回收利用,另一个是通过燃烧城市垃圾等废料代替化石燃料;从石灰石分解方面出发,可以通过其他材料代替混凝土中的部分水泥,例如粉煤灰,或者改进炉窑,捕获产生的二氧化碳,又或是在把水泥预拌成混凝土的过程中将捕获的二氧化碳回灌,这样还能增强混凝土的性能。

如果老师们以如何通过技术创新来帮助水泥产业实现"双碳"目标为主题带着学生们做研发,既可以帮助这个传统产业焕发出青春活力,又能在此过程中提升学生们的创新能力。

3. 关心消费新场景新领域

2015年吴声出版的《场景革命》一书引发了热议,在移动互联时代,场景重构了人与商业的连接。新的体验伴随着新场景的创造,新的流行伴随着新的洞察,新的生活方式创造了新场景的流行。以前的家庭生活场景中,一家人经常在茶余饭后围坐一起看电视,因此客厅的电视是主要场景入口;而现在,每人一部手机或者平板电脑,移动设备成为新的场景入口;未来的场景入口是否会转换为可穿戴设备还未可知。新场景、新领域会来带来新的创业机会，新思维新方法能够在传统领域发现新的破局出圈之法。

教学中，笔者曾带领学生分析过虎邦辣椒酱的案例。辣椒酱是一个传统的行业，全国有近2万个品牌，除了老干妈作为龙头企业之外，还有李锦记和辣妹子，三者加起来占全国辣椒酱市场份额的近40%。其他都是一些地方性小品牌。而虎邦辣椒酱是近几年跑出来的一匹黑马，它成功的秘诀是什么呢？

模仿老干妈肯定是行不通的。业内人士曾经分析过，老干妈是"辣酱界的价格魔咒"，意思是如果产品定价比它高肯定卖不出去，毕竟大牌都卖那个价，知名度不如它的肯定不能贵。但是如果你比它便宜，那肯定赚不到钱。老干妈在性价比上做到了极致，打价格战肯定是不行的。认清了现实后，虎邦选择了另外一个消费场景，那就是外卖。随着饿了么和美团等外卖平台的发展，人们经常会点各类快餐外卖，一顿简餐不会很多菜，这种情况下如果有一小碟辣椒酱佐餐就很好。于是，虎邦就做了15克和30克的马口铁小包装，刚好是一顿饭的量。通过与外卖商家合作，变成其店里的"凑单神器"，配合套餐进行销售，取得了良好的效果。虎邦的销售人员还帮助很多小餐饮店开展社群营销，提高其业绩，产生深度合作。截至2022年，虎邦已经和10万家外卖商户、70多家连锁餐饮品牌和3万多个商家达成深度合作。借助这些商家的推荐，虎邦成了火遍全网的"网红第一辣酱"。

通过以上案例，我们可以带着学生思考以下问题：传统的辣酱应用场景是家庭餐桌，当我们无法与强大的竞争对手进行正面竞争时，如果换一个消费场景，例如外卖，就能突围，并取得意想不到的效果。创新不一定要做技术研发，其实思维的突破更是一种独到的创新能力。

（二）基于专业的"双创"教育

2017年9月中共中央办公厅、国务院办公厅印发《关于深化教育体制机制改革的意见》指出"高等学校要把人才培养作为中心工作，全面提高人才培养能力。把创新创业教育贯穿人才培养全过程，建立健全学科专业动态调整机制，完善课程体系，加强教材建设和实训基地建设，完善学分制，实施灵活的学习制度，鼓励教师创新教学方法。深入推进协同育人，促进协同培养人才制度化"。早期的"双创"教育多局限于教学生运营创业项目，关注于如何写商业计划书、如何注册公司做具体的商业运营。其实，如果创新创业和专业深度结合，学生们更能够以创新创业思维发挥专业优势，从科技创新角度在专业领域朝纵深探索，从实践应用角度朝多学科交叉融合发展，使自己成为更能适应未来变化的高素质复合型人才。总之，创新创业教育是高校综合改革的必然选择，是高校专业教育前沿研究成果的及时反映，应贯穿于创新创业人才培养的全过程。中国高等教育学会曹胜利指出："创业教育应与专业教育结合，因为它只有通过科学人文知识含有的文化精神的熏陶和教化才能成长。"专业教育是创新创业教育的深层根基，这一观点在学界已达成共识，关键是如何找到二者融合的合适途径。针对这一问题，严毛新指出，二者均匀、精细地融合，取决于创业知识与专业知识各自"打散"的精细度以及"打散"后两者之间相互排斥和吸引的状况。王占仁认为："应发现专业课程内的创新创业教育资源,在专业教育中体现出创新创业教育的理念与内涵。"各高校应根据各自实际情况,找出创新创业教育与专业教育融合的关键点,在此基础上,将创新创业知识融入具体教学中。如,开设"创新创业管理学""创新创业社会学""创新创业心理学""艺术创业学"等融合性或广域性课程等等。

"专创融合"可以从以下四方面着手。

首先,理工类专业可以从科技创新和技术转化角度实现。每年在"互联网+"大学生创新创业大赛上获奖的很多人是理工科背景的学生,因为他们应用自己的专业技术可以很好地和市场结合,实现商业价值。一些理工科的大学教授本身就掌握了多项专利技术,学生们跟随他们做新产品研发,很容易出成果,倘若引入天使投资就能使产品快速进入生产环节,投入市场,产生效益。

其次,工商管理类、财经类专业可以从运营角度切入创新创业领域。该专业学生由于已经学过了战略管理、市场营销、人力资源管理等专业课程,因此其较容易入手创新创业项目。不过他们往往缺的是某个领域的专业技术,如果能够和理工类专业同学合作,应该能取得较好的创业成效。这同时也能够锻炼学生跨界整合资源的能力和团队协作的精神。

再次,文史类、外语类专业可以从知识服务角度切入创新创业领域。得到的创始人罗振宇当年就是从解析图书的"罗辑思维"开始自己的知识服务生涯的。他的团队有超强的读书能力,可以从厚厚的一本书中提炼出关键的思想,让人们通过最短的时间掌握这本书的精髓。无论是将自己的观点输出为视频音频在哔哩哔哩或者喜马拉雅上播放,还是在知乎、百度文库里做知识博主,或者自己在小鹅通上开通知识平台,都能够通过自己的见解获得回报。我想这也是知识经济时代对读书人的一种正面反馈吧!

最后,艺术设计、音乐表演等专业自不必说,此类专业本来就有很多和市场结合的点。为需要的客户提供艺术作品,教授音乐、美术等技艺,或者进行商演,都是创新创业项目。

总的来说,"专创融合"让学生们看到自己所学专业的应用场景、未来发展方向,体验到掌握专业知识、技能后能够获得的价值,更有助于他们深度学习本专业,为以后的职业发展打下坚实的基础。

(三)基于思政的专创教育

教育部于2020年5月28日印发了《高等学校课程思政建设指导纲要》,进一步强调"培养什么人、怎样培养人、为谁培养人是教育的根本问题,立德树人成效是检验高校一切工作的根本标准",要求"高校要有针对性地修订人才培养方案,切实落实高等职业学校专业教学标准、本科专业类教学质量国家标准和一级学科、专业学位类别(领域)博士硕士学位基本要求,构建科学合理的课程思政教学体系"。大学里各类专业和各种课程都要在教学内容中体现课程思政元素。文件专门提到"创新创业教育课程,要注重让学生'敢闯会创',在亲身参与中增强创新精神、创造意识和创业能力。"关于课程思政与创新创业教育的融合,建议注重以下三方面。

首先,价值伦理导向。在创新创业过程中学生容易功利心过强,过度关注追求物质财富而忽视精神财富。要知道作为经济学之父的亚当·斯密当年是同时写了《国富论》和《道德情操论》的。亚当·斯密特别强调企业的社会责任和商业伦理。从各类假冒伪劣产品到质量差、品质低的服务产品,这些损人利己的商业行为背后是对伦理道德的践踏。对于大学生来说,塑造正确的商业价值观是创新创业教育中非常重要的部分。"君子爱财取之有道",公平正义教育应该贯穿创新创业全过程。需要不断提醒学生"天上掉馅饼时,地下就会有陷阱",小心各类传销、校园贷等违法现象。一些心怀鬼胎的不法分子往往以支持大学生创新创业的名义行违法之事。

其次,爱国主义导向。在国际形势日趋复杂的今天,部分西方国家试图在政治、经济、文化等多方面威胁我国国家安全。其中,不乏打着商业投资旗号行经济侵略之实的事情。高校要教育大学生胸怀爱国主义精神,认清轻重利弊,坚决抵制任何损害国家利益、人民利益的行为。在课程设计的时候,我们可以带领学生参观红色人物纪念馆、学习红色故事等。在近现代史课程中,我们较多关注的是政治、军事方面内容,其实革命胜利的一大保障就是经济基础。当年红色根据地的创新创业活动为前线打仗提供了坚强的后盾。也可以从这个角度带领学生去思考和研究。

最后,公益精神导向。目前,公益创业成为人们关注的热点,社会企业在获取经济利益和社会效益方面达到了平衡。创新创业的核心是为社会创造价值,各类公益组织、慈善组织为弱势群体提供了发展机会和生活保障。创新创业教育的任课老师可以带领学生去发现社会问题,通过自己的努力实现乡村振兴、环境保护。

二、产学研协同理念

高校不仅是培养人才的场所也是科学研究的基地,大多数教师在任职之前都接受过严格的科学训练,做课题研究、发表学术论文是日常工作,创新创业教育有助于提升科研的实践价值,促进科研成果转化,进而推动生产力发展。

(一)以研究为导向,实现成果转化

2020年8月24日,习近平总书记在中南海主持召开经济社会领域专家座谈会时指出,"新时代改革开放和社会主义现代化建设的丰富实践是理论和政策研究的'富矿'",希望广大理论工作者"从国情出发,从中国实践中来、到中国实践中去,把论文写在祖国大地上,使理论和政策创新符合中国实际、具有中国特色"。研究不是闭门造车,不能"两耳不闻窗外事,一心只读圣贤书",而是以国家需要、社会需求为基础,积极关注热点问题展开攻关,并及时转化科研成果,促进产业发展。北京中关村当年的发展就是依托北京大学、清华大学、中国人民大学、北京理工大学等一大批高校的科研力量起步的。

著名科学家袁隆平一直自称为"草帽院士",终生都喜欢在田间地头研究。他曾说:"只有下田最快乐!"从1968年开始,袁隆平不辞辛劳地在湖南省、云南省、海南省、广东省等地辗转研究,直到90多岁,他甚至在住宅旁安排了一块试验田,每天起床第一件事就是下田。哪

怕是获国家最高荣誉"共和国勋章"的那天,他依然在衡阳12亩试验田现场拿着水稻说"开花开得好好"。

在他的指导下,袁隆平农业高科技股份有限公司自1999年6月成立以来一直以杂交水稻为核心,以种业为主营业务方向,以农技服务创造价值。2006年该公司完成股权分置改革,成为完全市场化运作的现代上市公司。公司设立了博士后流动站,将产学研相结合,培养大批杰出人才的同时为社会创造了巨大的价值,成为亚洲最大的种子公司之一。在每年一届的"互联网+"大学生创新创业大赛上,很多学生都是依托指导老师的科研成果展开创业活动,以创新为导向,以创业为载体,既提升了能力又产生了经济效益。

(二)以产业为导向,满足市场需求

很多企业到高校招聘时都会感慨招不到合适的人才,他们发现产业已经发展了多年,学校还在用陈旧的知识教学。大学校园不仅要拆掉实体的围墙,更要去掉心理的藩篱。产业是学生们未来的应用领域,通过创新创业项目可以有效地打通校企边界,实现产教融合。2020年7月30日,教育部办公厅、工业和信息化部办公厅联合发布《现代产业学院建设指南(试行)》,提出为扎实推进新工科建设再深化、再拓展、再突破、再出发,协调推进新工科与新农科、新医科、新文科融合发展,全面提高人才培养能力,经研究,决定在特色鲜明、与产业紧密联系的高校建设若干与地方政府、行业企业等多主体共建共管共享的现代产业学院,培养适应和引领现代产业发展的高素质应用型、复合型、创新型人才。产业学院是一种教育模式的创新,以产业为导向,通过发挥高校科研资源、教育资源优势,实现人才培养、科技成果转化和研发创新。

(三)以教育为导向,落实立德树人

从人才培养角度看,我们回归到原点就会发现教育不是为了应试而是为了应用。创新创业教育的价值在于引导学生将学习落到实处,以真正的能力提升为目标开展学习活动。对于新时代的大学生来说,学习不仅是掌握一些知识,更重要的是形成观察世界的独立思考方式。创新创业课程可以提供给我们一个思维空间,让我们去关注他人的需求,思考社会的变化,没有广阔的视野就没有深度的思考,二者是辩证统一的。所以,笔者更愿意将在校创业视作一项思想实验,最终的结果不重要,关键在于过程中自我是否有收获。"台上一分钟,台下十年功",我们看到一个人创业成功,会觉得他是个天才。殊不知他之前失败过多少次,正是一次次的失败为他打下坚实的成功基础。所以,我们没有必要担心失败、畏惧失败,甚至因为有可能失败而浅尝辄止。前不久看到一篇分析无人驾驶的文章,说的是无人驾驶并不是完全让人工智能代替人来驾驶车辆,而是改变驾驶的逻辑。比如驾驶货车,驾驶员可以通过人工智能辅助的方式把货车编组,第一台货车有人驾驶,后面的由人工智能跟随,当遇到特殊情况的时候就由第一台车的驾驶员接手控制后面车辆。还可以把操控距离再拉远一些,比如第一台货车的驾驶员也不坐在车里而是坐在家里,通过远程操控的方式驾驶汽车,这样看似实现了无人驾驶,实际上还是由人来进行统一操控的。办法总比困难多,当我们的技术还不足以实现完全的人工智能驾驶时,有一个权变的方法也是很好的。大学里学生学习的不应该是死知识,而应该是活思维,学会一套人生算法去应对各种变化。

三、师生企共创理念

《礼记·学记》有云:"是故学然后知不足,教然后知困。知不足然后能自反也,知困然后能自强也。故曰:教学相长也。"在创新创业教育中教学相长的现象尤为明显。教师通过研究发现了某种理论或者方法,可以通过学生的创新创业项目进行验证,企业对学生项目进行孵化和投资,进一步完成其应用转化,投入生产和销售,产生商业价值。我国近些年有很多众创空间、科技孵化器便是依托高校和科研机构进行项目研发的,天使投资人从项目库中发现有价值的投资项目、有发展潜力的创业者,整合各方面资源,共同发展。

(一)共创人才库

国务院办公厅《关于深化高等学校创新创业教育改革的实施意见》(以下简称《意见》)中指出,要深入实施系列"卓越计划"、科教结合协同育人行动计划等,多形式举办创新创业教育实验班,探索建立校校、校企、校地、校所以及国际合作的协同育人新机制,积极吸引社会资源和国外优质教育资源投入创新创业人才培养。高校要打通一级学科或专业类下相近学科专业的基础课程,开设跨学科专业的交叉课程,探索建立跨院系、跨学科、跨专业交叉培养创新创业人才的新机制,促进人才培养由学科专业单一型向多学科融合型转变。在工业经济时代,资本雇佣劳动;而知识经济时代,则是人才吸引资本。优秀的创业者不仅需要良好的专业素养,更需要敏锐的商业洞察力和产品开发能力。某个领域的技术人员可能会沉迷于自己的专业无法自拔,用单一维度视角进行研发,进而忽视市场的真正需求和消费者体验。这种"闭门造车"型的研发会产生一些貌似有用而实际毫无意义的产品。因此,创新创业教育不仅需要"双师型"教师引导,同时还需要企业家参与指导,将市场的真正需求和人才培养紧密结合,培育出有专业深度和思维广度的复合型创新创业人才。

(二)共创项目库

创业项目的来源是多方面的,一是来自高校教师和科研机构的研发,通过学生项目进行技术转化,这类项目通常有较强的技术基础,通过多年的研发,其创新性较强;二是企业委托项目,部分企业根据市场需求委托高校师生开发项目,这种项目的市场导向性强,成长性高;三是学生自发项目,由于学生本人在某方面具有专长或者兴趣,一直从事这方面思考和实践,往往创意较强,但由于学生自身能力局限,这类项目技术含量往往不够高。当然硕士、博士研究生的项目则不同,因为具有知识深度和研究方法,硕士、博士研究生的创业项目往往具有一定技术含量。除此之外,每年的各类创新创业大赛中会涌现出大量有创新创意、有市场价值的项目,这也会引发很多企业家和投资人的关注。《意见》强调,要强化高校教师创新创业教育教学能力和素养培训,改革教学方法和考核方式,推动教师把国际前沿学术发展、最新研究成果和实践经验融入课堂教学。完善高校双创指导教师到行业企业挂职锻炼的保障激励政策。实施高校双创校外导师专项人才计划,探索实施驻校企业家制度,吸引更多各行各业优秀人才担任双创导师。支持建设一批双创导师培训基地,定期开展培训。这些政策都有助于师生企共创项目库建设。

(三)共创资源库

要将一个创业项目孵化出来需要多种资源的支持,其中包括国家和地方的政策支持。例如,《意见》中指出,各高校要加强专业实验室、虚拟仿真实验室、创业实验室和训练中心建设,促进实验教学平台共享。各地区、各高校科技创新资源原则上向全体在校学生开放,开放情况纳入各类研究基地、重点实验室、科技园评估标准。鼓励各地区、各高校充分利用各种资源建设大学科技园、大学生创业园、创业孵化基地和小微企业创业基地,作为创业教育实践平台,建好一批大学生校外实践教育基地、创业示范基地、科技创业实习基地和职业院校实训基地。完善国家、地方、高校三级创新创业实训教学体系,深入实施大学生创新创业训练计划,扩大覆盖面,促进项目落地转化。举办全国大学生创新创业大赛,办好全国职业院校技能大赛,支持举办各类科技创新、创意设计、创业计划等专题竞赛。支持高校学生成立创新创业协会、创业俱乐部等社团,举办创新创业讲座论坛,开展创新创业实践。在国务院政策的引导下,教育部、科技部、人社部、工信部等多部门都出台了相应政策,高校可以依据文件实施创新资源建设。

第二节 创新创业课程目标定位

与专业教育不同,创新创业教育的目标,不能局限于培养学生在创业方面的专业知识和技能,把创新创业课程简单地变成工商管理的专业课程,仅仅教学生如何创办和运营一家企业,其目标更重要的是培养学生的创新创业精神、实践能力和创造思维。在此基础上,要注重培养学生如何寻求社会资源、如何产生新的想法、如何具有敏捷的思维判断力和分析问题、解决问题的能力,使他们具备从事未来不同类型职业所需的知识和技能,习得企业家的思维方式和行为方式。因此,创新创业教育的成功与否不应简单地以大学生创业项目是否成功为质量评判依据,也不是以大学生创业实体的数量为判断标准,而应该以通过开展创新创业教育让学生获得创新实践能力、职业道德精神和全面的综合素质为准绳。综上所述,创新创业课程的目标定位可以总结为塑造创业者精神图谱、培育创业者智力资本和养成创业者行为模式三方面内容。

一、塑造创业者精神图谱

创新创业教育可以从以下三个维度,九种角色塑造学生创业者精神图谱,如图1-1所示。

图 1-1　创业者精神图谱

第一个维度是创业者的角色,可分为问题发现者、绩效创造者、创新推动者。

第二个维度是创业者的任务,可分为资源整合者、人际联结者、困境破局者。

第三个维度是创业者的价值,可分为意义构建者、愿景描绘者、行动激发者。

(一) 创业者的角色

创业者应该是问题发现者、绩效创造者和创新推动者。

创业的机会不会凭空产生,其往往因为环境变化、资源稀缺或者竞争加剧而产生。正如《谁动了我的奶酪》中描述的那样,人们往往会习惯于某种工作或者生活模式,以为日复一日、年复一年都会在同一个地方发现奶酪,过着无忧无虑的生活。然而,现实环境会发生不同程度的变化,当问题刚露出端倪的时候往往没有人在意,只有少数感知敏锐的人能发现其中的蹊跷,并马上行动做好准备。诺亚方舟不是一天修成的,必须见微知著、睹始知终,才能在问题真正变得严重之前有良好的预防措施。创业不是一个简单的经济现象,而是一个复杂的社会现象。创业者发现了变化情境下内外部出现的问题,通过重新组合社会资源实现价值创造,并且为以后达成理想的效果而不断推动技术和思维的创新。

创业不仅关乎企业个体,更会影响整个社会系统。例如,以 BAT(B 指百度、A 指阿里巴巴、T 指腾讯)为代表的很多互联网公司都是在 20 世纪 90 年代末开始创业的。因为那时候互联网技术逐渐成熟,已经可以走出实验室走入寻常百姓家。马云、马化腾和李彦宏是具有远见的创业者,他们发现了新技术背后的商机。马云当时还预测互联网会像水、电、煤一样成为人们生活的必需品,所以把互联网创业比作为新基建。技术创新会推动创业,创业项目同时会促进技术不断升级迭代。如今,我们以网络购物、移动支付等为代表的衣食住行都和互联网紧密联系,而基于互联网的创业公司也随之飞速发展。这一案例再次说明,创业者们往往能够抓住变化、推动变革,让生活更美好。

（二）创业者的任务

创业者往往肩负着三方面任务，即资源整合者、人际联结者和困境破局者。

创业拼凑是近几年创业管理领域的一个热门话题，意思是创造性地利用有限资源产生目标效益。创业过程有点像拼图游戏，没有人能掌握所有的创业资源：核心技术可能在高校或科研院所，资金在风险投资机构，人才则在学校、人才市场或者其他公司。创业者需要把各类资源拼接在一起形成一个有意义的整体。硅谷当年能够孵化出大批高科技企业正是因为高校、投资机构云集，人们很容易获取所需的创业资源。北京、上海、广州、深圳创业机会多的原因也是因为这些城市资源相对集中。此外，如杭州的梦想小镇、云栖小镇，武汉的光谷，长沙的湘江新区等为代表的各个城市的高新区也不断地汇集产业资源、智力资源和资金资源，为创业者提供更多更好的发展平台。创业不是单打独斗的事业，而是需要将各类不同特长的人们联结在一起协作产生高绩效。作为创业团队的领导者，需要成为人际联结者，能够发现人才、凝聚人才并且激发其内在潜能，构建起创业公司的核心优势。同时，创业还是打破和重塑的过程：打破常规观念、打破制度限制、打破固有格局才能重新构造出一片新天地。因此，创业者经常会表现出理念奇特、行为怪诞、作风不羁的特征。俞敏洪辞去稳定的大学教职创立新东方，当时为世人不解；周鸿祎推出360免费杀毒软件，打破了原有付费杀毒软件的格局。破局者在打破常规、重估价值的过程中不断追寻着生命的真谛。

（三）创业者的价值

如今，无论是国家还是地区，都努力通过创造更好的人文环境来吸引创业者。究其原因在于创业者对社会、经济和文化发挥的价值作用。

创业者是意义构建者，他们将产品赋予一定意义来满足人们精神层面的需求。戴比尔斯珠宝（De Beers）1947年提出了著名的广告语 *A Diamond is Forever*，1993年通过奥美广告公司翻译为中文"钻石恒久远，一颗永流传"变得家喻户晓。据不完全统计，我国约50%以上的年轻人会购买一颗钻戒作为婚礼上的信物。根据上海钻石交易所最新统计数据，2021年1—6月上海钻石交易所钻石交易总额达到38.21亿美元。与金银等贵金属不同，钻石本身除了装饰之外并无太多实际用处，钻石消费属于纯粹的精神消费。当进入意义经济时代之后，人们更愿意为某种意义而并不完全为功能付费。例如，2021年Facebook改名为Meta，一下子带火了创业概念元宇宙。所谓元宇宙指的是利用科技手段进行链接与创造的，与现实世界映射与交互的虚拟世界，具备新型社会体系的数字生活空间。在一定程度上讲，元宇宙就是一种意义消费。人们在虚拟的数字空间中工作、社交、娱乐，甚至可以像《大富翁》游戏一样在虚拟世界经营赚钱。元宇宙的火爆也证明了创业者的意义创造和传播能力。

创业是对未来的投资，其关注的是以后的发展。在人群中，创业者是永远积极向上的，因为只有对未来充满信心的人才会去创业。创业者是梦想家，他们总是向投资人、团队成员、客户以及所有相关的人不断描述着未来美好的愿景。巴金在散文《灯》中说："我们不是只靠吃米活着。"人们总是愿意畅想并追求未来更美好的生活。也正因为有希望，大家更能激发出当下奋斗的动力。

创业者还是十足的行动派,他们为了将梦想变为现实会持续不断地努力,并在一次又一次的迭代中不断地完善产品,积累经验。以前的创业有一个误区,似乎创业就是找到一个风口,琢磨出一套商业模式到处做路演找投资人,圈钱以后上市,然后卖掉变现出局,似乎创业的目的就是为了以后不做。如果创业者真的是这样设想的话,是一定无法获得真正的成功的。真正的创业是创业者找到一个对大家都有价值的事情,并持续不断地做下去,为人们创造价值的同时获得自我价值的实现,也只有这样才能将事业真正做大做强。海底捞的创始人张勇1994年在四川省简阳市,以四张桌子做麻辣烫起家,凭借卓越的服务水平打造了知名品牌"海底捞",不仅使海底捞国际控股有限公司于2018年9月26日在港交所上市,甚至带动了为海底捞提供火锅底料的颐海国际控股有限公司(简称颐海国际)的发展,使其成为继海天味业后第二家超越千亿市值的调味料上市公司。2016年7月,颐海国际赴港上市时发行价为3.3港元,截至2021年1月8日,其股价涨至114.9港元,短短几年时间涨幅超过3481.81%。如今的颐海国际除了火锅底料和调味料之外,还开发了诸如自嗨锅等一系列新产品,从服务商家到服务消费者,开启了一个又一个新增长点。

总之,创业者不是到处演讲蛊惑人心的焦虑贩卖人,也不是到处钻营寻找机会的投机者。创业者是脚踏实地的实干家,是胸怀愿景的开拓者,是愿意为了创造美好生活而团结团队一起打拼的追梦人。

二、培育创业者智力资本

创业是一个投入资本并让其不断产生价值的过程。农业经济时代,土地是核心的资本。正所谓"溥天之下,莫非王土;率土之滨,莫非王臣"。封建时代的帝王是最大的土地持有者,他们把土地分封给诸侯,诸侯再把土地分封给贵族,一层层分下去,最后由农民进行耕种,土地上获得的收成则一层层上缴。帝王因为拥有了土地而获得最大收益,农民不掌握土地资本虽付出最多劳动却收获最少财富。在工业经济时代,钱和物是核心的经济资本。资本家拥有机器设备和资金,雇佣工人进行生产并把产品销售出去,资本家获得最丰厚的利润,而工人付出了辛勤的劳动却仅仅获得了工资。这两个时代都是少数人掌握了核心资本,并用资本产生价值后获得最大利益。如今,我们已经进入知识经济时代,去中心化趋势明显。过去是经济资本雇佣劳动,现在是知识吸纳经济资本,一个好的创意、有价值的产品或者商业模式往往能吸引到大量风投关注。我们可以发现,如今人是资本的核心。创业者如果拥有高品质的智力资本,往往能踏上发展的快车道。笔者认为,知识经济时代的创业智力资本包括人力资本、社会资本和心理资本,通俗地讲就是你是谁?你认识谁?你以什么状态工作?

(一)创业者人力资本

最早提出人力资本概念的人是经济学鼻祖亚当·斯密,他发现经过教育培训的工人生产效率要高很多,尤其是熟练掌握一定技能的人会创造更大的价值。将钱投资到人身上比投资到生产设备上更能够提高产出绩效。诺贝尔经济学奖得主西奥多·W·舒尔茨曾经在美国经济学年会上的演说中系统地阐述了人力资本理论。著名的劳动经济学家雅各布·明赛尔在《人力资本研究》一书中给出了完整的人力资本收益模型。人力资本主要是个体掌握的知识和技能,这也是个体在大学阶段包括以后需要不断学习和提升的。对于一个创业者来说,人力资本主要包括通识能力、专业能力和商业能力。通识能力包括但不限于口头表达、文字写作、逻辑推理、数字运算等,这是做事的基础。专业能力是在某方面的特长,这与学生在大学阶段所学的专业息息相关,很多人都是从本专业领域找到创业方向的。商业能力是创业者对公司运营、商业活动的理解和把控。商业能力可以通过参加创新创业培训来获取。

在创新创业教育中,我们可以帮助学生不断提升人力资本。途径除了学习学校安排的课程之外,还可以鼓励学生通过多途径进行终身学习。现在很多互联网平台上都有大量关于各行各业方法技巧的教学视频,除了中国大学MOOC、智慧树、超星、得到等专业学习平台之外,连小红书和哔哩哔哩等以前主要是发布娱乐性、消费性视频的平台也开始发布各类学习攻略、生产力提升工具视频。同学们可以通过这些平台扩展知识面,提升能力。此外,建议学生们基于深度学习构建自己独到的思维模型,逐渐形成分析问题的算法。以前的人工智能是在已有人类知识的基础上进行学习,所以即使运算能力很强也不会超过人类;而现在的人工智能可以通过一套算法自主分析获得的信息,通过深度学习创新原有的方法。我们要让学生在大学里试着构建自己的一套人生算法,应用思维模型分析遇到的问题。最后,我们要激励学生通过跨界学习向各行各业精英人士讨教心法,从不同行业里汲取有价值的信息、跨专业选修课程、跨专业结交朋友,听听其他领域中有趣的事情,一起讨论问题碰撞出思维的火花。知识经济时代,人与人之间最大的区别是认知,大学是构建这一竞争优势最好的场所。

(二)创业者社会资本

人力资本存在于个体的头脑中,而社会资本则存在于人与人之间的社会网络之中,这是在人际协作时产生的价值。对于创业者来说,社会资本是第二个重要的资源。1+1+1在数学运算中等于3,而在创业社会资本角度应该等于111,也就是每个1在自己最擅长的位置发挥作用。中国近些年迅速发展的一个重要的因素是产业链协同。一个产品从设计图到样机再到批量生产,在其他国家需要数月甚至数年时间,而在中国只需要数天。我们有全球领先的生产供应链,无论是苹果公司的电子产品还是耐克公司的衣服鞋帽都能以较快的速度和较高的品质生产出来,这背后都是密集的社会网络在发挥作用。社会资本的基础是互惠规范、人际信任和资源整合。个人的能力虽然有限,但是当其嵌入一个庞大的社会网络时就能产生更大的影响力。例如,温州人的经商意识很强,全国各地都能看到温州商人的身影,伴随其发展的是温州商会,人们通过商会发布创业项目信息,分享成功经验,分担压力和困难,社会资本在商会不断转化成商业价值。

大量研究表明,社会资本能够减少不确定性和交易成本,提高交易的效率,促进专业化发展。最初的社会资本往往由亲缘关系、地缘关系和行业关系形成。第一是亲缘关系。古时候人们由于血缘形成大家族，彼此之间相互支持、相互照应。我们熟悉的影视作品如《大宅门》《白鹿原》和《乔家大院》等都对这种亲缘关系有所体现。第二是地缘关系。这种关系是基于家乡为同一个地区而产生的一种社会资本。古时候有粤商、徽商、晋商、浙商和苏商合称的"五大商帮"。商帮内部可以有资金拆借、产业链整合等方面协作。第三是行业关系。这种关系基于人们从事同一个行业，进而产生社会资本，最典型的就是各种类型的行业协会。春秋战国时期的墨家就来自于木匠的行业协会，而影响世界很多重大历史事件的共济会则是石匠协会，其成员对应的英文Freemasons就是自由石匠的意思，其logo就是石匠常用的圆规和曲尺。创业时最好能够加入对应的行业协会，这样不仅有同行的归属感，还能得到老一辈从业者的经验分享以及资源支持。除此之外，依据同学、战友，甚至是小区邻居、车友会等非正式组织都能建立人与人之间的社会链接，基于这些联系和互动可以逐渐建立信任关系，形成社会资本。

提高人力资本可以通过各种方式学习，而增加社会资本最好的方法就是真诚待人。正如罗振宇老师在跨年演讲中提到的，没有任何道路可以通向真诚，真诚本身就是道路！

（三）创业者心理资本

心理资本是个体在成长和发展过程中表现出来的一种积极心理状态。管理学家和心理学家们发现，人们在心情愉悦的状态下会产生高工作绩效，知识型工作者能够产生更多创意和创新，从而创造更大的价值。心理资本包含自我效能感，也就是人们常说的自信、希望、乐观、坚韧、情绪智力等，是创业者除了经济、人力、社会三大资本以外的第四大资本。与管理者不同，创业者往往会面对更多陌生的事物，需要应对更多的挑战，可能遇到更多的挫折和打击。因此，拥有积极乐观的心态、坚韧不拔的意志格外重要。在心理资本中有一个概念叫全情投入，有的学者称之为敬业度。这是一种最佳心理状态，如图1-2所示。

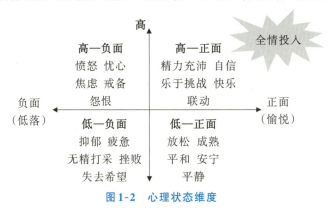

图1-2　心理状态维度

当我们的心理状态处于正面高能量时就会全情投入。另外一个理想的积极心理状态是心流。如图1-3所示，如果我们的能力水平和挑战水平相当时就会出现心流体验。在这种状态下，我们会全身心投入，精力高度集中，感觉不到时间的流逝，直到任务完成才恢复正常状态,而身心会随之感觉到极度愉悦。《盗火:硅谷、海豹突击队和疯狂科学家如何变革我们的工作和生活》一书中介绍了美国海豹突击队运用集体心流训练特种兵的方法,以及心流训练在商业领域中的运用技巧。学者们发现,很多创业者具有全情投入和心流体验的特征,他们往往会对工作充满了热情、动力和能量。很多创业者面对工作会体现出极度亢奋的状态,他们为了理想而打拼,为取得的每一步发展而欢欣鼓舞,他们会感谢周边人给予的哪怕是最小的帮助,他们起早贪黑,外人看起来很辛苦,但创业者自己并不觉得,他们坚信今天的每一滴汗水未来都会变成丰硕的成果。

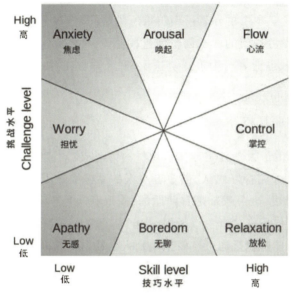

图 1-3　心流体验

很多老师在上创新创业课的时候会发现,一些同学感慨自己既没有资金又没有技术,无法创业。其实,创业是一个过程,当学生确定了某个奋斗目标时就已经开始了创业,其标志并不取决于是否注册了公司。创业确实需要很多条件,没有人能一下子拥有所有的创业资源。年轻的创业者没有创业所需的知识可以去学习,没有行业经验可以先去其他公司打工积累,我们会发现学生如果以创业者的心态去工作,他们的效率会比其他同事要高很多,原因在于他们会认真观察领导是怎么思考问题处理事务的,不会为点滴得失斤斤计较,不会为多做工作怨声载道,他们明白所有的经历无论是顺境还是逆境对其日后创业都是一笔宝贵的经验。经历过创业过程的学生最终会发现,人生正是如此,即我们应用自己具备的人力资本、社会资本和心理资本去投入某件有意义的事情,在帮助他人的过程中实现自我价值。正如苏联小说《钢铁是怎样炼成的》中主人公保尔·柯察金所说:"一个人的生命应当这样度过,即当他回首往事的时候,他不因虚度年华而悔恨,也不因碌碌无为而羞愧;这样,在临死的时候,他能够说——'我整个生命和全部精力都已经献给世界上最壮丽的事业——为人类的解放而斗争。'"创新创业亦是如此,当我们努力在创造中谱写有意义的人生时,也会无怨无悔。

三、养成创业者行为模式

商业模式画布的提出者奥斯特瓦德和皮尼厄曾经在《商业模式新生代》的个人篇里建议人们像经营企业一样经营自己。因为,他们在完成了商业模式画布之后惊喜地发现,商业模式思维同样可以应用于个人职业生涯规划之中。无独有偶,全球顶尖的营销战略专家、"定位"之父杰克·特劳特基于自己提出的定位理论专门写了一本书名为《人生定位:特劳特教你营销自己》,我国的管理咨询专家刘捷也出了一本书名为《像经营企业一样经营自己:人人都能学的职场规划术》。这三本书的作者可谓英雄所见略同,当多个行业领军人物都认可同一道理时,其无疑是具有参考价值的。在创新创业教育中,我们可以引导学生用创新创业思维来经营自己的人生,养成创业者行为模式。这里将"经营自我"总结为"三品",即塑造品格、打造品质和创造品牌。

（一）塑造创业团队品格

易卜生曾说过:"你的最大责任是把你这块材料铸造成器。"创新创业的一大作用就是不断完善自我。做好自己才能管好团队,创业者个人的品格决定了企业能够做多大,走多远。很多人将创业等同于赚钱,这个逻辑是有问题的,获取利润是创业成功带来的一个副产品,而绝不能等同于目标。如果将二者主次颠倒,甚至为了赚钱而不择手段,那么最终也会身败名裂。曾经喧嚣一时的传销就是通过坑蒙拐骗别人的钱财来获利的邪门歪道。传销头目为了蛊惑人心,往往会编制一些成功学故事,让渴望发财的人们沉溺其中,不知不觉就进入了庞氏骗局,为了自己赚钱就拉更多的人入伙,越是亲近的人越是被骗得深。钱财是试金石,能够树立正确财富观的人方能持久发展。曾经的陈馅月饼让某糕点老字号名誉扫地,轰动全国的三聚氰胺事件沉重地打击了国人对国产婴幼儿奶粉的信心,企业造假的背后是盲目追求利益却忽视了诚信。创业是通过为他人创造价值而实现自己的价值,这是商业正道。愿意承担社会责任的企业往往会获得大众的赞誉。2021年中国慈善企业家排行榜中126位企业家个人和企业用于慈善公益的投入总额共计313.6亿元,拼多多的黄峥、美的的方洪波、贝壳找房的彭永东、福耀玻璃的曹德旺、腾讯的马化腾和字节跳动的张利东这6位企业家慈善公益投入超过10亿元。其中,黄峥排名第一,慈善公益投入为120亿元,占所有上榜慈善企业家慈善公益总投入的38.3%。拼多多用它的商业模式为大众省钱,自己获得收益后又捐赠给社会,实现了良性循环。不仅成功的企业如此,即使是面对危机的企业也不应忘记公益事业。鸿星尔克本身经营困难,但是在2021年郑州遭遇洪水的时候依然慷慨解囊,鸿星尔克的善行也获得了人们的赞誉和支持。很多人纷纷冲到鸿星尔克的线上线下店去抢空他们的货品,不愿让良心企业就此垮掉。创业项目是一面镜子,可以映衬出创业者的能力、价值观和品德。因此,创业者要不断修炼自己的品格,做到面对压力不紧张、面对挑战不慌张、面对成绩不嚣张,从容淡定,以良好的个人品格赢得团队的信任和客户的信赖。

（二）打造核心产品品质

要实现创业目标我们需要打造高品质团队和高品质产品。创业者不是一个人包打天下的孤胆英雄，而是能够聚人心、带团队的领导者。各司其职、各尽其能是高品质团队的特征。无论是创业团队还是工作团队，要实现团队激励都可以使用交易型激励、情感型激励和意义型激励三种方法。激励是团队领导者和团队成员双向交互的过程，在激励过程中会形成一种大家彼此认可的行为模式。其中，交易型激励会形成经济契约，情感型激励会形成心理契约，而意义型激励则会形成精神契约。交易型激励特征是付出和收获对等，其基础是社会交换，秉承互惠互利，多劳多得、少劳少得、不劳不得。这种类型的激励核心是公平公正，不能让奉献者吃亏。情感型激励是"你对得起我，我对得起你"，彼此信任、彼此关爱，真心付出不计较具体的得失。很多时候有舍才有得，大河有水小河满，创业时首先要把蛋糕做大，每个人都能多分一点。如果总是为了谁多谁少争论得不可开交，公司是无法做大做强的。情感型激励的核心是共情原则，就是换位思考，团队每个人都能设身处地去理解他人的情感和需求。意义型激励则是通过建立团队共同的信仰，进而产生共同向上的力量。当人们在从事自己认为最有价值和意义的事情时往往动力是最大的。意义型激励的核心是愿景原则，要和团队成员一起开启共同愿景，塑造共同的目标。当学生通过创新创业课程掌握了团队协作的方法时，会终身受用。

创业要成功，产品是核心。打造高品质产品首先要能洞察客户需求，我们通过分析客户的痛点、爽点和痒点，抓住创业机会，找到突破点。在设计核心产品的过程中，我们可以从功能设计、情感设计和意义设计三方面着手，基于自身资源和能力为客户提供具有匠心的产品。设计好产品后，我们还需要考虑应用场景，因为不同的场景对产品的要求有较大差异。在此可以应用阿里巴巴用户体验团队常用的场景设计工具，从场景列举与描述、机会点挖掘、设计策略和衡量标准四方面展开。其实，从个人职业发展角度讲，同样可以应用产品思维。我们通过观察分析发现社会需求，基于这些问题培养自己相应的能力，从功能价值、情感价值和意义价值方面为社会做贡献。

（三）创造创业组织品牌

无论是个人创业还是到某个组织就业，都是打造个人品牌的过程。在创新创业课程中，我们会教学生通过品牌认知、品牌互动和品牌情感三个层面建立自己的产品品牌；然后通过人际传播和媒介传播扩大影响力，在与客户的交互管理、信息管理和投诉管理中增进关系，持续不断地为客户提供产品和服务，实现商业价值。每个人走过的路就是创建个人品牌的历程，尤其是在数字时代，我们的言行都会被互联网默默地记录。每一分耕耘、每一次努力、每一次拼搏都会印刻在我们的品牌资产中，反之，每一天的碌碌无为、每一刻的无所事事也会空耗我们的生命。某种程度而言，我们的一生是以自己的时间为资本，用个人能力去创造价值、传递价值和分配价值的历程。正如我们在商业模式创新中教学生的那样，无论是魏朱商业模式理论还是商业模式画布，都可以用来设计我们的职业生涯。

如图1-4所示,在商业模式画布的个人版中,依然是九个构造模块,只是内容换成了①客户群体——我能帮助谁?②价值服务——我怎样帮助他人?③客户关系——怎样和对方打交道?④渠道通路——怎样宣传自己和交付服务?⑤核心资源——我是谁,我拥有什么?⑥关键业务——我要做什么?⑦重要合作——谁会帮助我。在财务模块方面则是两方面内容,即①成本结构——我要付出什么?②收入来源——我能得到什么?正所谓大道相通、殊途同归。无论经营一家企业还是经营我们自己,道理都是一样的。

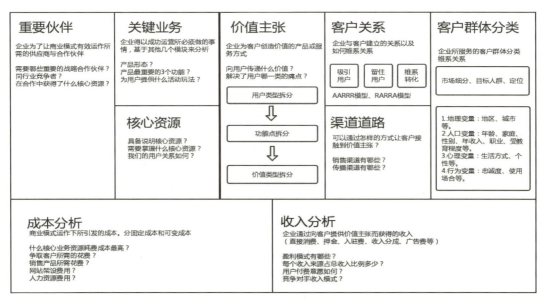

图1-4 商业模式画布

总之,创新创业课程其实是一门人生算法课,我们以创业项目为载体,教会学生如何做人、如何处事,通过构建创新创业的心智模式,以权变的思维来应对未来的挑战。其实,经营一家新创企业和经营自己的人生,在底层逻辑方面是相通的。企业是创业者人格的外化,企业为社会创造价值,个人为他人创造幸福,学会经营企业,更要学会经营好自己的人生。

第三节 创新创业课程设计思路

一、课程设计原则

我们通过大量研究,提出了课程设计的4P原则。如图1-5所示,Purpose目标导向组织课程内容,Process流程导向重构教学过程,Problem问题导向创新教学方法,Production成果导向建设双创平台。

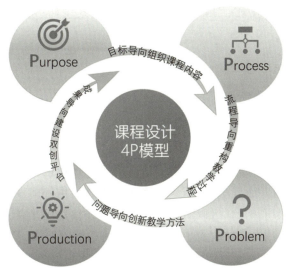

图 1-5　4P 原则

（一）目标导向组织课程内容

根据课程的培养目标不同，我们可以将创新创业课程分为广谱通识类、专创融合类和创业实践类三种，不同类型的课程其培养目标和教学内容应该体现出相应的差异。广谱通识类课程，如"创新创业基础""大学生创新创业教育"等课程主要面对所有学生开设；专创融合课程则从创新创业视角帮助学生理解本专业领域的新趋势、新业态，培养学生应用创新创业方法和工具解决本专业领域新问题；创业实践类课程主要针对有创业意愿的学生教授其产品设计方法、市场营销策略、团队管理技巧以及商业模式应用等具体的创业实操内容。

1. 广谱通识类

学习群体：所有专业大学生（通常是大一、大二学生）。

培养目标：培养创新思维、塑造创业精神。

课程形式：线上课程为主、线下课程为辅。

教学内容：创新创业基本理念和方法、创业精神培育、创新思维培养、创业案例分析等。

2. 专创融合类

学习群体：所有专业大学生（通常是大二、大三学生）。

培养目标：培养创新方法、掌握创意工具。

课程形式：线下课程为主、线上课程为辅。

教学内容：专业理论与创新思维结合方法、专业领域产品研发与营销、专业领域技术研发创新等。

3. 创业实践类

学习群体：所有专业大学生（通常是大三、大四学生）。

培养目标：培养创新思维、塑造创业精神。

课程形式：社会实践为主、线上课程为辅。

教学内容：创业机会发现、创业产品开发、商业模式设计、市场营销策略、创业项目实训等。

（二）问题导向创新教学方法

爱因斯坦曾说过，提出一个问题往往比解决一个问题更重要，因为解决问题也许仅仅是一个数学上或实验上的技能而已，而提出新的问题新的可能性，从新的角度去看旧的问题，则需要有创造性的想象力，而且标志着科学的真正进步。在真实的应用场景中，学生未来面对的是一个个问题，分析问题解决问题的方法远胜于死板地记忆专业知识和理论。我们不是为了让自己显得很渊博而读书，知识只有在应用中才能更好地发挥价值。很多创新创业项目都是在问题解决中产生的。例如，民宿预订平台爱彼迎当年就是几位程序员看到很多人想参加互联网大会订不到房间，而把自家阁楼变成临时住所开始起家的。饿了么也是张旭豪等几个大学生晚上肚子饿想在宿舍里点外卖而萌发了创业的念头。我们需要在课程中教会学生如何运用知识解决现实的问题。解决问题的方式有三种，即回归原点、对比迁移和小步试错。

1. 回归原点

当发现问题时可以进行溯源，回到最初产生的原点来分析问题。例如，有人想提高电脑键盘输入效率，通过寻找源头发现原来现在使用的键盘排序是来自于当年的机械打字机，而为了让键盘受力均匀、延长使用时间，每一个按键的位置都是分散的，这样的键盘字母排序导致当前文字输入效率低。由于人们已经习惯了这样的输入法，很难进行改变。要提高效率，有人采用语音输入，如科大讯飞等公司开发出了语音输入鼠标。埃隆·马斯克等人则更进一步，试图用脑机接口的方式，通过智能芯片让人脑和大脑进行直连，最大程度缩短信息传输过程。在教学过程中，我们可以采用苏格拉底式提问，引导学生思考；用"黄金圈法则"的Why—What—How（为什么、是什么和怎么办）来解析问题。

2. 对比迁移

一些行业内的问题在另一个行业也许已经存在了解决策略。例如，哈佛大学教授阿图·葛文德在《清单革命》一书中应用急诊科医生的思维方式解决了很多管理中存在的问题。对于急诊科医生来说，经常要面对紧急又重要的场景，要迅速判断如何对一名受重伤的病人进行治疗的最有效的方法就是用清单。这个方法应用在航空公司，可以降低事故率；应用在管理中，可以提高决策效率。同样，文创产品的思路和故宫博物院的元素相结合，让故宫文创成了网红爆品。他山之石，可以攻玉。将其他行业的成功经验对比迁移过来，能够创造性地解决当前的问题。我们在教学中可以综合应用多学科知识与技巧，提供给学生多种解决方案。

3. 小步试错

"摸着石头过河"是我国改革开放初期的实验路径，在创新过程中，我们需要通过不断的小步试错的方式进行探索。精益创业是近些年大家经常采用的方法。创业不是发射火箭，火箭在设计好运行轨道、精密计算各项指标后发射即可；创业更像开车，我们需要根据实时路况来判断方向,不断地修正路线。在不清楚问题解决方案的时候,我们还可以采取互联网公司常用的AB测试方法,即制作两个(A/B)或多个(A/B/n)版本,在同一时间维度,分别让组成成分相同(相似)的访客群组(目标人群)随机地访问这些版本,收集各群组的用户体验数据和业务数据,最后分析、评估出最好的版本,并正式采用它。与其坐而论道,不如起而行之,行动中很多思路和方法就会相继涌现。

（三）流程导向重构教学过程

陆游有云,纸上得来终觉浅,绝知此事要躬行。创新创业不是听听课、看看书就能学会的,必须在实践中体悟心法。我们可以运用库伯学习圈理论来重构教学过程,改变原有的讲授—理解—记忆—考试的传统模式。

库伯学习圈又被称为经验学习圈(Experiential Learning)是美国著名社会心理学家和教育家大卫·库伯(David Kolb)在总结了约翰·杜威(John Dewey)、库尔特·勒温(Kurt Lewin)和皮亚杰(Jean Piaget)经验学习模式的基础之上,于1984年在他的著作《体验学习——让体验成为学习与发展的源泉》(*Experiential Learning: Experience as the source of learning and development*)一书中提出的。

他认为学习需要经历四个步骤(如图1-6所示),第一步是"具体经验",即获取经验或者信息,无论是自己的失败或成功的经验还是从他人那里获取的经验,都是值得学习的,这就是所谓的"输入";第二步是"反思观察",即对已经获得的经验进行反思,将我们获得的各种经验碎片进行回忆、清理、整合甚至遗忘,这就是所谓的"整理";第三步是"抽象概念",即对我们已经整理之后的经验,进行理论化精炼,形成客观规律,这才能产生我们需要的知识,这个环节就是所谓的"输出";第四步是"积极行动",即对我们大脑输出的规律进行实践验证,毕竟实践是检验真理的唯一标准,我们需要不断地实践来验证自己通过输入—整理—输出得到的知识,这就是所谓的"践行"。在此过程中有四种学习风格,即经验型学习者、反思型学习者、理论型学习者和应用型学习者,每一种风格从学习的过程中收获是不同的。例如经验型学习者的特征是体验,在实践体验中他能够感悟到很多内容;而反思型学习者的特征是思考,他们善于加工整理信息,并得出自己的结论;理论型学习者的特征是总结提炼,能够上升到理性的角度;而应用型学习者则善于在学习他人理论的基础上通过应用来获得自身的价值。创新创业课程最好让学生们首先去体验,学生在完全没有经历的情况下是很难理解课堂内容的。当学生们通过社会实践、实习、实地调研等方式收获基本的经验之后,很多创业理论就容易理解了,否则就是"夏虫语冰"。有的创业课在上课之前会让学生们做一个推销游戏,即给每位同学发一本书,给一小时时间到教室外推销,看谁以最短的时间、以最佳的方式将书销售出去。一个简单的实践活动就很容易让学生们理解如何从他人需求角度出发思考问题。当收获了经验后,我们要进行观察、复盘和反思,例如为什么会成功?为什么会失败?采用怎样的方式不会被拒绝?什么类型的人好打交道?通过反思可以让自己"知其然知其所以然",通过抽象概念可以把个别经验推而广之形成普适化理论,例如在什么条件下可以形成这种效果?该结论的边界在哪里?是否有什么反常现象?理论化需要更深度

图 1-6　库伯学习圈

的思考和分析,那么自己总结的理论是否真的有效呢?再将总结的理论投入实践活动中进行验证,调整之前提出的观点,确认会不会有遗漏、有偏见。理论经过实践验证之后,我们就可以再进入下一轮新的思考和学习过程。

(四)产出导向整合教学资源

评价学习效果的标准不仅是成绩,更是产出的成果。我们可以采用OBE成果导向的教学方法,将过程性考核和项目成果相结合,以输出倒逼输入,用学习成果催化认知过程,采取以终为始的方式让学生提高综合能力。通过创新平台、创业平台和实践平台建设,以现实问题带动学生主动思考,以研究成果回馈社会,达成良性循环。具体可以采用以下三种方式。

1. 与头部企业合作建立创新平台

要让学生产出相应的成果,除了利用校内教师的科研项目之外,还可以与行业头部企业合作建立创新平台。行业的头部企业为了不断创新发展,往往需要进行产品研发、技术创新等工作,通常会设立产品研发部门,并投入相应的创新资金。与这些企业合作一方面可以获取最新的市场需求和行业动态,同时还可以获取资深技术人员的支持,与他们共同开发产品,获取相应研发设备、中试等支持。学生看到自己的研发成果获得了市场检验会非常有成就感,这样可以进一步增强学生对所学专业的认可度。

2. 与众创空间合作建设创业平台

有的学校本身就设立了创新创业孵化基地,为学生提供办公场地、工商注册办理、法务咨询、天使投资等服务。当然,学校条件有限时还可以寻求众创空间的支持。常见的创业孵化平台有科技部门的生产力促进中心、科技园区的孵化基地、人社部门支持的众创空间、农业部门的园区等。这些由政府部门主管的创业平台往往会配套相应的政策和资金。一些互联网公司也有众创空间,例如阿里巴巴、腾讯、百度、58同城和亚马逊等公司都在很多城市设立了自己的众创空间。不过他们感兴趣的往往是互联网项目,这些公司可以为互联网初创项目提供云计算等技术服务。近几年还有一些专业领域的众创空间,例如文创、非遗、电子、广告等。我们可以根据课程需要和这些机构联系,获得相应的资源支持。

3. 与协会合作整合行业资源

了解行业信息最多的往往是行业协会,他们通常会得到政府主管部门的指导、行业头部企业的支持,承担本行业标准制定、人才培训,以及信息交流等职责。很多协会的会长、秘书长本身就是行业资深人士,我们可以聘请他们作为企业导师与本院教师联合授课,定期邀约杰出企业家来学校讲座,分享最新行业信息和发展动态。

二、课程设计方法

创新创业课程的价值不仅在于教授学生知识和技能,更在于培养学生的创业精神、创意思维和创新能力。因此,在设计课程的时候可以采用以下五种方法,笔者将其总结为5M模型(如图1-7所示),Meaning,即意义赋予;Map,即路径描绘;Modeling,即模型构建;Mind,即思维培养;Movement,即行动方案。

图 1-7　课程设计 5M 模型

(一)意义赋予

创新创业的意义首先是个体价值的延续。罗曼·罗兰曾说过"创造就是消灭死",这是从哲学角度讲创新创业的意义所在。我们每个人都是向死而生的,这个事实大家都知道。而创新创业就是把我们的生命延续下去。一个人结婚生子传承的是自己的基因,而创新创业传承的是自己的事业。某一天,我们即将离开这个世界的时候,回望一下,自己开创的企业还在继续发展,自己打造的产品还在为人们提供服务,大家在使用产品的时候也许还会想起创造产品的人。这就是我们个体价值的延续。生活中我们接触的很多产品的创始人都已经作古,但我们还在受其恩惠,享受着这些产品带来的便利。对于大学生来说,我不鼓励从事摆地摊、开小店的谋生式创业,当然我不是觉得这些创业项目没价值,而是不需要我们来做。我希望学生们能运用自己所学的知识去对某个产品、某个项目做改良和创新,为人类的知识宝库增加一些内容、扩展大家的认知边界,做一些有价值有意义的事情,这样也不枉此生。

学习创新创业第二个意义是应对变化。在这个变幻莫测的VUCA时代,只有变化是唯一不变的。突发情况时常在不经意间发生。对于国家、社会、企业、学校以及个人来说,在成长和发展的过程中总难免遇到各类困难和突发事件,《左传》有云:"或多难以固其国,启其疆土;或无难以丧其国,失其守宇。"孟子也说过:"生于忧患,死于安乐。"面对困难和挫折、外敌入侵或疾病疫情,不但不会让人挫败,反而会激发人的潜能、增强人的斗志。创新创业其实是人类的一种生存本能,在物种的进化史上,适者生存,自然界永远会淘汰弱者、繁荣强者。在众多古代文明中,中国是唯一没有断代的:古巴比伦曾经很强大,但遇到外敌入侵后便很早就不复存在了;古埃及文明曾中断过数次;古印度文明因战争而断续。中华煌煌五千年文明史,我们的祖辈经历世事变幻、沧海桑田而不倒,数次面临艰难困苦、外敌入侵而不屈,已经证明了中华民族的实力和顽强的斗志。从这个角度看,中国人的创新创业基因是存在于骨子里的。无论是面对自然环境的变化,还是异域文明的入侵,中国人总是能够创造性地找到解决方案,有惊无险地渡过难关。面对困难和挑战,懦弱的人只会每天唉声叹气、自怨自艾、焦虑抑郁;坚强的人则会临危不惧、适应变化,并积极地寻找解决方案,创造性地帮助自己、他人和社会克服困难。面对突发事件的态度和创造性解决问题的能力决定了人与人之间、组织与组织之间的地位和差距。不断创新是每个成功的组织和个体的基本素养,我们无法改变环境时可以重新制定应对策略,无法改变风向时可以调整风帆,无法获取新的资源时可以针对已有的资源进行创造性加工,实施创业拼凑。失败者总是把原因归因于外界环境,而成功者则会在条件不足时积极寻求支持,开动脑筋挖掘潜能,把逆境化作磨刀石,把困难看成金刚砂,让自己的思维之刃更加锋利。

（二）路径描绘

当我们向学生描述了创新创业课程的价值和意义之后,就要向其展示学习成长的路径图。在某一领域的发展过程中,我们通常要经历四个阶段,分别是初学者、熟练者、专业者、领导者。当初入一个新的领域时,个人绩效低于平均水平,还需要不断学习和提升能力以达到基本标准;成为熟练者时已经能够实现平均绩效水平,可以独当一面了;当领悟到所在领域的内在规律和心法时可以成为专业者,这个时候个人绩效已经远远超出平均水平;当能够创造性地开辟新领域、面对复杂环境制订正确战略的时候,就成了领导者,此时,个人绩效往往等于所带团队个体绩效的几何级倍数。当然,这个过程不是一蹴而就的,需要数年甚至十年的积累和努力。在成长过程中,我们需要培养学生具备三种思维,即工匠思维、精英思维和领袖思维。在不同的发展阶段,应用这三种思维解决不同的问题。在第一阶段时需要认真钻研技术,努力把事情做好,学会运用合适的方法技术专业做事,此时创业者的心理状态是认真敬业。"千里之行始于足下",做比说更重要。没有场下的十年工夫积累,就很难有场上三分钟的精彩。第二、三阶段时,学生已经能够熟练掌握该领域工作需要的所有技能和方法,需要培养他们的精英思维,要秉承"一朵鲜花点缀不出绚丽的春天,一个音符谱写不了动人的乐章"的集体主义思想,让学生逐渐成为团队的典范和教练,学会带领团队把事情做好,懂得战术,知道如何整合资源,高效地完成组织任务,这时候需要创业者真情投入;第四个阶段,学生要能够总领全局,设计组织战略,从决策者视角出发,懂得以领袖思维,把人用好,激励团队攻坚克难,并不断发现新的机会、新的领域,开疆拓土成就新的功勋,此时需要创业者真心投入。

在我们进行课程设计时,可以绘制本课程的学习地图,即以能力发展路径和职业规划为主轴而设计的一系列学习活动。基本逻辑是从工作内容出发导出从事该工作的能力素质要求,再根据这些能力素质列出需要学习的主题和内容。举一个简单的例子,做好市场营销需要做的工作包括收集客户信息、展示产品资料、客户沟通交流、达成交易等。需要的能力素质包括信息收集能力、沟通影响力、语言表达能力、处理冲突能力等。那么,为了培养这些能力就需要学生学习相应的课程内容。学习地图可以清晰地表明从课程到能力,从能力到具体实践场景的成长路径,帮学生厘清思路,以未来需求为导向,让理想照进现实。学习路径图倡导发挥学生的自主学习机制,把课程学习与职业生涯规划有机结合起来,帮助学生实现自我定位、自我导航、自我驾驭和自我成才。

(三)模型构建

当设计好课程的学习路径之后,我们可以将最核心的教学内容构建成模型,以便学生理解记忆和回顾应用。心理学研究显示,有序化的信息更容易在人脑中产生印象,同时由于我们对图像的感知力更强,模型化更便于传播。在具体教学中,结构化内容更便于开展模块化学习。学生可以在15分钟内学会模型的某个部分,在产生认知疲劳之前完成学习,然后通过叠加组合模型的若干部分实现整体掌握。教学内容模型设计中建议采用《金字塔原理》中的MECE原则(Mutually Exclusive Collectively Exhaustive),即"相互独立,完全穷尽"。先将核心内容进行总结提炼,再加工建模。

1. 模型构建的价值

模型构建就是帮助学生建立对课程核心内容的认知图式。哲学家康德把"图式"看作是潜藏在人类心灵深处的一种技术、技巧、经验、抽象的感性结构或概念性的知性结构。我们经常会将经验萃取后形成一些朗朗上口的"心法"来传授给他人。人工智能专家鲁梅尔哈特认为,图式是以特有的方式对知识的表征,有助于知识的应用。非结构化的零散认知无法形成理论,更不方便迁移到其他的场景或者应用领域,心理学家皮亚杰认为,图式是表征一个有组织、可重复的行为模式或心理结构,一种认知结构的单元。它不仅表征了已有知识经验的网络,也表征了特定概念、事物或事件的认知结构,一个人的全部图式组成一个人的认知结构。在一定程度上说,我们的教学就是帮助学生建立由程序性知识联结起来的认知结构,指导其行为和思想,影响对外界信息的加工处理。皮亚杰用"图式、同化、顺应、平衡"这四个基本概念阐述了个体认知结构的活动过程,形成他自己独具特色的建构主义理论。大脑就像一个庞大的知识仓库,学生们在学习新知之前已存储了之前的学习和经历的各种知识、经验和情感,这些内容组合在一起,构成了他们对外部世界的认知结构。图式是认知结构的核心,基于这种结构化组合产生各类观念和行为方式。例如,如果有"塞翁失马,焉知非福"的认知模型,那么人们遇到负面事件就不会仅仅抱怨自己运气不佳,而是思考其中是否隐藏着发展的机会。我们的课程就是通过"同化"和"顺应"两种方式让学生调整原有的认知图式,以应对新环境和新变化。而改变原有认知图式的最好方式就是用模型化的知识和经验进行有意义的建构。

模型化教学内容更符合脑功能的信息处理习惯,人们往往对图形化、结构化的信息敏感度更高。从脑神经科学角度看,学习发生在神经元层面,学习的本质就是神经元的连接。课程模型能显著强化神经元关联。学生在学习过程中调用和延伸大脑中已有的知识地图,建立旧知与课程模型的强关联。同时,将教学内容模型化有利于让学生清楚各个知识点之间的逻辑关系,不同知识组合在一起产生的整体效用,在具体应用的过程中,能够灵活处理而不至于只会死搬"标准答案"。模型化知识有利于提升信息加工的层级。

2. 模型构建的逻辑

课程内容模型构建的关键在于理清各要素之间的逻辑关系,教学中通常将核心要素编辑为如下五类关系。

① 并列关系。各要素之间是平行并列关系,不分先后轻重。例如DISC人格测评工具中的四种类型:D(Dominance)支配型、I(Influence)影响型、S(Steadiness)稳定型、C(Compliance)服从型。每种类型都有各自的特点和行为方式,彼此间独立没有交叉。很多知识点之间都是类似这种关系。

② 递进关系。各要素之间有先后顺序,按照时间序列进行排列,例如《关键时刻》提到的服务流程四步骤——探索、提议、行动、确认,之前提到的库伯学习圈四个环节等理论,都是要先完成前一步才能进行下一步的,所以他们都是递进关系。

③ 总分关系。各要素之间存在不同层级的包含关系。例如一个大类包括若干小类、小类下又有各个条目。生物学中的界门纲目科属种就是此类关系,我们在叙述某件事情时也经常用这种表达方式,分列出三级标题分别叙述。

④ 因果关系。各要素之间有原因和结果的逻辑关系。与递进关系不同的是,因果关系不仅有时间先后顺序,还有影响结果产生的必要性和充分性。例如,讲创业成功的五大法则,就是默认这五大法则是产生创业成功的重要原因。

⑤ 对比关系。在我们表达观点时,为了充分证明某种观点的价值,经常会将其和其他同类观点或理论放在一起进行对比。例如,理性和感性、刚性和柔性、水性思维和岩石思维、拇指原则和食指原则等。在介绍精神型领导的特征时,如果对比变革型领导、真诚型领导、服务型领导等理论,会让学生更容易理解。

3. 模型构建的方法

模型构建有很多种方法,笔者常用的是以下四种。如果你想拓展思路的话,也可以直接使用office等办公软件上的smart图形或者一些PowerPoint模板工具。

(1) 比类式模型。

这种是从古至今人们最常用的建模方式,古人说"天有日月星,人有精气神";中国传统文化认为自然界由金、木、水、火、土五种元素构成,对应人的主要器官是心、肝、脾、肺、肾,中医将其对应起来即心—火、肝—木、脾—土、肺—金、肾—水,然后用各元素的特征比类各器官的运行规律。我们可以用树来比喻企业,要有根来吸收养分,对应的是供应链;要有树干来支撑,对应的是组织架构;要有树叶进行光合作用,对应的是生产部门;要有花和果实,对应的是产品等等。也可以用人体器官来进行类比,例如我们要让学生,心中有梦想、身上有正气、脸上有自信、脚下有干劲、手中有方法。

(2) 组合式模型。

中国传统文化喜欢归纳组合,例如三皇五帝、三山五岳、五湖四海、五虎上将、北斗七星、八仙过海。如今在编政策文件时,也往往会用数字组合,例如三大纪律八项注意、四项基本原则、三严三实、六稳六保等。而西方人则喜欢用词头缩写,例如环境分析的PEST模型,即政治(Political)、经济(Economic)、社会(Social)和技术(Technological)四个方面。麦肯锡的企业组织7S理论结构(Structure)、制度(System)、风格(Style)、员工(Staff)、技能(Skill)、战略(Strategy)、共同的价值观(Shared Values)。

(3)结构树模型。

我们常常使用结构树模型来呈现总分关系的内容,思维导图是常用的绘制工具。思维导图的提出者英国学者东尼·博赞(Tony Buzan)发现人的思维方式就像是大脑的神经元构成,由一个节点发散出去多条神经,每一个关节点代表与中心主题的一个连结,而每一个连结又可以成为另一个中心主题,再向外发散出成千上万的关节点,呈现出放射性立体结构,而这些关节的连结可以被视为记忆网络。笔者的前一本书《创业思考力——从创意到产品开发》即应用了结构树模型阐述了课程的核心框架,如图1-8所示。

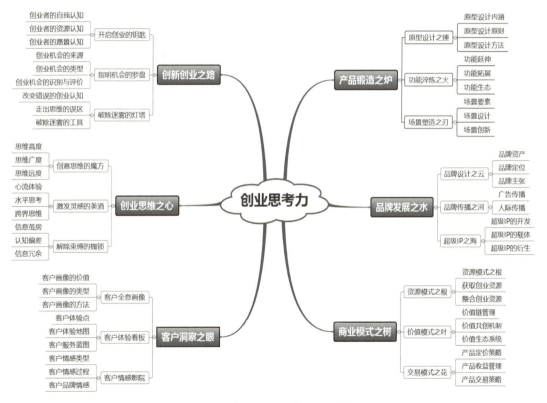

图1-8 《创业思考力》结构树模型

(4)矩阵式模型。

在科学研究中,我们经常用矩阵分析法将一个难以解决的问题化解为多个可以解决的问题。管理学、心理学等领域经常将两个维度分成四个象限,每两个组合成一个类别。例如4P人格分析中,个体在获取信息时通过直觉和感觉两种方式,在决策时分逻辑和情感两种方式,以此建立坐标系将人格类型划分为直觉+逻辑的完美型Perfect、感觉+逻辑的力量型Power、感觉+情感的和平型Peace和直觉+情感的活泼型Popular四种类型,如图1-9所示。

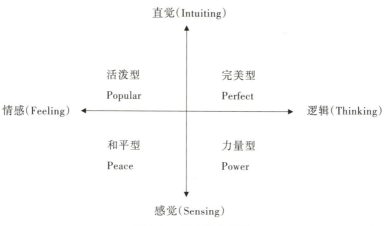

图 1-9　4P领导力分类

类似的模型有很多,比如《战略管理》的 GE 矩阵、BCG 矩阵,《时间管理》的重要性-紧迫性矩阵,《情境领导》中的关系行为-指导行为矩阵,"人力资源战略规划"课程中的制度完善度-执行到位度矩阵、紧迫性-薄弱性矩阵、业绩-价值观矩阵、能力-业绩矩阵等等。

（四）思维培养

在培养创新思维方面,我们可以借鉴被誉为"创新思维学之父"的爱德华·德·博诺(Edward de Bono)博士开发的思维工具《六顶思考帽》。"六顶思考帽"代表的是六种思维方式,分别是:白色帽子代表中立和客观、黄色帽子代表积极和正面、黑色帽子代表谨慎和负面、蓝色帽子代表冷静和归纳,红色帽子代表直觉和情感,绿色帽子代表创意和希望。我们可以用"六顶思考帽"进行个人思考或团队决策,在个人思考时能够避免无效思维的干扰,把凌乱的思绪变得有条理;而在团队决策时,则可以防止团队中不同意见间的争吵,使问题得以在同一个维度被探讨,还能有效地拓展思路,形成多维度全方位的解决方案。下面我们以一个创业项目为例来介绍这个思维工具的应用方法。

例如,某学生最近在努力减肥,听别人介绍了轻食沙拉,吃了几次感觉不错,想到应该会有很多和自己类似的人也有这方面需求,于是萌生了开一家轻食餐厅的创业想法。

首先从第一顶白色帽子出发,它代表中立和客观。当我们戴上白色思考帽,人们思考的是关注客观的事实和数据。我们可以收集相关数据,例如减肥的人群构成,即年龄结构、性别结构、收入水平、职业特征等。然后分析数据得出项目可行性。

第二顶是红色帽子,代表直觉和情感。有了数据分析,可以发现轻食是当前年轻人很喜欢的生活方式,又健康又时尚,这样的餐厅再配合简约个性的设计一定程度上会受到年轻人的喜欢,吸引大家纷纷来此打卡,从而将餐厅打造成为网红餐厅。配合个人社交媒体的宣传和推广,会产生不错的广告效果。此外,轻食餐厅不需要大厨主理,操作简单,出餐快、成本低、利润高,一定能够赚大钱。这么想,着实让人激动！到时候创业者本人也可以成为时尚达人,面子、里子都有了,直觉告诉我们,马上就要开始干,一刻不能停！我们仔细想想,这是不是很多大学生创业时的普遍心态?

此时就需要第三顶思考帽——黑色帽子,它代表着谨慎和负面。当我们因为梦想而激动的时候,很有可能真的窒息了。创业想起来很美好,但真的就那么容易实现吗?正如陈欧所说,你只闻到我的香水,没有看到我的汗水。有人把创业者形象地比喻为水面上的鸭子,看似很悠闲地在游泳,实际上水面下的脚正在拼命划水。当我们过度乐观的时候很可能会忽略一些致命的问题。回到上面轻食餐厅的例子,请多想想轻食餐厅可能遇到的困难吧!第一,如果做普通快餐,任何人都会吃,消费群体庞大,而减肥人群虽然也不少,但是占人群比例并不大,获客成本高是第一个问题;第二,消费频次,很多人选择轻食不是因为习惯,而是因为昨天吃了大鱼大肉今天内疚了想清清肠胃,属于冲动型购买而非每天都要做的事情。如果你关注一些轻食餐厅的后台数据可以发现,重复购买率并不高。第三是消费场景,吃饭除了是生理需求外还有社交属性,轻食一般都是一个人吃,很少有男女朋友约会去轻食餐厅的。商务洽谈也较少出现一边吃着蔬菜沙拉一边谈项目的情况。第四是制作门槛,商家容易操作的事情消费者也容易复制,几片生菜、几个圣女果加上点三文鱼和基围虾,配上沙拉酱,这谁都会。因此,将轻食作为饮食习惯的人经常自己制作而并不会去餐厅吃,这样就又少了一些客源。再加上,沙拉一般都是冰冷的,秋冬天很难受欢迎。也就是说,轻食比较适合食用的天气是夏天,但哪有餐厅只在夏天开业的?这么想想,以轻食餐厅为创业模式是否真的无懈可击?

灰心丧气了吗?好的,再来第四顶绿色的帽子。绿色代表了创意和希望,我们来准备更多的备选方案。能不能把脑洞开得更大一点想得更多一些呢?如果获客成本高可不可以先在小红书上做自媒体吸粉,构建自己的健康生活IP,然后向大家直播做轻食沙拉的方法,每天一款不同的沙拉做法,根据不同季节进行调整,先积累粉丝再考虑开餐厅变现。毕竟人们都有惰性,要凑齐那么多种不同的蔬菜、水果、海鲜,每种又是一点点,去超市买都嫌麻烦,要是有人都搭配好岂不是省时省力?开餐厅要租金和装修,不如先做外卖配送,不开堂食,这样就能降低运营成本。办法总比困难多,只要我们开动脑筋就一定有解决办法。

第五顶是黄色帽子,代表积极和正面。我们通过头脑风暴开发了很多方案之后就要思考行动方案了。做任何事情都会面临困难和挑战,天底下没有容易做成的事情,只要我们坚持自己的主张,不断拓展思维,就能找到合适的解决方案。积极和正面的态度会为我们做事提供动力。梦想让人找到奋斗的理由,美好生活则要靠自己的勤劳打拼出来。黄帽子让我们积极乐观,黑帽子让我们谨慎小心。《礼记·杂记下》有云:张而不弛,文武弗能也;弛而不张,文武弗为也。一张一弛,文武之道也。黄帽子和黑帽子是辩证统一的,只有两方面都考虑清楚才能做出正确的决策。

第六顶帽子是蓝色的,代表冷静与归纳。千里之行始于足下,我们看到了未来的前景和诱惑、风险和挑战,一定要诉诸具体的行动。很多时候创业并非如想象般那样好或坏,创业过程和结果需要在实践中逐渐印证其是否正确。庄子曾经讲了这么个小故事,有一位叫骊姬的女孩,被晋献公选入宫中,刚开始的时候非常不愿意,觉得要远离父母不知自己的未来会怎样,哭得眼泪把衣襟都打湿了,但是入宫后享受锦衣玉食,深受国君宠爱,觉得自己当年的想法好愚蠢!这正如我们在开始一个新创业项目之前会有各种想象,是赚钱还是亏钱?

会不会有消费者投诉？万一没生意怎么办？其实,创业之前最好先去同行那里打工,如果连一个服务生的工作都干不好,又怎么当老板？如果能在一家连锁奶茶店干到店长,那么自己开一家同类型的奶茶店也应该不成问题,借助他人平台来检验自己的思路是稳妥的方法之一。

总之,六顶思考帽是一个多维的工具,我们可以将其灵活运用,既能用来开发创新创业课程,又能帮助学生解决遇到的难题,从而拟定合理的应对策略。

（五）行动方案

教学生创新创业不仅要传授知识,更要帮助学生拟定行动方案,扮演学生的引路人和督导者。前一部分介绍了"六顶思考帽",这一部分推荐另一个思维工具"六双行动鞋"。很多人的创业项目就是定了一堆目标、计划,立了很多Flag,结果真正开始实施的时候发现要么想法不切实际,要么落地难度太大,"理想太丰满、现实太骨感",最终目标很难实现。千里之行始于足下,我们只有从实际行动的角度出发去设计规划方案,以结果倒推计划才能更有可操作性。这就是"六双行动鞋"的价值所在。与前面介绍的"六顶思考帽"类似,每双鞋的颜色和款式都暗示了行动的内容和方式,下面我们来一一解读。

第一双鞋是深蓝色海军鞋。深蓝色是海军制服的颜色,这个颜色暗示海军的操练、形式惯例和一丝不苟。皮鞋质地坚硬,代表外部环境的约束。深蓝色海军鞋的行动模式代表依据规章和流程行事,不能自由发挥。"六双行动鞋"这个工具的有趣之处在于它充分挖掘了服饰的行为暗示作用。如果我们留意的话可以发现,服装不仅可以保暖蔽体,更可以代表行事的做派和风格。衣服本身就是一种行为约束。比如,现代士兵的着装要把风纪扣系好,衣服平整挺括,训练时要整理内务,把被子折成豆腐块,其实也是在进行行为约束,一切要按照流程进行。穿深蓝海军鞋的意义在于重视规则与制度,要保证固定的产出和效果。对于职业生涯规划而言,就是拟定具体的可操作性和可衡量的行动计划。职业化就是达到稳定预期的行动品质,一旦确定了方案就要不打折扣地执行。军人的一大优良品质就是纪律严明、行动高效。每个人都可能有拖延症,做方案的时候我们要给自己设置最终时间的期限和质量目标,逼着自己克服惰性,像军人一样达成使命。

第二双鞋是灰色运动鞋。灰色是难以琢磨的颜色,黑色和白色都很明确,而灰色则代表模糊。运动鞋穿起来很适合去探索和调查,灰色的意思是不断获取信息将模糊的事物查明。我们在做创业项目时经常会参考其他人的方案,看看成功人士的经验有哪些。大家都喜欢听英雄的故事,但是简单模仿别人并不能让我们成为英雄。正如小马过河的寓言故事,老牛告诉小马河水很浅,蹚着水就到了对岸很轻松;而松鼠告诉小马河水很深,自己的一个同伴就是掉到水里淹死的。小马只有自己亲身实践才能知道河水对于自己的深浅。我们在做创业项目设计的时候,任何人的经验教训仅供参考,因为那是别人在当时环境下做出的决策,而今时移世易,不能简单地复制,我们必须自己亲自探索出属于自己出路。因此,有针对性的探索和调研特别关键,了解环境变化、收集行业信息、发现客户需求,这些都是拟订方案的基础。

第三双鞋是棕色工作鞋。棕色是种实用的颜色,暗示泥土等实在的事物,并且象征着双脚稳稳地站在土地上。工作鞋是种实用耐穿的鞋子,也可以用来做粗重的工作,因此棕色工作鞋的行动模式强调的是实际和务实,做有道理和有用的事。我们开展创业教育的时候既要"仰望星空"更要"脚踩大地"。党的二十大报告指出:"牢记空谈误国、实干兴邦。"穿上棕色工作鞋意味着不求形式只求成效,就像是大家熟悉的武术家李小龙。他将中国武术与西方搏击术融合,开发出了简洁有效的拳法截拳道。他认为武术的核心就是防守和进攻,截拳道的精髓就是"抛弃传统形式,忠诚地表达自我""以无法为有法,以无限为有限",更注重于"实用"而抛弃了中国传统武术复杂的形式套路。在对手攻击的时候,格挡与反击同时进行,甚至不加格挡而直接凭借快速有力的进攻压制对手,做到先发制人。武学即人学,李小龙通过洞悉人性规律总结出了这套高效的武术之法。著名的奥卡姆剃刀定律(Occam's Razor)讲得就是"如无必要,勿增实体",用最简单的方法解决最复杂的问题。美国宇航局NASA曾经发生过这样一件事。当时考虑到宇航员上太空要做记录,但由于失重的原因钢笔的墨水无法下落到纸上,为了解决这个问题大家挖空心思设计了很多个方案,甚至研发了非常复杂的宇航笔。当大家正在发愁如此昂贵的生产成本如何量产时,有人提出来,为什么不用铅笔呢?大家惊呼,是啊! 我们习惯了在钢笔上做研发,竟然忘了最简单最廉价的铅笔。同样的,我们在做方案的时候有可能过于庞杂以至于忘记了初心。习近平总书记特别强调要"不忘初心、牢记使命",我们要以最核心的理念思想指导行动,放弃不切实际的花架子,追求效率。

第四双鞋是橘色橡胶靴,就是消防员穿的那种橡胶靴。橘色暗示危险、爆发、注意力和警告,消防队员穿着橡胶靴可以应对各种突发事件和危机情况。我们在工作和生活中可能会遇到一些紧急情况,这个时候如果还是按部就班行动肯定会出问题。特殊时期要特别行动,当遇到突发紧急情况时,我们需要有策略、有勇气、有担当。电影《中国机长》讲得就是一个应急事件的处理过程。四川航空3U8633航班机组执行航班任务时,在万米高空突遇驾驶舱风挡玻璃爆裂脱落、座舱释压的极端罕见险情。机组成员凭借着极少仍在工作状态的仪器,艰难地进行手动驾驶。座舱释压发生时,乘务组立即执行释压处置程序,指导旅客使用氧气面罩,并训练有素地喊出:"请大家相信我们,相信我们有信心、有能力带领大家安全落地。"生死关头,英雄机组的正确处置,确保了机上全体人员的生命安全,创造了世界民航史上的奇迹。创业时需要考虑各种例外情况或者应急事件,给自己留有余地。俗话说,不怕一万只怕万一。面对突发事件,我们要做到事前有预案、事中有应对、事后有复盘。无论遇到何种情况都从容淡定地应对。

第五双鞋是粉红色拖鞋。粉红色象征暖意和温柔,是种传统的女性色调,拖鞋很柔软舒适代表家、情感和温馨。因此,粉红色拖鞋的行动模式代表关心、同情的情感模式。人非草木孰能无情。人是一个复合情感体,职场环境中越来越关注情感因素。例如喜达屋集团曾推出关爱计划,即关爱同事、关爱客户、关爱生意、关爱社区。通过暖心的行动化解人与人之间的隔阂,以人文关怀柔化死板的制度。我们在做创业项目的时候可以融入更多的情感要素,赠人玫瑰手有余香,当我们带着关心、关爱的情感去对待他人,以善意帮助他人,一定也会收获友情和支持,让我们的事业发展得更加顺利。

第六双鞋是紫色马靴。紫色无论是在中国文化还是西方文化中都象征着权威和高贵。古代官服中最高阶的就是紫色,仅次于皇帝的明黄色,所以人们常说,红得发紫。而马靴在古代欧洲只有骑士才能穿,代表了其高贵的身份。很多职业是要穿制服的,制服的意义是符号标定,当我们穿上制服就像是戏剧演员穿上表演服,扮演的不是个人而是制服代表的职业角色。服饰是文化的表征,笔者发现了一个有趣的现象,很多西方古代君主的标准画像或照片都是戎装,表现出以武治国,而中国古代的君主则很少身着戎装,表现以德治国。以武力平天下换来的只是臣服,而以德行和公正来管理国家才能长治久安。《礼记·礼运》有云"大道之行也,天下为公。"在创业中,我们要站在大局、大义角度考虑问题,跳出狭隘的"小我",一滴水融入大海才不会枯竭,一个人站在集体利益角度为大众谋福利才能获得更大的发展。

六双行动鞋的思维方法可以帮助我们指导学生拟定切实可行的行动方案,让他们穿上这些带有不同寓意的鞋子,奔跑在充满希望的田野上。

三、课程实施策略

创新创业教育不仅限于课堂教学,要培养双创人才还需要通过多种方式帮助学生发现自我,找到创业项目、整合资源、走上成功之路。这个过程笔者将其总结为5D策略(如图1-10所示),即Dream激发创业梦想、Discovery发现商业机会、Design设计核心产品,Develop开发应用场景,Delivery交付商业价值。

图1-10　课程实施5D策略

（一）激发创业梦想

2012年11月29日,习近平总书记在参观国家博物馆"复兴之路"展览时,第一次阐释了"中国梦"的概念。他认为,实现中华民族伟大复兴,就是中华民族近代以来最伟大的梦想。其实,从国家领导人到普通老百姓都有自己的梦想,梦想是激励我们前进的动力,人类就是在一个个梦想的实现中不断进步的。前人希望比马跑得更快,我们发明了汽车;无数人梦想着飞上蓝天,我们发明了飞机;面对神秘的大海,大家希望不断探索,我们有了轮船和潜艇。

交通工具的进步是人类梦想一步步实现的最好证明。创业是实现个人价值、达到财富自由的一个重要途径,很多人都有开山立派、创立基业的梦想。马云曾经说过:梦想还是要有的,万一实现了呢?我们引导学生,激发他们的创业梦想时需要注意以下三方面特点。

第一,要有激励性。梦想的价值之一是具有激励性。古代社会,土地是核心资源,所以"耕者有其田"是很多人的梦想;新民主主义革命时期,很多共产党人抛头颅、洒热血,正是因为争取中华民族的自由和独立是他们追求的梦想。当代社会,艺术家创作出旷世之作是他们一生追求的梦想,科学家攻克人类历史上的重大课题是他们的梦想,工程师解决某个多年来无法破解的技术难题也是他们的梦想。奋斗的人生会充满激情与动力,梦想的特点就是要能够让人愿意为之奉献自己的全部时间和精力。

第二,要有利他性。这个是容易被人忽视的,很多人会觉得梦想是自己的事,但是如果没有和大家的利益相结合,又如何在实现梦想的道路上得到他人的帮助呢?曾经有人说,中国有14亿人,如果每人给我一块钱,那我该多么富有。其实这话该反过来说,你能为14亿人做些什么?如果你能为大众做些事情,人们才可能为你付出。古人云,为一城谋则得一城,为一国谋则得一国,为天下谋则得天下。中国共产党第一次全国代表大会的时候全国仅仅50多位党员,截至2021年12月31日,中国共产党党员总数为9671.2万名,党的基层组织总数为493.6万个。历经百年,中国共产党取得了举世瞩目的伟大成就,其根源就是为天下苍生谋福利。梦想也是一样,当个体仅仅为了自己考虑,追求睡觉睡到自然醒,数钱数到手抽筋,那么梦想将很难实现,因为没有人会帮助自私的人。反之,越为他人考虑,帮助别人解决困难,大家都会帮助你。从社会交换理论来看,人类社会最大的特点就是个体之间的协作,看待问题的角度和立场决定了一个人究竟能走多远。

第三,要有画面感。理想可能是一句话,而梦想一定是一幅画。这幅画越形象越生动就越有效果。如果能够把这个梦想变成手机背景、电脑桌面或者墙上的装饰画就更好了。从心理学上讲,人的大脑对于图片的敏感度是最强的。一句抽象的话需要经过思维的加工才能产生认知,而一幅图画则会直接影响潜意识。很多想减肥的人不是说自己要减重多少千克,而是直接把自己的照片P图成减重后的样子,这样的自我激励效果更好。梦想是我们对未来状态的一种形象描述,无论是谱一支曲、做一双鞋、修一条路还是造一辆车,我们都需要倾注心血去造就。正如李宗盛所说,面对大自然赠予的素材,我得先成就它,它才有可能成就我。创业项目、创新产品和创意作品让我们有限的生命得以延长,其本身就是具有重要价值的。马丁·路德·金已经离我们远去,但是大家都还记得曾经有一位黑人在大声疾呼《I have a dream》(《我有一个梦想》)。

(二) 发现商业机会

人们经常讨论到底是"时势造英雄"还是"英雄造时势"?其实,"英雄"与"时势"二者关系的关键是英雄能够在时势中准确地发现机会。我们不必感慨错过了互联网快速发展的黄金期,成不了马云、马化腾和雷军那样的互联网成功人士。其实,任何时候都不缺少机会,而是缺少发现机会的眼睛。在创新创业课程中,我们需要教会学生发现创业机会的方法,培养其敏锐的市场洞察力。这方面内容和方法可以参考商业机会的"点、线、面、体"模型,该模型是曾鸣教授在"智能商业20讲"的课程中首先提出来的,之后梁宁老师在"产品思维30讲"中再次介绍了应用方法。他们都认为,可以从点、线、面、体四个维度来洞察创业机会。

任何一个创业者都不可能是全能的,而创业往往需要从一个点开始,正如围棋的落子一样,第一个子落在哪里意味着后续的工作将围绕着这个点开始。落点的选择策略可以从三方面进行分析。第一个方面是从自己开始,问一问"你是谁""你有什么""你喜欢什么""你擅长什么"。很多创业者就是从自己掌握的某个资源开始着手创业的。例如饿了么的创始人张旭豪就是2008年在宿舍里和同学们聊天时发现大学校园的外卖需求,于是组织几个相好的同学开始创业的。世纪佳缘网创始人龚海燕也是因为自己作为大龄女青年要解决相亲问题时想到做一个交友网站的。身临其境,方能理解如何满足市场需求。第二是从社会需求开始。例如国家放开了生育政策,势必带动母婴市场的需求;无论男性还是女性都越来越重视自己的容貌,这就引发了医美市场的火爆;在新冠疫情常态化的背景下,口罩的需求量猛增,人们不仅对口罩的防护性要求高,对其美观性和舒适性也非常在意,于是有人开发了各类个性化口罩。第三是从技术创新开始。基于新的技术发展,很多传统行业都面临着技术升级和更新换代。例如,生鲜菜市场是较为传统的业态,盒马鲜生基于互联网平台和发达的配送机制菜市场的经营模式进行创新,而淘菜菜则打造了新型的社区电商。买菜不再仅是挎着菜篮子到菜市场和小贩们讨价还价,也不仅是到生鲜超市选购,而是拿着手机点一点就完成了,这一定程度上满足了人们快节奏生活的需求。

有了第一个点之后,我们要把它拓展成一条线。这条线就是产品供给要专业化,营销要渠道化,从生产到消费一气呵成连成线。我们从产品的上游看,供应商是谁?哪些人和组织为我们提供原材料、技术等保障。往下游看,哪些人帮我们提供营销和售后服务。进入到广泛的社会协作系统中,我们才能把自己的产品做大做强。中国的制造业优势来自专业化的产业链,能够用较短的时间和较低的成本完成从原材料到成品的生产加工过程,富士康为苹果、三星等手机厂商做代工就是典型的例子。外包、众包的发展,让我们只需专心把自己的核心产品设计出来就好,专业的事交给专家来做,各环节各司其职、各美其美。如今,通过很多专业化的平台就可以找到与自己的业务契合的公司,例如新氧医美就是把需要做医美的消费者、专业医生和医美医院等各方链接在一起,从而形成产业链。

当我们有了第一条核心产品线之后就可以开始拓展多条线,进而形成面。以小红书为例,2013年小红书刚成立的时候主要做海外购物分享社区。内容主要是一些达人在境外旅行,分享自己的心得体会,其他人可以根据他们提供的信息,按图索骥快速地获得心仪的产品和体验。我们常说的"种草"和"拔草"就是从小红书来的。而今的小红书已经成为人们获取生活信息的重要途径,小红书的广告语改为"标记我的生活",这凸显了小红书的生活风向标属性。2021年11月,小红书宣布自己的日活用户达到2亿,并且完成了新一轮5亿美元的融资,通过这一轮融资,小红书的估值比半年前翻了一倍,达到200亿美元。在胡润《2021全球独角兽》榜单上,小红书名列第16位。正是由于小红书在美妆服饰、旅游休闲等领域不断拓展,形成了多条线的构面,支撑起自身蓬勃的发展力。也许你想不到的是,小红书广告业务增长速度最快的是汽车版块,而汽车版块的受众群体也从男性变成了女性。与其他地方广告投放不同的是,小红书上的汽车广告更强调车子的外观而非性能。因为女性对车子的颜色、内饰更敏感,不像男性主要重视车的功能和性价比。例如长城汽车的欧拉好猫就特别针对女性设计并投放了大量广告。正是由于多线条的产品面,2020年小红书的广告业务达到了50亿人民币,2021年又翻了一倍超过了100亿人民币。

当多个面发展成熟就构成了体。例如,淘宝平台的流量养活了很多的经销商,而经销商的壮大为淘宝带来了直播网红的崛起,消费者从单向地在网页上搜索到通过观看KOL直播带货,使淘宝平台形成了立体构面。在支付方面,支付宝形成了一个独立的第三方支付平台,不仅可以帮助使用者完成线上购物支付还为其提供水、电、气等其他生活缴费支付服务,而在信用支付方面,支付宝则启动了花呗和借呗,使用者暂时不用的钱可以放在余额宝中或购买理财产品,同时基于支付记录,支付宝还产生了芝麻信用等。一个个面构成阿里集团庞大的体系,形成了商业生态圈。类似的还有苹果、腾讯、华为等公司,他们都打造了自己的商业生态系统。

通过点、线、面、体四维发展,我们可以描绘出一个创业企业的成长路径,即创业企业如何从点出发构成线,把线组合成面,最后多个面构成一个体系。

(三)设计核心产品

当我们指导学生发现了创业机会之后,就可以着手带领他们设计核心产品了。这方面可以从功能设计、情感设计和意义设计三方面进行。

首先是功能设计,涉及产品有哪些用途,这需要思考三方面问题,即使用对象、使用场景和使用价值。我们不可能满足所有用户的所有需求,因此必须有所取舍。我们要明确产品的使用对象究竟是什么人,他的特征有哪些,即做好客户画像。在互联网时代,人们的需求越来越细分,已经无法简单用男性、女性,或者老人、青年、小孩这样的人口学特征来划分了。举一个例子,烤箱是很多家庭都会购买的厨房家电,那么最喜欢用烤箱的消费者是谁呢?某研究团队通过调研发现,通常烤箱厂家会把用户定义为家庭主妇,毕竟她们要经常给家人做吃的。但对于普通家庭主妇来说,最基础的功能就够用了,她们一般主要用烤箱来加热超市买回来的半成品,复杂的功能用不上,反而增加了她们的使用难度。那么,高端的多功能烤箱可以卖给谁呢?这个研究团队发现有一类特殊人群适合高端多功能烤箱,那就是烘焙爱好者。他们喜欢钻研各类面包、糕点的制作方法,他们会仔细对比不同品牌的酵母对面粉发酵的影响,研究怎么调整配方让面团揉出手套膜。这类人群尤其喜欢把制作的全过程拍下来放到微信视频号、小红书或者哔哩哔哩分享,有的烘焙达人还是这方面的网红。他们除了烤箱一般的功能之外,最渴望的功能是拍摄。他们期望像运动相机GoPro一样能把面包在烤箱里的全过程拍下来发给亲朋好友们。于是这个研究团队就把耐高温的摄像头装到了烤箱里,调整好灯光,设置好长焦、微焦和延时,于是一个全新的视角呈现在烘焙爱好者面前,他们可以看到烘焙过程中的蛋液在沸腾、虾仁在跳舞、面糊在纸杯里慢慢膨胀起来……这些平常看不到的奇特场景都出现在视频里。一个带拍摄和社交功能的烤箱就此诞生了,研究团队还贴心地设计了一个App,通过这个App,拍摄的视频可以直接上传至手机,使用者不用做任何修饰就可以转发至任何自己想要的自媒体平台。于是,烘焙的过程变成了达人们秀作品的过程,当然,同时也是秀烤箱的过程。发现更细分市场的需求,通过技术研发去满足它,这样的产品往往会给人眼前一亮的感觉。产品功能的挖掘需要深度了解用户的需求,这些用户不仅包括终端用户还包括在流通过程中的用户。例如图1-11所示杯子,这是一个常见的马克杯,没什么特别。

再看图1-12杯子,与图1-11有什么差异呢?

图1-11 普通的马克杯

图1-12 宜家的马克杯

对于终端用户喝水没有任何差别,但是后面这个对于经销商仓储就完全不同了。由于底小口大,杯子就可以一个摞一个摆放,节约了运输和仓储的空间。设计师计算过,图1-11的那款杯子一个集装箱货盘只能摆800多个,而图1-12的那款杯子则可以放2000多个,运输效率提高了一倍以上,物流成本则降低了60%。功能是产品设计的基础,这款杯子就是宜家设计师设计的,他们通过设计,压缩各个环节的成本,为用户节省开支。

产品设计第二阶段是增加情感属性。人们是爱美的,看到了美好的事物往往会心生欢喜,产品的情感价值会在购买时发挥重要作用。增加情感价值的方法有很多。第一个方法是转换原有感情,就是把原来喜欢的东西换一个方式表现出来,将之前的情感转移到新的产品上。例如各类的超级IP周边产品。

哆啦A梦的卡通形象是1969年由日本漫画家藤子·F.不二雄创作出来的,现在已经过了半个多世纪了,我们小的时候哆啦A梦的中文译名是机器猫、小叮当。就是这个蓝胖子卡通形象,每年在漫画、影视、服饰、玩具等周边产品的营业收入超过250亿日元。大家因为喜欢这个卡通形象而愿意购买相关的产品。当然,情感价值是有文化属性的,就像美国人对星球大战极为痴迷,甚至将每年的五月四日定为星战节,因为该电影里有一句经典的台词"May the force be with you"("愿原力与你同在"),五月四日刚好英文是"May the fourth"。但是中国人多数对星球大战没有如此狂热,因此星战系列电影在中国票房受冷也是可以理解的。中国人对传统文化有很强的认同感,因此故宫题材的文创产品就很受大家的欢迎。第二个方法是唤起原生感情。广告大师大卫·奥格威提出了经典的3B法则,即"Baby""Beauty""Beast",("婴儿""美女"和"宠物")。该法则来自一项心理学研究,研究人员发现人们对这三个类型的图片有与生俱来的好感。如果我们留意身边的广告的话,也可以发现很多广告海报和视频都是以这三种形象为主角的。究其原因,在于他们能够唤起人们心里的愉悦感。第三个方法是激发怀旧感情。人们对于逝去的岁月往往充满了怀念之情,能够激发怀旧情结也是一个重要的产品策略。如今很多国民品牌开始复兴,打的就是怀旧牌。例如,大白兔奶糖是"70后""80后"人们小时候的美好回忆。类似的品牌产品还有蜂花洗发水、百雀羚护肤品、活力28洗衣粉、回力运动鞋、绿豆老冰棒等。甚至有的品牌还做起了跨界联合,如六神RIO鸡尾酒、老干妈卫衣、泸州老窖香水等也引发了人们的关注。第四个方法是打通公益感情。品牌方对弱势群体的关注和对社会公益的投入也会激发人们对其产品的好感。2021年郑州由于突降暴雨造成洪灾,鸿星尔克的无私捐款让大众非常感动,纷纷感慨"一家经营困难的企业为了救灾竟能如此慷慨解囊"。鸿星尔克的善举也间接促进了其线上线下产品的销售。企业无意之间的一次善举打通了消费者对品牌的积极情感。

  产品设计的第三阶段是意义设计。意义主要体现在符号性、社交性和人文性三方面。第一是符号性。产品无论是其本身还是背后的品牌都是一种符号。中国文化喜欢将某个物品赋予意义。例如玉雕中很多摆件雕刻为白菜,寓意为"送人要送财";有些摆件则被塑造为一匹马上有一只猴子,寓意为"马上封侯";花瓶上有蝙蝠和桃子,寓意为"福寿双全";仙鹤站在乌龟头上,寓意为"独占鳌头",等等。类似如此,中国人赠送礼品喜欢以谐音寓意美好祝福,例如家人之间送保温杯,寓意"送你一杯子,陪你一辈子"。人们逢年过节互送礼物,其实就是送去关心和爱心。我们如果将这些美好的寓意融入产品之中就会获得客户的好感。第二是社交性。产品不仅是拿来用,也是拿来看的,社交属性和功能属性同样重要。例如,奢侈品销售火爆的一个重要原因就是炫耀性消费。我们批判拜金主义,但是品牌往往成为身份的象征。在社交过程中,大家不自觉会以使用的产品风格来划分群体,交流的时候一些话题也会围绕着生活用品来展开。产品的社交属性在人文性方面有一些复杂,一般和地域文化联系紧密。例如中式建筑设计往往比较古典,追求回归自然、天人合一;美式田园建筑设计则多以清新淡雅的小碎花来点缀;欧式古典建筑风格经常体现为宫廷的奢华、复杂的花纹和雕刻;北欧的建筑风格则追求简约明快、朴素实用。地域对人文性产生了巨大的影响,俗话说一方水土养一方人。人文性也是人们内在价值观的外化。爱国主义、民族主义也经常和产品的意义性联系在一起。《战狼2》《金刚川》《长津湖》等爱国主义电影的高票房成功,一方面确实和拍摄的质量有关,更关键的是电影的爱国情结使观众产生了共鸣。华为、小米、比亚迪、吉利、李宁、安踏等民族品牌在进行产品设计的时候经常将中国文化嵌入其中。其实,文化千变万化,唯一不变的价值是真善美。当我们在设计产品时,将生活的美好寓意、对至臻至善的追求,以及和谐发展的理念等元素融入其中,往往会获得市场的认可。

  王国维在《人间词话》中说:古今之成大事业、大学问者,必经过三种之境界。其实我们在设计产品的时候也是一样的。第一重境界是"昨夜西风凋碧树。独上高楼,望尽天涯路。"这告诉我们要看到客户的深层次需求,洞察社会发展的规律,找到自己的着眼点。第二重境界是"衣带渐宽终不悔,为伊消得人憔悴。"意思是,我们在设计产品的时候要认真思考,悉心体悟,用科技和人文不断完善我们的产品,没有最好只有更好。第三重境界是"众里寻他千百度,蓦然回首,那人却在灯火阑珊处。"当取得了阶段性的成功,我们不应该陶醉在喜悦中停滞不前,而需要以平和的心态继续努力、持续发展。很多时候产品就是创业者做人的表现,用产品为镜子可以照出自己的内心,正如同仁堂的那句古训:炮制虽繁必不敢省人工,品味虽贵必不敢减物力。同样的,我们以追求精品的心态制作创新创业课程,希望与读者共勉。

(四)开发应用场景

产品设计出来后要指导学生开发应用场景。"场景"一词来源于英文"Scenes"的翻译,"场"是戏剧影视中较小的段落,是时间的概念,"景"是指景物,是空间的概念,也就是说"场景"指的是时间中的空间。场景最初指的是电影、戏剧中在特定时间空间内发生的行动过程,或者因人物关系构成的具体画面。场景展示的核心其实是关系,人与人的关系、人与物的关系、物与物的关系。罗辑思维联合创始人吴声在其著作《场景革命》中提道:"场景是最真实的以人为中心的体验细节,场景依赖于人,没有人的意识和动作就不存在场景。"产品不是孤立存在的,必须依托某种应用场景才能具有生命力,从一定程度而言,场景就是产品的一部分。

以教学为例,以前同学们是在教室里上课,现在则是拿着手机线上上课,场景发生了改变,那么教学方式是不是也要做相应的调整?以前老师面对一群学生,现在的教学视频之前只有一个学生。因此,老师在录课程视频的时候需要考虑学生的应用场景。最直接的一个改变是从对"你们"说话变成对"你"说话。称呼的改变意味着我们在设计课程的时候要考虑到看网课的学生可能是在图书馆戴着耳机面对一个平板电脑学习;也可能是在宿舍拿着手机躺在床上学习,应该不会是一群人对着电脑一起看视频。这就是思考产品应用场景的价值。与线下课程不同,线上课程的每一节时间不是45分钟而是15分钟,因为研究表明,人在教学视频前的最佳注意力不能超过15分钟。因此,线上教学需要把课程的内容进行高度结构化设计,用一个个模型串起课程内容,将点连成线,以线形成图,最后呈现给学生一个精心编制的知识框架图,这样好学、好记,也好用。以此类推,在设计创业产品的时候,我们需要认真思考客户的应用场景,才能给客户以更佳的消费体验。

清楚了场景的含义,我们来看看如何管理应用场景。阿里巴巴用户体验团队通过对大量案例的分析及归纳,总结出了基于场景的产品设计四步曲(如图1-13)。

第一步是场景列举。首先需要绘制用户操作流程图,依次从中获取关键场景,为了方便描述场景,产品设计师经常用一则用户消费故事来说明。该故事包括:在什么时间(when),什么地点(where),出现了什么事物(with what),目标用户(who)产生了某种欲望(desire),并想到用某种方式(method)来满足欲望,最后产生了某种结果(result)。以网购为例,22岁的女生小A是某影视明星F的粉丝,她在咖啡厅和朋友聊天时看到某时尚杂志上F的一组生活照,觉得其中的一条裙子特别好看,很想买到同款。于是向朋友打听是否有人知道这是什么品牌的哪一款,什么地方可以买到。可惜身边的人都不知道。于是她就把照片发在朋友圈问是否有人知道,结果其中一位朋友告知了她。她在本地一家商场里看到了同款裙子,经过试穿觉得挺好,但是苦于价格太贵没有下决心购买。之后,通过品牌和货号她在淘宝上终于搜索

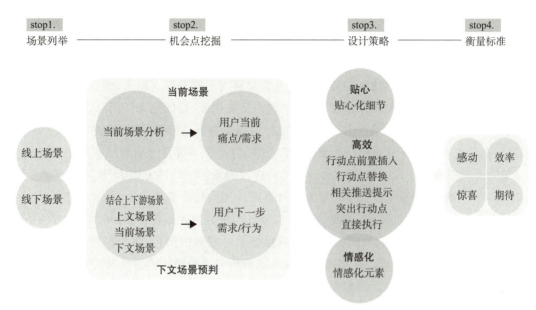

图1-13　场景设计四步曲

到了同款,顺利下单购买到了心仪的商品。这就是淘宝上的一个消费场景。我们一定要准确描述和还原当时可能发生的事情,因为每一个细节都可能是我们进行产品设计的机会点。

第二步是机会点挖掘。在此步骤中有两种挖掘场景设计机会点的方法,一种方法是竖向地考虑当前的用户场景,通过当前需求挖掘机会点;另一种则是横向地分析用户上下文场景,预判用户可能存在的下一步行为,进而获取当前场景的设计机会点。基于前面所述,消费者购物时有购买同款裙子的意愿,那么机会点在于两方面,一是如何快速识别款式,二是如何在淘宝上找到同款。类似的机会点还有,比如在公共场所听到了好听的歌,很想知道歌名并顺利下载到手机上;在商场里看到了某款商品,想知道附近的商场是否有更便宜的同款,等等。

第三步是设计策略。通过相应的设计策略将机会点转化为设计点,相应的设计策略包括三个,即以高效为目标、以贴心为目标、以情感化为目标。

第一是高效。要以能够不同程度地提高用户操作效率为目标。如上所说,小A在时尚杂志上或者商场里看到了心仪的裙子,都可以打开手机淘宝客户端,用拍立淘拍一张照片,然后软件会自动识别图片,在淘宝上找到并显示同款衣服。这样可以非常高效地解决消费者遇到的困难。同样,我查查App可以通过扫条码的方式获取同款产品比价信息,让消费者买到更便宜的商品。而IPhone的语音助手Siri也具有识别歌曲的功能,可以通过语音"这是什么歌"让人工智能小助手帮忙获取并下载同一首歌曲。很多产品的关键就是让客户在不同场景下高效实现自己的目标。过去我们使用机械门锁,出门要提醒自己带钥匙,背包和口袋里经常装着一串叮叮当当的钥匙串非常麻烦。尤其是夏天,很多女孩子的裙子上是没有口袋的,这样带来很多麻烦。这就是一个典型的应用场景,电子门锁的发明提高了效率,我们出门再也不用带钥匙了。有人开玩笑说懒人推动了技术进步,很多产品就是为了满足人们想省心省力省钱的愿望而产生的。

第二是贴心。通过机会点挖掘阶段对用户当前场景需求进行分析,并对下一步目标的预期进行预测,设计阶段需要通过细节设计满足用户当前场景下的情感需求,或辅助用户达到下一步的目标,让用户感到贴心与感动。人们会遇到不同的需求场景,例如在携程网订了机票后,携程网会实时监控航班信息,并提供预约接机服务、目的地天气信息,客户还可以通过携程网加入微信群,群里有一位微领队,他可以帮客户贴心安排行程,并解决行程中的问题,客户也可以在群里和其他同行者交流旅行心得,这项服务非常方便同时不另外收费。

第三是情感化。主要从细节出发满足用户在当前场景下的情感需求,让用户感动,给用户惊喜。很多商家会把亲情、友情、爱情等情感融入产品的场景设计中,例如酒类的广告往往在视频中呈现合家欢的场景,表现一家人在节日相聚时的欢乐场面;保健品广告展示的场景一般是年迈的父母亲在家收到儿女寄来的保健品时欣慰的笑容;牛奶广告经常呈现孩子喝了奶之后健康成长的场景。这些都是商家在认真研究消费场景情感需求后贴心设计的。

第四步是衡量标准,最后阶段需要衡量和评价以上产品的场景设计方案是否符合标准。我们结合设计目标,可以用效率、惊喜、感动、期待四个衡量标准来进行评价。俗话说,废品是摆错了地方的宝贝。不同场景下同样的物品会表现出截然不同的价值。生活中的一杯水看似平常,但是在沙漠里可能就是救人一命的关键;普通的小物件在艺术家手中就可能成为一件举世无双的作品。互联网思维中所谓"羊毛出在狗身上,让猪买单",就是价值的转移,即把一些看似无足轻重的资源给到需要的人手中,并从中获取利益。比如,对于清华大学的学生来说听一堂课也许稀松平常,但对其他人来说学习清华大学的课程便是梦寐以求的事情。于是得到App把清华大学教授宁向东的管理学课做成知识付费节目,只要付199元就能学一年,如今该栏目已经有42万的订阅量了。筛选出精华的课程邀请专业的人士主讲,然后以较低的价格销售给需要不断更新认知的人们,这就是得到App的商业逻辑。如今知识付费的兴起,其实就是基于这样的场景价值产生的。时代变化迅猛,人们都有更新知识的需求,却不知道跟谁学或没有时间学。那么就有人整理筛选出知识干货,并以便捷的交付方式提供给用户。快节奏的生活将我们的时间碎片化,最初罗振宇的"罗辑思维"栏目是视频节目,后来他发现碎片化的时间利用率最高的方式是音频类节目,于是毅然将得到App上的大多数栏目转型为音频类栏目。利用场景赋予产品更大的用户价值,这就是我们需要重点考虑的问题。

时代在不断发展变化,场景也在不断改变。我们发现了应用场景的变化,就要相应地做出产品设计的改变,让用户能够放心、舒心和开心。创业就是一个不断更新迭代的过程,学会观察、学会分析、学会创新,学生就能够打造出优秀的创业项目。

(五)交付商业价值

从商业模式理论角度看,创业就是价值的创造、传递和交付的过程。如今,随着社会文化的发展,很多人从事演艺方面的创业项目,我们以喜剧为例分析创业项目的价值交付过程。

(1)价值创造。

某知名相声演员曾调侃:"我们都会说话,凭什么你愿意买票来听我说话呢?因为我有把你逗乐的本事。"面对工作和生活的压力,喜剧是人们缓解情绪的一种重要方式,大家愿意支付一定费用来购买这项服务。有需求就有市场,有市场就有人提供产品和服务。创造快乐是一门艺术,也是一门技术,需要创业者细心观察生活现象,并深刻理解观众心理。让人开心的表演形式有很多,如相声、小品、脱口秀、默剧、漫才、喜剧电影等。不同的表演形式带给人们不同的价值获得感,其商业模式也有很大差异。早期的相声艺人在天桥、庙会等人多的地方画一个圈就演出了,想吸引观众出钱就要具有"平地抠饼,对面拿贼"的本事,他们要了解观众喜闻乐见的话题,并用最短的时间把人逗乐,这种商业模式靠的是真功夫,赚的是辛苦钱。后来相声演员都归口到了曲艺团,以公演为主,要是出去搞商演则被称为"走穴",这要求相声演员要能够公私兼顾才行。而民间艺人的处境则很困难,因为没有合适的商业模式,民间相声演员早年间日子过得很辛苦。这样的形势逼迫一些相声演员思考新的商业模式。既然单个的相声组合不好发展,那么是不是可以大家一起报团取暖?于是便有了德云社。所谓德云社就是德字辈的相声师傅和云字辈的徒弟一起共创的团体。他们在继承传统相声优良基因的基础上做了大量改良,以适合当代人的偏好。通过小剧场演出、各类商演、综艺节目等方式扩大影响力,探索出了新的相声商业模式。事实证明德云社的路子走对了,不仅核心成员成了娱乐圈的明星,还把一众徒弟带火了。截至2021年,德云社云鹤九霄四科共计116人,目前分8个演出队,德云社成为国内较大的相声团体。德云社的产业还包括9个剧场、德云华服、郭家菜等企业,将自己商业版图不断扩大。

(2)价值传递。

有形产品的价值通过流通渠道从生产者传递到消费者,并经过客户使用从而产生效果、实现产品价值。而服务类的产品价值传递的过程相对复杂一些。对于喜剧而言,不同的传播形式,其商业模式也大相径庭。在广播时代,相声很火爆,老一辈的相声大师如马三立、侯宝林、马季等通过说学逗唱把笑声带给大家,广播没法收费,这时候的商业模式是通过播放广告来收取赞助商的钱。在电视时代,小品演员活跃在各类电视节目中,如赵本山、宋丹丹、范伟等通过春晚成为家喻户晓的喜剧明星,功成名就便产生了商业价值。赵本山自从1990年首次登上春晚舞台后开始快速发展演艺事业,2003年他成立了辽宁民间艺术团,将演艺、影视、艺术教育等多产业融合发展。《本山快乐营》在黑龙江卫视播出后产生了很大的流量,进一步扩大了赵本山在荧幕上的影响力,此后,赵本山又通过刘老根大舞台现场演出实现流量变现。由其主演的《刘老根》《马大帅》等电视剧打造了一个又一个经典的银幕形象。此后,超级IP《乡村爱情》播出后收获了观众的喜爱,截至2023年,《乡村爱情》已经播出了16部,成为目前国内较有影响力的电视连续剧之一。赵本山同时也带火了一大批喜剧明星,他的运作模式从商业模式角度来说是非常成功的。

(3)价值分配。

这个分配既包括消费者支付给商家的费用,也包括在生产各环节之间的内部分配。价值分配方式决定了商业模式中各利益相关者之间的关系。按照这个视角,我们可以把脱口秀分为2B和2C。2B的脱口秀通常是有商家赞助的,其目标是借助脱口秀宣传自家产品,这类节目通常在网络流媒体平台或者电视上播出。既然是由商家赞助观众免费观看,谁出钱就由谁决定内容,因此,脱口秀段子里面往往要植入品牌广告。

总之,商业模式是一个企业的核心:向内决定了产品逻辑和管理流程,向外决定了市场定位和营销策略。商业模式从战略角度指明了企业的发展方向,从财务角度明确了企业的盈利模式,从资源角度确定了资源整合方式,从团队角度则给出了行动方案。

第二章

创新创业线上教学

互联网时代,在线学习成为一种非常普遍的模式。我们从早期的浏览网页,到现在的线上课程、直播教学、一对一辅导,互联网学习的内容发上了巨大的变化。曾经以休闲娱乐为主的哔哩哔哩、小红书、抖音、快手等平台也相继推出了大量知识博主,他们通过短视频的形式为大众提供教育服务。在线学习的跨地域、跨时间特点让教育学习可以无处不在、无时不在。

为了推动信息化教学、加强在线开放课程建设,教育部先是在2012年3月13日印发了《教育信息化十年发展规划(2011—2020年)》,提出高等教育要"加快对课程和专业的数字化改造,创新信息化教学与学习方式,提升个性化互动教学水平,创新人才培养模式,提高人才培养质量"。之后,于2015年4月13日发布了《关于加强高等学校在线开放课程建设应用与管理的意见》,强调要"立足国情建设在线开放课程和公共服务平台,加强课程建设与公共服务平台运行监管,推动信息技术与教育教学深度融合,促进优质教育资源应用与共享,全面提高教育教学质量。"基于在线课程建设的经验和资源,2020年初,受疫情影响,全国高校无法正常开学,教育部在研判形势后,统筹规划,通过在线课程实现了"停课不停教、停课不停学",一部手机、一台电脑联通了师生,保证了学生即使居家隔离也能继续上课。在线教育一时间成为了支撑各高校保持正常教学进度的重要途径。2020年11月14日,"全国慕课教育创新大会(第二届)暨高校在线开放课程联盟联席会2020年会"在北京召开,大会正式发布了《高等学校慕课建设与应用指南(试行)》。同年12月9日至11日,世界慕课大会在清华大学召开,大会发起成立了世界慕课联盟,并发布了《慕课发展北京宣言》。我国慕课自2013年起步,从"建、用、学、管"等多个层面全面推进,截至2022年,上线慕课数量超过6.19万门,注册用户达4.02亿人。经过十年的努力,中国慕课数量和应用规模已居世界第一。中国目前已逐步建立其独具特色的在线课程发展模式、科学合理的课程标准和共建共享的开放合作机制,探索形成了坚持质量为王、公平为要、学生中心、教师主体、开放共享、合作共赢等六大宝贵经验,中国已经成为全球领先的在线课程强国。

本章思维导图

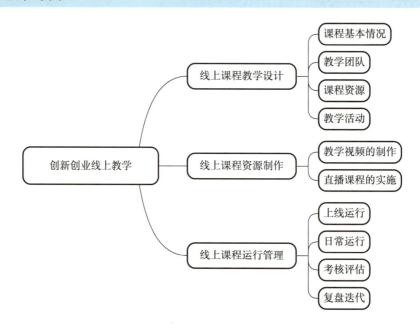

第一节 线上课程教学设计

从教学对象上讲，线上课程包括慕课（MOOCs）和私播课（SPOCs），慕课即大规模在线开放课程，英文为Massive Open Online Courses，是基于在线学习平台，利用信息技术与数字化资源，进行广泛教与学活动的一种开放共享课程。小规模专属在线课程，英文为Small Private Online Courses，是面向特定用户群体有限开放的在线课程。二者的主要差异在于针对学生群体数量的大小设计课程，前者更侧重普及性而后者更关注个体差异。从教学形式上讲，线上教学分为录播课和直播课，前者是提前录制好教学视频上传到学习平台，学生可以随时进行学习，视频通过后期制作，因此精美程度较高；后者是通过在线学习或者会议平台连线直播教学，实时互动性强。线上课程的设计按照教学平台上线要求通常包括课程基本情况、教学团队、课程资源和教学活动四部分。

一、课程基本情况

"课程基本情况"是课程面向所有学习者开放的窗口信息，是学习者了解课程的重要渠道，内容包括但不限于下列信息：课程简介、教学计划、教材和参考资料、考核方式等。课程介绍表述应严谨、规范、清晰、完整。

（一）课程简介

主要包括课程名称、课程背景、课程目标、课程设计原则、授课对象等。

1. 课程名称

课程名称可以是中规中矩的"创新创业基础""创业管理"等,也可以是带有特色标签的"从创意到创业""脑洞大开背后的创新方法"等,还可以根据需要增加副标题。课程名称是吸引学生学习的第一步。

2. 课程背景

课程背景部分主要介绍了课程提出必要性,向学生说明在什么情况下,基于何种需求要学习本课程。内容上可以从时代背景、学术发展、学生特质、独特资源等方面展开。

3. 课程目标

课程目标是从学生角度出发,介绍学习本课程要达到怎样的目标,可以从知识、技能、情感等方面展开;也可以从能力培养的角度或者未来发展的角度,让学生明确学习本课程之后能够达到的效果。

4. 课程设计原则

课程设计原则是指为了完成课程目标,设计了怎样的原则,可以从实现教学目标的原则、方法、途径等方面展开。

5. 授课对象

授课对象是指本课程适合哪些人学习。特别要强调的是,创新创业课并非只适合准备注册公司想创业的学生学习,凡是希望培养创意思维、喜欢创新、愿意到新领域开拓进取的学生都适合学习。

（二）教学计划

教学计划包括教学大纲、学时安排、学分、学习方式等。

1. 教学大纲

教学大纲原则上要按周设计教学单元,一般高校的学期教学周为16周到18周,在线课程持续时间建议不超过14周,如需超过14周的课建议分开成两部分,安排在两个学期完成。课程结构设置为两级,各级编号均可自主编写。课程大纲体例一般为一级标题第几章(讲),二级标题为第几节。章节标题表述最好保持一致。节的下一级如果有多个教学视频或其他类型的教学资源,则每节学习内容不宜过多,应符合学生在线学习的习惯,以使学生保持学习的专注力。

2. 学时安排

纯线上课程的教学内容一般在200分钟至600分钟,以10分钟至15分钟为一个教学节段算的话,通常是以20个至30个教学节段为宜。

3. 学分

大多数学校考核采用学分制,创新创业课通常是1个至2个学分,按照智慧树平台的标准,学分和教学视频时长直接相关,超过250分钟算1个学分,250分钟至500分钟算2个学分。

4. 学习方式

纯线上课程的学习方式通常是观看教学视频、完成作业和测验。线上学习平台还可以设置发帖提问、参与讨论等环节。

(三)教材和参考资料

线上课程通常在课程介绍中会列出学习本课程需要阅读的教材和参考书目。有的课程是线上视频和教材直接配套。例如,"从创意到创业"的课程内容和教材《创业思考力:从创意到产品开发》章节体例完全一致,可以配套学习。也有的课程内容和教材不完全一致,可以作为线上教学的补充。教材可以由学生线下直接购买,或者部分学习平台可以提供电子版教材在线阅读。参考资料是为了辅助学生理解或者满足线上学习之余深度探讨的阅读资料,可以是拓展的知识点学习资料、最新的商业案例,也可以是管理工具、测评量表等。

(四)考核方式

在课程基本情况这一部分中,学生最关注的部分之一就是如何能够获得学分。教学团队需要明确告知学生分数等级和分数构成。以中国大学慕课为例,结业证书分为合格证书和优秀证书,教学团队可以设计60分至80分为合格,80分以上为优秀,在成绩汇总之后确认名单并颁发证书。成绩通常由教学视频学习、章节测验、互动参与、期末考试四部分共同构成,各部分在总成绩中的构成比例可以根据情况设置。智慧树平台还设置了学习习惯分,学生需要每天学习部分内容,并逐天完成,以避免一次性恶意刷课程混学分。如有此项设计,课程负责人要在课程基本情况中提前告知学生。考核总成绩还可以加上教师自主调节部分,学生可以根据自己参与教师布置的任务情况适当获得加分,以提升学生参与课程的积极性。

二、教学团队

教学团队包括责任教师、主讲教师、辅助团队和支持团队。教师介绍内容通常是300字至500字。

(一)责任教师

责任教师即本课程的负责人,负责课程的总体设计、内容规划、教学组织。责任教师通常也是主讲教师。有的课程还有学术总策划,负责把控关键的学术问题和核心理念。

（二）主讲教师

主讲教师是课程中主要章节的讲授者，是教学团队的核心成员。建议团队教师按照年龄结构、职称结构、学历结构等合理分配，老、中、青搭配，各自发挥擅长的部分。主讲教师不一定都是本校教师，根据需要可以聘请外校该领域专家教授承担部分教学内容，社会实践课程还可以聘请业界专家参与教学。

（三）辅助团队

辅助团队的主要任务包括课程教学资料收集整理、教学平台运行、日常答疑、作业批改等。辅助团队可以由教学资历较浅的青年教师担任，也可以请硕博士研究生承担部分任务，锻炼其教学能力。社会实践课程则可以邀请学校团委、学工处老师作为创业指导教师，也可以邀请业界专家、众创空间运营者等参与部分实践性教学。

（四）支持团队

支持团队通常是技术人员，主要负责课程教学视频的录制和后期制作，平台的管理技术工作。如果是请专业的制作公司拍摄课程视频，通常由他们负责技术支持工作，此外在线课程平台也会安排专门的工作人员负责课程上线后技术问题的处理、学生使用指导等。有的平台和高校在建立深度合作后，会在课程结束时将成绩直接导入教务系统，便于老师们审核处理期末成绩。

三、课程资源

线上课程资源的类型较多，通常包括教学视频资源、直播见面课、阅读材料等。

（一）教学视频资源

教学视频内容有课程简介、主题讲解视频、教辅视频等。

1. 课程简介

课程简介时长建议控制在50秒至60秒。可以从教学视频中剪辑精彩的片花，配以语音介绍。课程简介通常放置在课程的首页，帮助学生在选课前就能对本课程有一个简单的了解。建议课程负责人编写几句朗朗上口的介绍语，如，"从创意到创业"课程的宣传语是"掌握创新方法、开拓创意思维、打造创业项目、实现创客梦想"；"大学生创新创业教育"课程的宣传语是"创新时代筑梦，创业青春领航；赓续精神血脉，汲取强国力量"。

2. 主题讲解视频

主题讲解视频由主讲教师出镜并讲解课程核心内容，时长范围为5分钟至25分钟（时长尽量控制在20分钟以内），每个视频均为一个完整的教学微课，讲授1个至3个知识点，或者介绍一个典型案例。视频中教师的画面以中景和近景为主，要求人物和板书（或其他画面元素)同样清晰,不建议无教师形象的全程板书或PPT教案配音。录像环境应光线充足、安静,教师衣着整洁,讲话清晰,板书清楚。

3. 视频片头/片尾(可选)

片头和片尾的总时长要求控制在10秒以内。一个教学单元内,如果有多个视频,建议仅在第一个视频前加片头,在最后一个视频后加片尾。

4. 教辅视频

为了实现更好的教学效果,可以给学生们在线播放个人作品、第三方视频。教辅视频可以从其他影视作品、宣传片等截取部分片段让学生进行学习,使用时需注意版权问题。

这些视频须采用H.264编码方式,分辨率不低于720P(1280×720,16∶9)。

视频采用MP4格式,单个视频文件建议不超过200兆,以免影响播放效果。音频要求清晰,无交流声或其他杂音、噪音等缺陷。如果为视频配字幕,字幕文件应单独制作并上传,不能与视频合并,且为UTF-8编码的SRT文件格式。字幕要使用符合国家标准的规范字,不出现繁体字、异体字、错别字。

(二)直播见面课

很多在线课程平台除了支持录播教学视频外,还支持直播见面课的形式。直播见面课的好处是主讲老师可以和学生实时互动,回答学生提出的问题。直播课可以是线下讲课加实况直播,也可以在直播间或者家里进行。直播平台的选择在后续内容有详细介绍,这里不再赘述。

(三)阅读材料

阅读材料包括课前预习材料、教学课件、课中阅读材料和课后拓展材料。阅读材料为理论讲解、案例分析或者深度解读等。在材料的表现形式上,最好是以图文为主,通过思维导图、模型等形象的材料让学生更好地理解和学习课程内容。阅读资料可以是课程教学演示文稿或其他参考资料、文献等。演示文稿和其他格式文档需以PDF文档的格式上传;也可使用平台提供的富文本编辑器在线编辑。例如,每个授课单元的PPT教案,可放在该单元教学内容的最后,供学生下载。

四、教学活动

为了促进学生们参与学习,可以设计各类的教学活动,促进师生互动、生生互动。

(一)主题研讨

以教学内容为核心,提出相应的问题让学生展开思考,并把自己思考的结果发布到课程平台或者讨论区。通过开放式问题的讨论,可以引发学生对学习内容的深度思考和拓展阅读,以输出倒逼输入,真正检验学生是否理解了课程内容。

（二）小组讨论

将学生分成若干小组，以小组为单位完成对某个问题的完整解答或者一起创作一个作品。讨论后的成果可以发布在课程平台进行互评或者比赛，形成比学赶帮的良好学习氛围。

（三）考核题库

在教学过程中的考核试题可以是视频弹题或者随堂测验习题。基于在线学习的特性，一个时长超过5分钟的视频可以插入课间提问，提醒学生注意力集中的同时避免恶意刷视频。课间提问为一道客观题，题型可以是单选题、多选题、填空题、判断题。课间提问不计入平时成绩。若某个教学单元有多个视频，视频间可以添加随堂测验，也可以为整个教学单元添加随堂测验。随堂测验没有提交时间的限制，也不会计入学生的平时成绩，但可以方便学生即学即练，也便于老师随时考查学生对教学内容的理解和掌握程度。随堂测验由客观题组成，平台自动判分；题型可以是单选题、多选题、填空题或判断题。一份随堂测验可以由多种题型的客观题组成，题目数量不限。

第二节　线上课程资源制作

在线课程最核心的部分就是教学视频，在经费充足的情况下最好请专业公司进行拍摄和制作。如果条件不允许，也可以购置设备在办公室或者家中自建录播室。

一、教学视频的制作

教学视频的制作涉及内容较多，如果想要制作精美的视频可以按照影视作品拍摄的手法，通过前期策划、脚本撰写、现场录制和后期制作等流程进行拍摄和制作。除了室内拍摄之外还可以在户外进行实地外景拍摄，应用无人机做航拍、运动相机做第一人称视角拍摄或者全景镜头拍摄，还可以用VR、AR技术进行拍摄制作等。如果仅需制作简单的视频，也可以用电脑录屏加配音或者利用在线会议软件录制等方式处理。当然，这样制作的视频效果会大打折扣。本节介绍的是按照影视作品拍摄的方式制作教学视频的方法。

（一）教学视频拍摄脚本撰写

拍电影之前要写好剧本，线上课程正式录制之前也一样要认真设计好拍摄的脚本，笔者将其总结为"拆、写、润"三字诀。

首先是拆。线上课程和教室面授课的一个重要差别就是碎片化。因此，我们要把课程内容拆解成为若干个小的知识点。这些知识点的核算方法如下。

按照智慧树平台的计算方法,14个至16个学时为1个学分,在线视频是25分钟为1个学时,那么一门2个学分的慕课时长通常在700分钟左右,如果扣除2次见面课的话,500分钟至600分钟的教学视频也可以作为2个学分。我们按600分钟来计算,如果以15分钟一个微课节段算就是40段微课,去掉第一节的概述和最后一节的总结,即有效微课有38段。通常人们说话语速为200字到250字每分钟(写脚本前可以先测试一下自己的语速)。假设按200字每分钟算,15分钟就是3000字,如果需要在微课里添加短视频的话,还要再扣除1分钟到2分钟,大体可以按照2600字准备文稿。为了便于学生学习记忆,最好是用15分钟的微课讲一个小主题,内容可以包括2个到3个知识点,通过举例、对比、论证等方法说清楚。这样算起来,一门课程就拆解为76个到114个小知识点。然后用思维导图的方式将其串联起来,形成结构化的逻辑图。这样不管是教师自己准备口播稿,还是学生学习都很清晰明了。个人体会是拆解后一定要把这张思维导图画出来挂在墙上,教师自己随时可以看到并不断发现能够进一步优化的地方。

其次是写,就是把所有讲课内容的口播稿逐字写出来。录播课不同于直播课,讲课内容需要语言精练、字字珠玑。一般人不一定具备出口成章的能力,因此我们较为直接的办法就是写出来并不断修改直至自己满意为止。通常专业录播室都有提词器,我们只要把稿子写好,录的时候对着念得自然一点就行了。毕竟我们是老师不是演员,没必要声情并茂地把台词背诵出来。口播稿是核心,写出来以后要反复念出感觉来。因为写和说是两种完全不同的形式,因此口播稿既要保证文字优美还要做到口头表达顺畅。语句不能总用长句子,应根据语速节奏,将长句子转化为更适合口播的长短适宜的句子。我们可以在口播稿中适当增加一些口语化、互动性强的语句,这样会让人觉得更加亲切而生动。

最后是润,这个环节非常重要。写稿的时候要有一种图像的想象力,设想录制过程中在讲某个观点时,哪些图片和视频最好是同屏显示的。线上课程的视频中有三种表现形式,第一种是教师单独出镜,摄像师一般会选近景、远景和侧脸等几个不同的机位,但是如果画面中总是老师在喋喋不休地讲课还是会有点枯燥。第二种是教师和所描述的事物一起出镜,可以是教师为主画面、要说明的对象在旁边,比如一张图表;也可以是事物为主画面,教师作为旁白来说明。当然如果教师的演技足够好的话,也可以做一些动作,让后期制作人员加上特效。第三种是教师完全不出镜,只出声音,甚至插播视频的时候连旁白声音也没有。对于需要全屏展示内容的教学知识点可以采用这种模式。线上课程制作中这三种模式可以交替使用,不断变化的画面可以使学生保持专注力。总之,我们在写口播稿的时候要能想象出后期制作人员可能做出来的效果。千万不要自己录完就全部交给后期人员不管了,因为自己讲的内容只有自己清楚配何种图片和视频最合适。

当做好这些准备工作之后,拍摄的脚本基本上就有了。通常制作公司的技术人员会和教学团队沟通衔接更加具体的内容,进一步完善脚本。有经验的制作团队这方面会非常专业。笔者在制作在线课程"从创意到创业"时,智慧树的团队给了很多好的建议,对课程的优化非常有帮助。

（二）教学视频拍摄

在充分打磨好脚本之后，就可以进入拍摄环节。拍摄分为摄影棚室内拍摄和户外实景拍摄。根据课程内容可以将二者进行结合，摄影棚拍摄的好处是专业灯光效果好，没有外界杂音干扰，因此收音效果佳，同时绿幕背景便于后期抠图，再配合提词器主讲老师不用专门背词，可以达到事半功倍的效果。当然，如果要做嘉宾采访、展示实际创业项目、探访企业或者其他实地调研，外出拍摄也是必要的。只是摄像、灯光和收音等设备要准备好。一般而言，做线上课程还是以室内摄影棚拍摄为主。确定了拍摄地点之后，要着手开展三方面工作，即拍摄准备、正式拍摄和后期制作。

1. 拍摄准备

如果请专业公司制作课程，他们一般会有专业的摄影棚，以及包括摄像机、灯光、背景板等在内的专业设备。因此设备准备环节我们基本可以略过。如果是自己拍摄，在办公室甚至家中建一个简单的工作室也没有那么难。如今，很多视频博主都是在家里拍摄、自己做剪辑，熟练掌握后成片效果也不差。毕竟线上课程最主要的还是内容，同学们也不会按电影的要求来看教学视频。

（1）自建视频工作室设备准备。

如果自建视频工作室需要准备的设备有以下六种。

①不少于20平方米的房间以摆放各类设备。

②两个机位的摄像器材。拍摄视频除了专业的摄像机外，单反相机、微单相机都能拍摄视频，购置两台入门级微单相机基本可以解决录制问题，既可以拍摄视频又能拍摄照片。新出的相机都有直接连电脑的视频线，还可以用来做直播。当然，直播摄像头甚至手机也可以进行拍摄。只是设备不同录制的视频效果相差较大。

③绿幕。绿幕的作用是方便制作视频时抠图。一般而言2米×2米的绿幕基本够用。

④摄影灯。拍摄时通常采用三点布光，即用三个摄影灯分别产生主体光、辅助光与轮廓光。摄影灯种类较多，可以在主灯上加柔光罩或柔光球。

⑤提词器。空间距离不大的情况下，20寸提词器足够用了。我们可以将讲稿提前导入手机或者平板电脑，遥控操作提词器的滚屏速度。

⑥收音话筒。为了录音清晰，拍摄时可以采用领夹式话筒来收音。

有了以上设备，调试好效果就可以开始录制视频了。

（2）主讲老师个人准备。

作为课程讲授的主角，教师要做好以下准备工作。

①衣着。主讲老师最好着正装，男士可以选择黑色、深蓝色等西装，在绿幕背景下容易体现出来，浅色衬衫打西装同色系领带。也可以是衬衫搭配领带，如果所讲课程的内容是古文或者历史，可以穿一身华服，会和所讲内容相得益彰。女士可选择的服装款式较多，相对而言，正装的裙装、西装套装为宜。毛衣、衬衫其次，端庄大方即可。

②化妆。女士自然不必说，淡妆上镜效果很好。男士最好在脸上打一点哑光粉，避免摄

像头下显得过于油腻。适当地修一下眉，抹点润唇膏也可以节省后期制作人员修图的工作量。

③动作。提前考虑好自己讲课时的动作，是站着讲还是坐着讲，面前是否有演讲台，手里是否持物等。这些细节一方面来自主讲老师的习惯，也和课程主题有关。通常主讲老师站着讲会更加有气场，坐着讲则更放松、更有亲和力。如果主讲老师想全身出镜可以不用演讲台。如果太紧张的话，手里可以拿本书或者一支笔，也会显得很优雅。

④稿子。拍摄前主讲老师应该把稿子念一遍，这样有助于提前进入状态，还可以设计一下说某句话的时候肢体动作。

2. 正式拍摄

即使是第一次上镜，我们也无须紧张，因为摄像师会一遍一遍拍到我们满意为止。如果一不小心说错了话，我们可以停顿一到两秒，重新说一遍接上去就行了。我们说话的时候应适当移动眼睛，不要直勾勾地盯着提词器，否则会显得僵硬。表情应自然放松，手势动作可以适当地配合内容和语气，动作幅度不要过大也不要一直不动。从打场记板到摄影师说停，就完成了视频录制。如此这般重复多次，作为视频拍摄主角的我们就完成任务啦！当然教学团队的成员都要参与视频拍摄。

常用的拍摄场景有如下8种，可以灵活选用。

①TED演讲。在摄影棚内拍摄，全程演示课件。这种场景可展示较多的教学素材。

②座谈分享。在摄影棚内摆拍，根据访谈人数设定机位数，一般2个到3个机位，教学过程由多位教师交流讨论完成。这种场景适合启发性、思维拓展性和发散性较强的学科课程。

③模拟场景。在摄影棚内多机位拍摄，通过模拟场地演示完成教学过程。

④虚拟教师。在摄影棚内按照脚本设计完成课程拍摄，后期配动画，可以根据教师讲课风格特点增加课程趣味性。

⑤外场置景。根据教师课程需求，选择在特定拍摄场地，设计并安装符合课程特色的景物。外场置景一般采用多机位拍摄，包括航拍拍摄。

⑥百家讲坛。这种拍摄场景属于传统模式，特点是背景多样，素材丰富，可以记录教师演讲风采。

⑦卡通动画。特殊课程可根据教师课程框架设计卡通动画形象和场景。一门课程可以采用多种拍摄制作模式。

⑧虚拟交互。教师利用多媒体手段或三维模型交互进行课程建设。

3. 后期制作

后期制作通常是由专业的公司完成的，如果我们熟悉Edius、Final Cut Pro、Adobe Premiere Pro、剪映等剪辑软件的使用，也可以亲自做后期制作。视频除了剪辑处理之外，还需要进行调光、调色、配音、配乐、特效、解说等艺术化处理，视频主体部分做好之后还要配上片头片尾和字幕。片头片尾最好集形、声、色、动态于一体，生动直观、易于接受、感染力强、形式新颖、生动有趣、富有新意。字幕要求清晰、准确，如果准备上线国际性线上课程平台，还可以配上英文字幕，当然如果视频中有外国人讲话部分，最好配上中英文字幕。为了更好地实现视频效果,我们可以选择身后背景的画面,课件展示模板以及相应的配图方案。同时,教师还可以提要求,哪部分需要亲自出镜,哪部分需要插入视频,尤其对于一些专业的数据、图片和表格一定要自己亲自审核,制作人员是不会懂课程所涉及的专业术语的。完成以上工作,课程主体部分就大功告成了。

二、直播课程的实施

在线直播教学可以单独实施,也可以与录播课程相结合。直播主要包括两类,普通直播和互动直播。普通直播时老师可以通过视频直播进行授课,同时简单地在聊天室里和学生进行互动,直播过程比较简单。互动直播即老师在互动直播授课时既通过视频和教学白板讲授内容,同时利用聊天室、答题、问卷、签到等多种形式与学生互动,还可以引入助教来协助教学。经过良好设计的互动直播,可以打造出一个活跃的直播课堂。

(一)直播平台的选择

与录播课相比,直播课要多设计一些课堂互动的环节。由于直播课的实时性和互动性要求较高,选择合适的教学平台非常关键,平台的很多功能可以帮助老师们更好地实施教学。下面简单介绍一下常用的四类直播教学平台。

1. 在线教育类

在线教育类直播教学平台因为其主营内容就是在线教育,因此一般功能强大、有很多配套的教学资源,操作起来也很方便。之前提到的中国大学MOOC、智慧树、超星、学堂在线、向日葵等平台除了播放录播的在线课程之外也可以开直播课。以智慧树为例,在学分课的设计中本身就可以加上数次直播课,当然,我们也可以用翻转课的形式开直播课。除此之外,腾讯公司旗下的腾讯课堂老师极速版也很好用,可以帮助我们快速建课,使用方便。在学生中,QQ的使用非常普遍,老师们往往也会根据自己的课程建QQ群来答疑互动,QQ群本身就有群课堂的功能,使用起来也很便捷,不需要重复注册。

2. 远程会议类

这类平台主要以满足公司远程会议为目的而设计,也可以用作直播课。例如钉钉、腾讯会议、ZOOM、Skype等软件。我们可以利用共享屏幕、远程协助文件等方式向同学们传递课堂内容。目前,钉钉已经走进了很多国家的在线课堂。远程会议类平台通常支持电脑桌面共享、文档编辑、会议录像等功能,不过像上课签到等功能就弱了一些。

3. 内容付费类

虽然内容付费和在线教育经常在一起相提并论,但是内容付费类课程更多的是偏职业技能、通识教育等碎片化学习的,使用者多是培训师而非老师,因此一些功能使用还是有一些差异的。这方面代表性的平台是小鹅通、千聊、喜马拉雅FM、蜻蜓FM等。其中,小鹅通一直是做内容付费平台的,各方面功能都很全面,不过需要付年费,这项开支对老师们来说比较困难。千聊也是一直做知识内容付费和社群直播的专业性平台,千聊的课程内容更多的是语音＋文字。

4. 商业直播类

虽然教学直播不同于网红直播,但是我们还是可以利用直播平台来开展直播课程教学的。如映客、斗鱼、虎牙等热门的直播软件都能实现在线讲课的基本功能,不过毕竟不是专门的教学平台,而且商业味较浓。

总之,在选择直播课程平台的优先次序上是在线教育类＞远程会议类＞内容付费类＞商业直播类。

（二）直播教学的技巧

选好平台备好课之后我们就可以开始直播了,下面分享六个技巧。

1. 课前布置学习任务

由于直播时间不宜过长,需要学生课前阅读自学学习内容,并带着问题和思考进入直播教室。提前给学生的学习内容应以案例、视频素材为宜,帮助学生较轻松地完成自学并产生思考。课前最好结合这些素材提一些启发性问题,从而引导学生结合相应理论进行解答。例如,笔者的在线课程"从创意到创业"中有一节课的主题是创业团队建设,笔者就在课前布置学生观看电影《中国合伙人》。在创业项目选择时,则可以让学生观看纪录片《内心引力》。学生们通过观看影片感受到了具体的场景,可以引发他们一系列关于创业的深度思考。我们平时可以多收集一些有代表性的纪录片、访谈节目等,用现实中的案例激发学生探索问题的愿望。

2. 调整好直播设备

我们最好在课前40分钟将设备调试好,主要调试如下设备。

①教学材料:课件、视频、图片等。

②网络状态:网络连接、网速是否有卡顿。

③直播主机:主要是台式机、笔记本、平板电脑或者手机,尤其是后面三者一定要仔细检查电量是否充足。

④摄像头:检查摄像头是否打开,摄像头角度、高度、清晰度是否合适,摄像头最好是照在教师上半身,如果不是形体类课程没有必要看到全身,距离不能太近,否则只能看到主讲人的脸。

⑤光线:室内光源是否明亮,补光灯是否有效。

⑥话筒:话筒是否打开,是否清晰无回响、无杂音。如果想让声音效果更清晰的话可以使用专业级电容式话筒。

⑦教学平台:教学平台进入是否顺畅,学生是否知晓和熟练掌握该平台的访问入口和使用方法,如果是第一次上课最好提前将访问入口发给学生,让他们下载安装软件并熟悉一下操作。

由于同学们进课堂的时间不一定一致,因此在课程开始之前,我们可以先播放一些音乐或者视频,这样一方面避免已经登入平台的学生无聊,另一方面也可以让大家试一下音量和画面。此时我们也可以发信息请大家反馈一下效果,如果镜头模糊、音效不好都可以做课前最后的调节。

3. 调整好教师状态

教师讲课的状态非常重要。个人状态包括三方面。

首先,精神状态。课前我们要调整好自我精神状态,保证精力充沛、神采奕奕,如果需要可以适当喝杯咖啡或茶来提神。

其次,声音状态。直播课虽然不需要像在教室里上课那么费嗓子,但对着话筒仍需要声音洪亮。课前可以准备适量的咽喉片或蜂蜜水,以使嗓音保持较好的状态。

最后,仪表状态。我们在家上课应避免穿着睡衣睡袍等过于生活化的非正式服装,可以着休闲装,女士着淡妆。

良好的教姿教态可以传递给学生一种正式上课的感觉。特别值得一提的是要提前和家人打好招呼、安置好宠物,避免上课时有突发状况干扰线上课堂。另外,如果家里没有专门布置直播空间,我们最好准备一块背景布把不需要入镜的内容遮挡住,因为家庭是个较为隐私的空间,不适合出现在线上直播课中。

4. 经常与学生互动

在直播中我们要经常和学生互动以使他们保持专注力,常用的方法可以是提出一些开放式问题让学生在讨论区发文字回答,例如,"你认为有哪些企业进行了数字化转型创新?""大家对XXX问题怎么看?"也可以发起"举手"流程,让学生自愿连麦回答。或者看讨论区哪位同学发了言,就这个问题直接点名让该同学进行延展性回答。

直播课要尽量避免老师从头讲到尾,可以每5分钟到8分钟提一个问题,让学生思考问题,稍微停顿一下以后再往下进行。

5. 活用互联网资源

直播课未必都是从头到尾的老师"满堂灌",可以适当地插入与课程相关的视频、音频、图片、动画等资源。有如下五个小技巧。

①从学生进入课堂到正式上课有一个等待期,这个时候可以播放一些与课程相关的视频或者歌曲、音乐,一方面便于学生适应网络环境,另一方面不至于冷场。

②如果可能的话可以做一个直播课堂片头或者主画面,在正式开始的时候播出,增强仪式感。

③优酷、腾讯视频等平台可以下载大量新闻类视频、纪录片、综艺节目、短视频,甚至是创意广告,这些视频在非商用的前提下,都可以借用过来作为教学素材。

④电影、连续剧等可以用爱剪辑软件处理为短视频,当需要说明某个观点时,可以在不涉及版权问题的前提下播放,从而让学生领悟某个原理。

⑤如果课程中需要解释某个概念,可以利用TED演讲或者其他老师的教学素材,要注意保护原创者版权,注明资料来源出处。

6. 直播课程结束

课程结束的方式有如下七种方法。

①总结要点。我们可以将本节课要讲的内容凝练成一个思维导图、一句顺口溜或者几个要点,帮助学生回顾和总结课程。

②发出倡议。我们可以结合自己的讲课内容,发出倡议,鼓励学生课后进行实践。

③布置作业。基于讲课的核心观点,我们可以布置需要课后阅读和思考的作业。

④下节预告。我们可以提前告知学生下次直播课的时间和主题,并提醒需要预习的内容。

⑤问题答疑。我们可以根据课上发现的问题或者学生提出的疑问进行实时回复。

⑥学生分享。我们可以留几分钟时间让学生们谈谈自己的收获和感受。可以限定分享的收获内容不少于三条或者至少一句话等。

⑦课外实践。我们可以在课外,让学生结合课程内容进行实践操作,以加深印象。

这些方法可以单独使用也可综合运用。

课程结束时一定记得关闭摄像头和麦克风,需要点击下课按钮再进行其他操作,以避免把非课程内容展示给学生。

所有操作结束后,建议导出学生签到名单,有的平台还可以观看回放,并统计课程数据,这些资料可以帮助我们了解学生学习的情况,便于不断总结经验和教训,从而提升我们的教学水平。

第三节　线上课程运行管理

在课程资源制作完毕之后,我们就可以找一个合适的平台将课程上线运行了。现在主要的平台有中国大学MOOC(爱课程)、智慧树、超星尔雅、学堂在线等,以上平台的获认定的在线一流课程数量较多。除此之外,还有一些大学联盟的课程平台或者高校自建的平台。好的平台会提供课程推广、技术支持等服务,有的平台还可以和学校教务系统对接,直接将线上课程成绩导入教务处系统。一门线上课程的运行质量好坏与所选平台是否合适有着密切的关系。

一、上线运行

当确定了运行的课程平台后,通常该平台的客服会发给教师一份指南手册,介绍如何应用平台的各种教学功能。我们在正式开课之前需要完成的工作包括:开通课程主页、上传课程资料、前期宣传推广。

(一)开通课程主页

我们的课程作为大学的学分课,首先要经过教务处的批准。很多平台都和高校签署了合作协议,在平台上注册了教师身份后,教务处或者对接本校的工作人员会开通一个后台管理权限,我们按照系统的引导一步步把课程主页开通即可。

（二）上传课程资料

当我们在某课程制作公司制作了教学视频又恰好在该平台上运行的话,该平台的客户经理会帮我们上传课程主体视频。反之,如果我们是独立制作的课程视频,需要在某平台运行,就需要自己上传课程视频。上传课程对应的视频文件和字幕文件后,还有一系列内容要填。我们需要按照之前建设的课程内容把课程介绍、教学团队、课程教学大纲、考核方式等一系列内容填入相应的区域。需要注意的是,拍摄视频的过程中可以要求制作团队给我们多做两样内容:个人宣传照和推广短视频。前者可以出现在课程主页或者师资团队栏,注意一定要放正装照;后者可以放在课程的推广页,学生选课之前可以先看视频小样。

（三）前期宣传推广

当所有的资料都上传就绪,我们可以开始推广课程,方法比较简单,就是把课程的链接发给要学习本课程的目标群体。当然也可以发到朋友圈、微信群和QQ群,让更多的人了解课程。选课人数的多少反映课程受欢迎的程度。在课程的主页上通常会显示该课程的选课学校和选课人数。

二、日常运行

线上课程在正式上线后,要开始进行日常运行管理。课程初期要处理学生们登录遇到的问题。对于刚刚接触线上课程平台的学生而言,会有一系列关于在线课程学习的问题需要咨询我们。因此,我们可以组建自己的答疑团队,为同学们提供良好的学习体验。一般情况下,线上课程运行中期我们的主要工作就是日常性地答疑解惑、布置批改作业、时刻关注学生的线上学习情况。课程运行后期则主要是组织考试、核算分数以及发放证书。线上课程考试可以采用纯机器阅卷方式,我们提供标准答案,由平台自动判分给出成绩单。这种方式比较节约时间,但是由于机器阅卷只能批改客观题,因此设计试卷时不能有主观题出现,这样就很难考核学生的创造力和对于课程的理解水平。我们也可以把客观题与主观题结合在一起考试,前者由平台判分,后者由人工批改。

三、考核评估

线上课程的考核评估包括过程性评估和成果性评估。过程性评估包括线上作业、线上测试,以及参与课程讨论等。线上作业是指教师布置的开放性题目,由学生线下完成答题并上传答案,由教师批改并评价,或者采取学生线上互评的方式进行评价。线上测试是指教师准备测试题目,通常为客观题目,由学生线上限时完成,并由系统自动评判与评价。成果性评估可以是学生提交课程论文、调研报告或者商业计划书等,也可以由课程负责人组织线上线下考试。线上考试是指在课程期中或期末组织的测试,题型可以是主观题目或客观题目,由学生线上限时完成,由教师批改并评价或系统自动评判与评价。此外,教师根据教学进度可安排基于慕课内容的线下考试。

总体而言,课堂讨论、单元测验及单元作业,以及考试是考核评估的三种主要方式,在设置以上考核评估时应满足测试目标的要求,涵盖考查范围内的主要知识点,考查内容的题量和试题难度分布应与教学内容结构一致,具有一定的效度和信度。

(一)课堂讨论

每个单元可以有一个或多个课堂讨论,需设定讨论的主题。课堂讨论是教学团队在教学单元中发起的讨论。教师可选择将学生发言情况记入学生的平时成绩。

(二)单元测验及单元作业

单元测验和单元作业有提交截止时间,教师可选择计入平时成绩,发布前需确保题目和答案核查无误。

单元测验由客观题组成,平台自动判分,题型可以是单选题、多选题、填空题、判断题。一份单元测验可以由多种题型的客观题组成,题目数量不限。教师可以对单元测验设置管理策略,如:学生可以提交的次数(建议2次至3次)、有效成绩取最后一次成绩或最好成绩(建议取最好成绩)。请注意:由于填空题判分时有严格的字符比对规则,建议出答案为名词或数字的题目。

单元作业是主观题,采用学生互评或教师批改的方式进行判分。如果是互评作业,作业提交截止后的学生互评时间建议设为7天至10天。请注意:单元测验和单元作业的有效期以10天至15天为宜。为保证注册较晚的学生能够获得证书,前两周作业提交时间建议设定为30天。

(三)考试

考试是检测学生课程阶段性和整体学习情况的正式测验题,可以包括客观题和主观题,数量不限。考试题一经发布将不允许修改,发布前需确保对考试内容核查无误。考试题的形式与单元测验和单元作业一致,客观题由平台自动判分,主观题采用学生互评或教师批改的方式进行判分。考试题学生只能提交一次,且有答题时间限制,该时间按平台的时间计算(即学生一旦开始考试,不论其是否关闭电脑,系统都将按平台的时间计时并按时结束)。

四、复盘迭代

当教师把分数交给教务处,证书核发给了学生们之后,就意味着本轮课程结束了。建议课程负责人在课程结束后复盘总结一下本轮课程运行的成败得失。例如,课程平台是不是好用?课程设计有没有问题?视频制作中是否有硬伤?学生作业反映出哪些问题?学习体验感是否流畅?课程团队配合是否默契?等等。有总结有改善才有提高。好的课程不是一朝一夕做成的,一定要通过反复的修改打磨才能日趋完善。

课程内容设计表

第三章 创新创业项目式教学

《国务院办公厅关于深化高等学校创新创业教育改革的实施意见》指出：要改革教学方法和考核方式。各高校要广泛开展启发式、讨论式、参与式教学，扩大小班化教学覆盖面，推动教师把国际前沿学术发展、最新研究成果和实践经验融入课堂教学，注重培养学生的批判性和创造性思维，激发创新创业灵感。在落实文件的具体行动中，项目式教学可以发挥重要的作用。传统的课程中，以教师讲授为主，学生只是单向接收；而项目式教学以结果为导向，以学生为中心，在项目的推进过程中，教师的角色从"授业"变成"解惑"，从"给予"变为"启发"，随着学生自主学习能力的增强，其分析问题、处理问题的水平也会随之不断提高，从而实现良好的教学效果。

本章思维导图

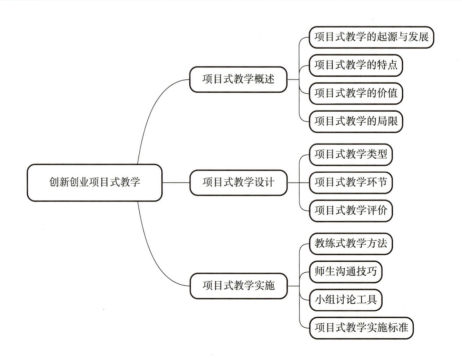

第一节　项目式教学概述

项目式教学也被称为 PBL（Project-based learning），即"基于项目的学习方式"。项目式教学是在教师的指导下，通过一个完整项目的选题、设计、执行、评估全过程，使学生对某个产品、服务或研究项目进行全方位学习理解。项目式教学对教师和学生都有较高的要求，在此过程中"教"与"学"都要发生巨大的改变，从教学理念到教学方式都需要重新定位。

一、项目式教学的起源与发展

（一）项目式教学的概念

项目原是管理学科领域的一个概念。《管理学》中"项目"的含义为："项目就是以一套独特而相互联系的任务为前提，有效地利用资源，为实现一个特定的目标所做的努力。"教育领域中的"项目"则是指一种能引起学生兴趣、值得花时间和精力去对真实世界做深入探究的活动，并且这种活动需要团队之间相互协助才能顺利开展。团队构成可以是一个班级或一个小组的学生。美国巴克教育研究所一直在致力于研究和推广 PBL。他们对 PBL 的定义具有一定的代表性：基于项目的学习是指让学生通过对复杂、真实问题的探究过程，通过精心设计项目作品、规划和实施项目任务，掌握所需知识和技能的一整套系统的教学方法。我们可以将项目式教学理解为是在教师指导下，以学生为中心，通过完成一个完整的实践性项目而进行的教学活动。它要求学生运用已有的知识和经验，通过亲手操作，在具体情境中解决实际问题，进而促进综合能力发展。项目可以是设计与制作一件产品、排除一个障碍、提供一项服务、解决一个或一系列问题、做某个创新研究等。

在一定程度上，创新创业教育与项目式教学联系紧密。首先，二者的教育理念相符。一方面，项目式教学和创新创业教育均秉持"学习者为中心"的教育理念，将知识习得和技能发展的主动权充分赋予学生；另一方面，项目式学习和创新创业教育活动中的学生不只是知识的消费者，更是知识的生产者，他们共同关注学生问题的解决方案、创意或制品的生成，实现包括知识、技能、高阶能力在内的综合能力的提升。其次，二者的活动过程相似。由于项目式教学和创客教育具有相似的教育理念（学习者为中心）和结果追求（方案、创意或制品），这决定了二者的活动开展过程基本上都要经历以下环节：确定探究问题、提出假设或方案、协作讨论并动手实践、解决问题或生成制品、评价与反思。在创新创业教育过程中，项目式教学可以基于学生的创业项目，通过市场调研、发现创业机会、设计产品、打造商业模式、产生创业成果等一系列操作，让学生通过"解剖一只麻雀"来了解事物的真相，以小见大，以此及彼，掌握完成一个项目的核心方法。

（二）项目式教学的来源

很多人认为项目式教学是以建构主义和认知主义作为理论指导的,其实项目式教学的思想萌芽最早可追溯至18至19世纪。卢梭、裴斯泰洛齐和福禄倍尔等自然主义教育家就认为传统教学在教学中忽视了学生的自我发展,同时没有将生活与教育相结合起来。他们强调要注重学生的自主学习和自我决策。当然,对于项目式教学来说,建构主义和认知主义理论有着更为重要的理论意义。杜威通过一系列的教育改革实验发现,如果学生能够参与到真实且有意义的活动中,且这些活动任务或问题是相对真实或具有生活情境性的,那么学生就能够充分调动其参与的积极性,按照活动目的来对学习材料进行分析并产生自己独特的理解,进而应用到学习任务的完成和活动问题的解决过程中。因此,杜威提出了"从做中学",在此基础上,项目式教学始终秉持着"学习者为中心"的学习方式。杜威的"设计教学法"也被某些学者看作是项目式教学设计的基础。

1918年美国著名教育家威廉·赫德·克伯屈（William Heard Kilpatrick）在哥伦比亚大学《师范学院学报》第19期上发表了《项目（设计）教学法：在教育过程中有目的活动的应用》一文,首次提出了项目学习的概念,将管理科学中的项目概念延伸到教学领域。真正开启项目式教学实践的是医学教育领域。1969年,加拿大McMaster大学医学院正式在整个学校的层面,全面推出了PBL教学模式。他们通过给学生提出一个诊断问题（通常是一位真实的病人遇到的）,学生在教师的指导下,针对诊断的问题提出假设,再通过检测病人收集相关数据来验证假设,旨在用真实、但结构不良的问题案例来提升学生的诊断技能。该模式使学生直面真实的问题,在问题情境中思考如何解决这一问题；与此同时,该模式关注学生在问题探究之后,如何形成对知识的系统性理解。

（三）项目式教学的发展

国外的项目式教学发展迅速,教学体系较为完善。除了美国、日本、法国等发达国家外,不少发展中国家也相继开设了项目式教学课程,甚至有的国家已经形成了从基础教育到高等教育之间相互衔接的一套完整的课程体系。除了学校之外,国外还有不少专门研究项目式教学法的社会机构组织。比如美国巴克教育研究院,Buck Institute for Education（BIE）。BIE深耕PBL学术领域三十年,是国际上权威的PBL研究、实践及推广的非营利机构。他们一直在致力于推广项目式教学的相关内容,并通过一系列研究得出结论,来帮助更多的教师学会通过项目式教学来开展更为有效的教学活动。

项目式教学从2001年引入我国。在最开始引入时,我们强调以"构想、验证、完善、制造出某种东西"作为项目研究的成果,并通过"有形的由学生制作的物体,如书、剧本或一项发明等"表现学生的成果,因此主要在职业教育领域得到广泛的应用。近几年,项目式教学也被广泛应用在基础教育的学科教育、创新创业教育、高等教育等多个领域中。知网上以"项目式教学法"为关键词的文章数量也在逐年增长。目前国内项目式教学研究主要集中在"理论模式研究""教学设计研究""实施应用研究""问题与对策研究"以及"评价体系"等五个领域。

二、项目式教学的特点

项目式教学的"项目"是"教学"开展的内容和形式,而"教学"是"项目"开展的目标和目的,两者之间有着相辅相成的关系,下面从项目和教学两个方面,来理解项目式教学的特点。

(一)项目的特点

在项目式教学中,项目是核心和关键,项目的来源、特点、难易程度决定了教学的效果。项目的选择最好具有以下三方面特征。

1. 真实情境

项目教学中的项目是建立于真实世界中的,是学生在未来可能会面临的,而不是普通的结构化问题,项目没有固定的解决方法和过程。学习内容,即项目本身是与"真实世界"紧密联系的,真实的学习内容也更能提高学生学习的积极性和学习效果。项目的具体实施也是在真实情境中展开的,学生们会在自我认知的基础上进行问题探究,与真实情境相结合的项目问题可以帮助学生在项目进行的过程中不断提高自身的认知经验。在创新创业教育中,我们最好让学生们通过社会调查去发现一些现实中存在的"真问题",而非坐在教室里空想。很多时候,我们以为的事物发生原因只是基于原有的认知,而在充满变化的环境中,很多事物都在不断演进,"地图不等于疆域",眼见不一定就真实,我们需要与实际社会紧密联系,才能发现其中深藏的奥秘。

2. 有挑战度

项目式教学中项目问题是基于学生已有的认知和经验的基础之上确定的,是学生可以驾驭的,同时项目问题还需要有一定挑战度,可以打破学生的认知平衡,从而激发他们通过自主学习获取认知的学习兴趣。教师在确定项目时需要合理地把握其挑战度,如果挑战度过低会让学生们轻松地解决问题,从而产生"现实项目也不过如此"的错觉;如果挑战度过高则会让学生产生畏难情绪,没有动力去解决问题。因此,挑战度最好是属于学生"跳一跳就可以够着"的范围,为学生的学习提供目标和动力,让学生通过项目进行持续性的探究,也使得项目内容更加完整丰富。

3. 注重成果展示

每次项目考察结束或每个课程单元结束时,学生要进行自我评价、接受小组评价,并公开展示项目成果。学生通过项目取得的成果可以是一个实实在在的产品,也可以是一个解决方案的展示或对一个问题的回答。设置项目成果展示环节可以让学生更加有收获感,提高他们的自我效能,同时也是对项目开展情况的一种反馈。教师可以通过学生的成果展示来了解他们的能力提升和学习进展情况,作为评价的依据之一。在创新创业教育中,我们可以应用精益创业的方法,让学生先做一个原型,然后通过不断更新迭代,一步步完善,最终实现目标。

（二）教学的特点

与传统教学不同,项目式教学的理念、内容、方法和过程都需要进行重新设计。可以从以下角度进行思考。

1. 多元化构成

与单一专业课程不同,要完成一个项目往往需要涉及多个学科,项目式教学是对多学科知识和技能的综合运用。在市场调研过程中,学生们需要应用社会学、心理学和统计学方法,并基于沟通能力来实现；在产品研发时,需要根据项目要求综合应用多学科知识来解决问题；在设计商业模式时,需要经济学、管理学等领域知识。创新创业教育中,可以考虑跨专业组建项目团队,让学生们学会多学科、多技能学习,跨专业协作,一起解决实际问题。在教师团队中,也可以配置多个不同学科背景的教师对学生进行综合指导,例如专业教师负责攻关产品技术问题,商学院教师负责商业模式指导,企业导师负责解决落地实施的问题等。在项目设计和实施过程中往往以小组形式进行,一个项目的完成需要团队成员之间的相互配合,制定学习目标、收集资料、呈现研究以及项目结果,都需要小组成员的共同努力,多元化的团队构成可以促进同学之间的交流沟通,起到相互取长补短的效果。

2. 发挥学生主体性

在传统教学活动中,教师是教学活动的组织者、监督者和学习辅导者,是教学活动中的"唯一权威"。在项目式教学中,教师由台前转到幕后,学生成为真正的主导者。在项目的选择上,学生发挥主体性作用,自己的选择自己会更在意,这在某种程度上体现了学生在教学活动中的主体地位；在项目的实施过程中,教师可以根据学生的实际认知情况"量身打造"主要内容,每一个项目都有不同的问题需要学生探究,而在探究过程中每个学生所遇到的情况、获得的项目体验都是不同的,这也实现了教学中的学生为主、因材施教。在项目的结果完成方面,学生在项目探究的过程中需要自主进行,其拥有充分的发言权和选择权,因此,学生的积极性和主动性都会更高。

3. 实现多维教学目标

项目式教学的效果不仅体现在学生对于理论知识的灵活掌握,更能综合性地提升学生批判性思维能力、分析问题解决问题的能力、团队协作的能力和自我管理的能力。创新创业教育强调的"敢闯会创""积极思考""多元思维"等心理品质,均可以在此过程中得以塑造。不仅是成功的项目,哪怕项目失败了,对于学生而言,也是一种宝贵的精神财富。学生面对失败的积极态度、摔倒了爬起来的拼搏精神同样值得我们赞许。

三、项目式教学的价值

项目式教学在创新创业教育中扮演着重要的角色,不仅学生们从中受益,教师们也可以教学相长,重新反思自己的教学理念和教学方法,不断提升专业水平。

（一）实现高阶教学目标

布鲁姆认为在问题设计中(如图3-1)，课堂教学不能仅仅局限于初级认知的问题，在适当的时机，高级认知问题更能够激发学生的思维，从而培养学生的思维能力、观念和自我评价体系。修订后的布鲁姆教育目标分类，不再强调记忆和理解，取而代之的是创造和评价，而这与项目式教学正好不谋而合，在知识层面的记忆、理解、分析之外，项目式教学可以引导学生进入更深层次的学习领域，不断拓展认知领域、创新思维，并在创意创造中获得灵感，通过不断迭代完善，产生最佳方案。在一流课程的评价标准中，实现高阶性目标是非常关键的，项目式教学可以发挥重要的作用。

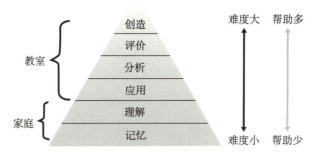

图3-1　布鲁姆教育目标分类

（二）提高学生积极性和参与度

互联网时代背景下，师生之间知识的鸿沟在逐渐缩小，通过搜索引擎，学生一样可以获得知识讯息。学生往往会发现传统课堂不能为他们提供"新知"。在教学参与度低的课堂中，学生的学习积极性无法被充分调动，而被动的学习效果是不够理想的。与之相对应的，在项目式学习中，学生有机会把课内所学的知识与现实社会连接，当看到自己所学能够变成现实的时候，他们将有更大的动力投入到学习之中。在具体的实践中，学生可以加深对不同场景下理论和方法使用的条件和边界的认识，真正理解所学内容。

（三）培养学生综合素养

在项目学习过程中，有利于培养学生系统思维、批判性思维、解决问题的能力、团队协作的能力、沟通交流的能力和公开演讲的能力。要完成一个项目，需要学生对整体，而不是单独的部分进行深入的思考和有效的把握，学生必须考虑很多方面的问题如整体的探究计划、小组如何分工合作、需要调动哪些学科知识、怎样一步一步去实施、最终要做出一个什么形式的产品等。在这个过程中，很多核心素养都可以得到提升。

（四）学习应用技术工具

"工欲善其事必先利其器"，在项目式学习的过程中，为了完成任务，学生需要使用各类信息搜索工具、新媒体技术、数据挖掘工具、统计分析方法、应用软件。哪怕是做一次路演汇报，也要具备PPT制作、图片处理、视频拍摄剪辑等能力。在这个过程中，Photoshop、Premiere等软件的使用技巧是必须掌握的。

（五）推动教师身份转变

在当今这个充满创造、重构和信息爆炸的时代，很有可能在一些事情上教师会比学生了解得更多，而在另一些事情上学生会比老师懂得更多。项目式教学对于教师也提出了更高的要求。这种更高的要求体现在我们需要进一步探究教与学之间的关系，促进教师与学生的智力合作。项目式教学的教师并不是只依靠一纸毕业书或传统的职业培训就可以开展教学活动的，而是需要教师在具备基本的教学能力之外，还需要培养个人对学生的包容性、灵活性、谦逊的心态和倾听观察等能力。

四、项目式教学的局限

项目式教学如上述所云，有很多优点和价值，但在实践中也有一些困难和局限，全面了解这些局限性，有助于我们合理使用项目式教学方法。总体而言，项目式教学受限于客观条件限制和实施者能力的限制。

（一）客观条件限制

如前文所云，项目式教学是以项目进展为导向，以完成项目为结果。而项目进程受多种因素影响，这就造成了项目进展情况并不一定会按照预期计划进行。在很多高校，为保证教学秩序和学习质量，往往对教学计划和安排有诸多要求，例如要求固定的教学时间和地点，而项目式教学需要根据学生项目的进展情况来确定教学时间，二者会有一些冲突，比如学生就某个项目内容没有讨论完，却因到了下课时间而草草收场；部分项目需要外出调研，但是教务查课发现师生都不在教室；要完成项目进度可能需要周末进行讨论，而这个时候又没有合适的场地，等等。为了保证项目式教学的正常进行，笔者所在的湖南师范大学特别设置了项目制课程的弹性教学安排，教师可以根据项目需求申请教室、上课时间，并灵活设计教学计划，尽可能地保证为教学团队提供良好的制度保障。

当然，要完成一个项目需要各方面资源的支持。其中很重要的资源是外出调研的经费。有的教师可以从自己课题经费中支出，但更多的教师可能没有这笔开支预算，因此，经费问题是制约项目进展的一个现实情况。解决方法有两种，一是鼓励学生申报"大学生创新创业实践项目"，很多学校都会给立项的学生团队一定经费支持，这在一定程度上可以解决常规开支。二是请合作企业发布研究项目课题，并提供相应经费支持，项目成果可以和企业共享。

第三章　创新创业项目式教学

（二）实施者能力限制

在项目式教学中，要完成既定目标，对教师和学生都有较高的要求。

从教师层面看，首先需要教师对项目本身有深刻的理解和把控。教师无法驾驭的项目是不能提供给学生的。教师要对项目的全过程有较为深刻的把握，清楚每一个环节可能会出现什么问题，以及如何应对，这要求教师在该领域具有深厚的理论积淀和丰富的实践经验，对于年轻教师来说，实施项目式教学具有一定难度。其次，教师要懂得如何指导学生掌握这些方法和技巧，很多学校在提倡"双师型"教师，要求教师既能自己熟练掌握某种技能，又能教会学生。从一定程度上说，做书本的"转述师"容易，做经验的"传授者"困难。但是，面对充满变化的环境，学生们必须"知其然，知其所以然"，掌握解决问题的"心法"，才能以变化应对变化。

从学生层面看，项目式学习需要更强的自主学习能力和探索精神。靠刷题式的刻苦学习很难完成项目，而靠琢磨解题技巧的真正"学霸"才能更好地驾驭项目。在创新创业项目学习中，开拓精神、创新意识、团队协作和资源整合能力都是应试教学体制下培养不出来的，要完成项目需要学生们下更多的工夫、花更多的时间去思考和实践。没有这些投入，很可能会让项目"烂尾"。

总之，项目式教学对于教师和学生都是一种巨大的挑战，由于其非结构化的教学模式，对于资源的消耗比教室里的纯授课模式高得多，具体操作起来也有一定难度。

第二节　项目式教学设计

一、项目式教学类型

创新创业课程的项目式教学包括研究型项目、创作型项目和商业型项目三种类型，不同类型的教学方法和侧重点存在较大差异。在教学设计时需要基于教学目标、产出结果等设计教学内容。

（一）研究型项目

这类项目主要以教师的科研课题为基础，带领学生们一起开展理论研究、实践探索、问题攻关、成果转化等工作。主要内容包括如下部分。

1. 文献研究

科学研究的基础首先需要对原有文献进行系统梳理，掌握理论发展的脉络，清楚现在面临的核心问题，寻找解决的思路与方法。教师可以指导学生通过知网、维普、Web of Science、EBSCO、Science Direct等学术期刊网站搜索中外学术论文；通过所在学校、城市图书馆查询专业书籍。学会使用CiteSpace(可视化文献分析软件)来分析一个学科或知识域在一定时期发展的趋势与动向,从而梳理出若干研究前沿领域的演进历程。教师可以通过文献研究培养学生严谨的治学态度,系统性的思维能力。

2. 实地调研

创新创业项目强调用户导向、实践导向,需要学生对市场需求有敏锐的洞察力,并站在使用者角度分析需求。教师可以利用实地调研带领学生到真实的场景中观察、访谈、发放问卷、测试用户体验等。实地调研不仅可以收集一手资料,更可以培养学生深入一线、了解基层、观察社会的良好研究习惯。

3. 实验实践

对于理、工、农、医等专业来说,要验证研究假设,需要设计并进行实验。有条件的教师可以带领学生在实验室里开展项目实验,如果条件不具备,可以与其他高校、科研机构或者企业实验室合作。对于经、管、法、外等专业来说,社会就是最好的实验室,可以通过田野调查和准实验的方法获取数据信息。深度剖析一些典型的案例也有助于我们深度理解某种现象。

4. 数据分析

我们可以指导学生应用一些统计分析软件对数据进行处理,简单的数据分析可以利用Excel等软件来完成,社科类调研数据可以用SPSS、Amos等软件处理。调研数据、实验数据、文本数据和二手资料等综合分析性工作,可以帮助我们全面了解研究对象,获得真实可信的结论。

5. 产品设计

一些理论研究类项目只要得出结论即可,研究报告即成果产出;另一些应用研究类项目还需要设计相应的产品。这些产品可以是实物类产品也可以是知识类产品。通过研究,我们可以在原有产品的基础上进行改良和升级,更好地满足用户需求。产品类成果可以更有效地验证研究的结论。

6. 迭代完善

一个研究项目只能在某种约定条件下开展,那么约束条件变化之后会有怎样的效果?在当前研究结论的基础上是否可以进一步升级迭代?这些问题可以作为下一次研究的起点,也可以在本次研究的后续进程中不断完善。

（二）创作型项目

在一些创新创业项目中还可能涉及创作型项目,以产出的作品为项目成果。创作型项目包括应用文案类创作、文学教育类创作、艺术设计类创作和手工非遗类创作。

1. 应用文案类创作

应用文案类创作内容较多,自媒体文案、短视频文案、广告文案、活动策划文案等都非常受学生欢迎。猪八戒网等开启了平面设计众包模式,现已成为一站式企业服务平台;抖音、快手等平台涌现了一大批短视频制作者;知乎、分答(在行一点)等平台给知识博主展示的机会;喜马拉雅FM、蜻蜓FM等音频平台塑造了新一批声音主播;哔哩哔哩不仅是二次元爱好者的聚集地,更成为具有某种专长人士展示才艺的地方;小红书的KOL种草模式让美妆博主、美食博主、知识博主受人关注。2019年以来,随着"剧本杀"的火爆,演绎式娱乐项目文案备受关注。2021年,密室剧本杀行业高速发展,正成为年轻人线下社交、娱乐的重要方式。《2022—2023年中国剧本杀行业发展现状及消费行为调研分析报告》显示,2021年的市场规模达170.2亿元,预计2022年中国剧本杀行业的市场规模为238.9亿元。越来越多的剧本杀企业开张,剧本显然不够用,具有良好创作能力的作者如今是稀缺资源。另外,以直播带货为代表的新电商营销模式的兴起催生了很多MCN(Multi-Channel Network)机构,即网红孵化与经纪公司。网红主播在台前表演,其背后同样需要大量文案创作者的支持。以文案创作为核心的项目式课程,不仅能帮助学生习得一技之长,甚至可以解决学生未来的就业问题。

2. 文学教育类创作

诗歌、小说、戏剧的创作除了专业人士扮演了重要角色外,大量的文学爱好者也可以从中实现自我价值。《鬼吹灯》《盗墓笔记》等知名IP都是来自网络小说。阅文集团旗下的起点中文网通过付费小说让广大创作者获得了社会影响力和经济收益。腾讯公司推出的小鹅通让具有一技之长的自媒体博主可以轻松建立自己的知识付费平台,各类细分领域的知识付费平台更是数不胜数,知识付费模式让知识更有价值。以上平台都可以成为项目式课程的发布平台,让学生们的作品能够被大家看得见,他人的评价会成为完善作品的动力。

3. 艺术设计类创作

艺术设计类创作不仅需要作词、作曲、演奏、绘画、雕塑等艺术类专业人士,随着创作工具的不断完善,非专业人士也能创作出优秀的作品。如果教师是艺术类专业的,则更有条件指导热爱这方面创作的学生开启自己的艺术生涯。如果教师只是艺术设计的爱好者,也可以在项目中和学生一起成长,在教学相长的过程中不断提高自己艺术设计的能力。

4. 手工非遗类创作

DIY不仅是一种业余爱好,还可以成为创业项目。厨艺、陶艺、布艺、竹艺、纸艺等手工技艺已经成为很多人陶冶情操、丰富生活的重要途径。美食博主们通过烘焙蛋糕面包、制作甜品、调制咖啡奶茶吸引了众多粉丝。掌握非遗技艺的传承人们以前只能在庙会、街头展示自己的手艺,现在可以在非遗文化馆、网络直播平台上获得大批流量。如果创新创业教师对这方面感兴趣的话,也可以带领学生们学习非遗技艺、练习各类手作技术,掌握一些有趣的创作技巧,既可以开启多维生活,又可以作为创业项目得到经济收益。

(三)商业型项目

商业型项目包括运营有限责任公司、经营线下实体店、运营线上平台等。主要锻炼学生的市场意识、商业思维和运营能力。

1. 运营有限责任公司

运营有限责任公司是商业型项目中难度最大的一种,需要学生具有很强的资源整合能力,最好是师生共同运营,以教师已有的技术或产品为基础,学生负责市场化运营。部分院校为了培养学生经营能力,往往以教师身份注册公司,由学生负责具体日常运营。这类商业型项目适合轻资产的文化类、咨询类有限责任公司。在有限责任公司中,每个股东按照自己出资股本获取相应的所有者权益,同时也按照同样的比例承担相应责任,公司的重大决策由股东大会决定。如果学生创业意愿较强,也可以由学生注册,教师作为指导提供帮助。

2. 经营线下实体店

有的学生为了锻炼自己的商业头脑和经营能力,可以注册个体工商户。个体工商户是在法律允许的范围内,依法经核准登记的,从事工商业经营的自然人或家庭。这类组织只需要创业者有相应的经营资金和经营场所,到工商部门办理登记手续即可开业。启动资金少,面临风险低,方便易行。例如奶茶店、快餐店、影视吧、桌游吧等和学生日常生活紧密相关的线下实体店都可以锻炼学生的经营能力。很多有商业头脑的学生会将这些实体店经营得像模像样、有声有色。

3. 运营线上平台

如果觉得实体店不容易做,也可以在线上平台注册网店,经营时尚服装、美妆个护、电子产品、文创用品等均可。如今随着电商竞争日益激烈,网店的推广难度也越来越大,因此运营线上平台很能考验学生的综合商业能力。需要学生有创意、能创新,通过调研,找到细分市场的突破口,构建独特的核心竞争力。

二、项目式教学环节

项目式教学包括从项目确定到项目完成的一系列过程,具体可以分为五个环节:项目主题选择、项目方法教授、项目团队组建、项目过程实施、项目成果汇报。

(一)项目主题选择

"良好的开始是成功的一半",项目主题的选择是决定未来项目成败的关键。在选题方式上,教师可以从封闭式、半开放式、开放式三种类型中选择。

1. 封闭式选题

封闭式选题的好处是选题思路明确,方向清晰,学生在教师的指导下按图索骥就能完成,预期产出成果稳定;当然不够理想的地方是,给学生自由发挥的空间较小,不能很好地激发学生创新创意,学生在完成选题过程中容易墨守成规、因循守旧。

2. 半开放式选题

半开放式选题是最常用的方法,学生可以在教师提供的项目清单中进行选择,如果自己有更想做的选题也可以经过与指导老师商量后进行适当调整,在一定空间范围内实现自由选择。项目式课程的教学设计中建议多设立一些可选项,给学生发挥的空间,激发学生更多的创意。

3. 开放式选题

开放式选题相对而言比较难统一指导。好处是可以给学生充分的发挥空间,但是对于教师的选题驾驭能力要求较高。如果小组间的选题差异较大,在教授学生方法工具时也会比较难协调,而在最后的课程评价也不便于规范。

按照笔者的经验,项目式课程可以选取一个相对聚焦的专业领域作为课程的大主题,对选课学生也要有一定要求,在学生选题时多给他们一些参考意见,以便最终实现好的教学效果。例如,笔者曾在校内开设过多次《研学课程设计与实践》项目式课程,对学生的专业要求是旅游管理、教育学、心理学等专业优先。该课程约定了是在"研学"领域,做的是课程开发,基本上学生们的创作就限定在这个领域,同时基于研学旅行研究院和创新创业教育中心两个机构的优势,也能够为该项目式课程提供相应的资源支撑,同时,学生们的设计成果还能在实践中得到应用。

（二）项目方法教授

主题确定之后,需要开始教授学生们相应的方法工具。当然,如果学生对于该领域比较陌生,也可以先做一些引导式教学,让其了解项目背景,再进行选题设计。方法教授部分主要以讲授型为主,可以辅以线上教学资源、专业书籍学习,采用线上线下混合式教学模式。教授的方法包括:专业方法、创新思维方法、创业实践方法等。其中,专业方法根据项目所处领域不同有较大差异,此处不再赘述。

创新思维方法则有很多种,这里推荐设计思维方法。很多创业课上都会介绍该方法的使用技巧。设计思维(Design Thinking),是一种以人为本的解决问题方法论,该思维方法是从人的需求出发,为各种议题寻求创新解决方案,并创造更多的可能性。作为一种设计方法论,其应用模型有很多类型,基本上可以分为3至7个阶段。他们共同体现的原则是由诺贝尔奖得主Herbert Simon在1969年的《人工科学》一书中首次提出的。在诸多的模型中,较有代表性的是美国斯坦福大学D.School提出的五阶段模型。D.School是运用和传授设计思维的典型代表,其设计的五阶段模型如图3-2所示。

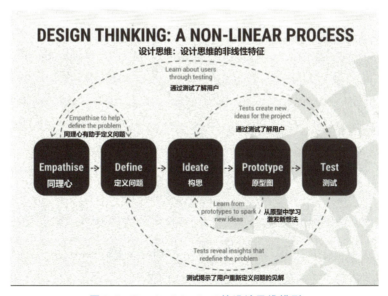

图3-2　Stanford d.school的设计思维模型

注:Copyright holder: Interaction Design Foundation. Copyright terms and license: CC BY-NC-SA 3.0。

该模型包括五个步骤。

①同理心——理解用户。试着从用户角度进行思考,可以与一系列的实际用户进行交谈。直接观察他们做了什么,他们的想法以及他们想要什么,问自己一些问题,比如"什么可以促使或鼓励用户?"或者"他们在哪里会体验到不便?"收集足够的观察结果,可以真实地感受到用户和他们的观点。

②定义问题——结合之前研究或观察用户存在的问题。在确定用户需求的同时,开始寻找创新机会,获取用户的动机、痛点,所有洞察到的信息;在定义问题阶段,使用数据聚集在同理心阶段收集的信息。组织所有的观察结果,并绘制用户体验图。思考在不同的用户中是否有共同的痛点,同时识别未满足的用户需求。

③构思——质疑假设,产生创造性的想法。在该阶段,应集思广益,讨论一系列疯狂的创意点子,以解决在定义阶段未确定的用户需求。在这个阶段负责人应把团队成员聚集在一起,给自己和团队最大的自由,相比于创意的质量,此时会更重视创意点子的数量,激发团队成员勾勒出不同的想法。然后,让他们彼此分享想法,不断融合后建立起其他的创意。

④原型图——将解决方案用快速简单的方式呈现,为创意的子集建立真实的触觉表达。这个阶段的目标是理解创意的哪些部分是起作用的。在这个阶段,团队开始通过对原型的反馈情况来衡量创意的影响和可行性。

⑤测试——验证解决方案并获得用户反馈。这一阶段要思考"这个解决方案是否能满足用户的需求?""是否改善了用户的体验、想法或对项目任务产生了某种影响?"测试阶段,应将原型放在真正的用户面前,并确认是否实现了预定目标。

设计思维也可以用英国设计委员会的双钻模型(见图3-3),他们将设计思维过程分为四个阶段。

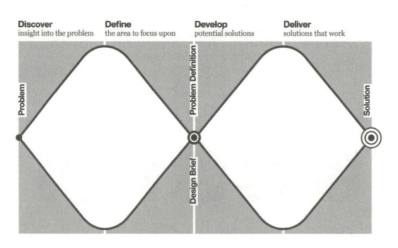

图3-3 英国设计委员会的双钻模型

发现与研究:对问题进行深入的研究和理解(发散)。

定义与合成:定义核心的专注点(收敛)。

开发与构思:找到潜在的解决方法(发散)。

交付与实现:得到最终结果(收敛)。

这四个阶段可以被简化合并为2个主要部分,即第一个钻石发现与定义(见图3-4左),目的是做正确的事。这是发现问题的过程,在开始解决问题之前,先找到正确的问题,确保问题真实存在并值得解决。这个过程非常重要,但往往会被忽视。如果问题根本不存在,一切后续工作都是在浪费时间。很多所谓的创意,往往是直接给出一个解决方案。而有的时候用户的建议,往往就是方案提议。这个时候要非常小心,"伪需求"往往就滋生于此。

第二个钻石是发展与交付(见图3-4),即正确地做事。一旦我们确信找到了正确且值得解决的问题,就需要确保采用恰当的方式方法来完成这件事。"一个手拿锤子的人,看什么都像钉子。"这个过程中,时常会因为选择了错误的解决方案,而没有真正解决问题的情况。这种情况的出现本质上是因为对问题的认识还不够深入,判断不够精准,或者没有充分考虑现实情况而导致的。

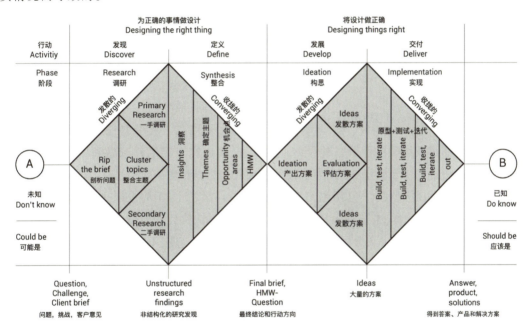

图3-4 双钻模型:发现与定义(左)、发展与交付(右)

(三) 项目团队组建

在项目开始前,建议指导教师根据项目任务对学生进行分组,分组要考虑每个学生的个性特点、专业优势、兴趣爱好等实际情况,尽量保证学习团队的多元化,确保学生之间可以互通有无。之后由项目负责人组织学习团队成员集体讨论,整理意见,制订出整体实施方案。同时,指导教师可适当地引导、鼓励学生创新,听取并收集学生对项目具体环节的建议,使学生的参与权得以保证。指导教师还需要根据项目具体情况安排不同的任务给对应的学生,然后由学生独立完成任务。在这一过程中,学生需结合实践,收集相关资料,并将自己搜集的资料加以整理并汇报。

指导教师在考虑学生分组时可以参考剑桥大学贝尔宾教授的团队角色理论。该理论最早由贝尔宾教授于1981年提出,该理论最初涉及的团队角色有8个,经过12年的应用和修正,以及在若干知名企业的实践中不断完善,贝尔宾教授在1993年又提出了9个角色模型并修改了原来8个中的2个角色的名称(见图3-5)。

图3-5 贝尔宾团队角色理论

思考者(Thinking)角色模块包括智多星PL(Plant)、审议员ME(Monitor Evaluator)和专业师SP(Specialist)。虽然同属于一个版块,但是他们发挥的作用有很大不同。智多星思维发散,具有创新创意,能够不断地想出新方法、新点子,在遇到困难的时候能够另辟蹊径、剑走偏锋、出奇制胜。但是他的缺点也很明显,就是容易天马行空,不顾实际,有时候可能会离经叛道。审议员则恰恰相反,他理性冷静,能够审时度势,在别人头脑发热、冲动决策的时候能够老成谋国、谨慎行事。即使不能有大的发展,至少能保持局势稳定。专业师则又有不同,他生活在专业的世界中,在他眼中只有技术,他可以心无旁骛地深入研究和思考,找到技术中哪怕是最细微的部分。他是专业的工匠,可以在自己的领域做到极致。当然,专业师最大的问题也是过于聚焦在技术上,容易忽视其他影响因素。

行动者(Action)角色模块包括鞭策者SH(Shaper)、实干家IMP(Implementer)、完成者CF(Completer Finisher)。这三种角色都能在创业项目落地执行的时候发挥作用。鞭策者也叫作推进者或者是激励者,他是团队的动力系统,总是积极上进、不知疲倦,他眼中充满对未来的憧憬,不断给团队打气鼓劲,让团队充满希望。实干家是把蓝图变成地图的人,他知道千里之行始于足下,规划如果无法变成行动计划,永远只能挂在墙上。他能够将目标分解成每一天的任务,以日拱一卒,每天进步一点点的精神不断逼近目标。而完成者是兢兢业业的劳模,他认为任何一个成果都是需要用辛勤的汗水换来的,他专注于每一个细节,努力把小事做成精品。即使遇到困难挫折,他也会以不屈不挠的毅力咬牙坚持到最后。

社交者(Social)模块包括了资源调查员RI(Resource Investigator)、协调者CO(Coordinator)和凝聚者TW(Team Worker)。其中,资源调查员信息敏感度高,擅长收集资源,为团队发展寻求各种机会。他善于和各类陌生人打交道,能够获取各个方面的支持。协调者早期的名称并不是Coordinator,而是Chairman,意思是主席或者领袖,他是团队的精神引领,能够用共同的愿景、目标和利益吸引团队成员放下个人成见,融入集体,为更大的共同价值而奋斗。凝聚者是团队的黏合剂,能够化解团队间的矛盾和冲突,将大家紧紧团结在一起。他能像组装拼图一样,找到团队成员之间的切入口并将他们凝聚在一起。

(四)项目过程实施

组建好项目团队后,由学生应用教师提供的方法和工具自主设计项目方案。在项目过程实施中教师主要工作包括如下三方面。

1. 保障项目顺利开展

教师除了进行项目策划之外,还要确保设计的教学目标可以通过项目实践得以实现,并且使学生在此过程中有所收获。所以对项目过程的管理也是教师需要重视的环节之一。为了促进项目落地,教师从项目的设计、实施到完成(完善)需要全程跟进,同时适当地给学生自主发挥的空间,听取他们的建议,尊重他们的想法。教师可以和学生一起制订任务方案,设计进度表,设置检查点和期限,查找和使用资源,制作产品并发布。为了确保教学目标的实现,教师应使用一些标准来设计项目,确保其涵盖相关学科的关键知识点,并确保学生能够通过设计项目的方式来了解关键知识点。

2. 为学生的学习提供支持

除了整体掌控项目之外,教师还需要对学生的学习加以关注和指导,帮助学生确立自己的项目目标。在项目的准备过程中,教师与学生一起学习和创造,并确定学生何时需要技能培养,同时不断地鼓励他们探索合适的项目目标。在学生确立了目标之后,教师应使用多种课程、工具和教学框架来支持所有学生达成项目目标,为他们的学习提供支持,努力做好项目"服务者"的工作。同时,教师们应当直接或间接地培养学生独立思考能力、发散性思维、团队协作精神、追求精益求精的品质。

3. 负责项目的阶段性复盘和评价

教师可以定期召开项目小结会,让学生不断总结经验教训,持续进步。小结能让教师了解学生是如何进步的,并且让学生在过渡到下一阶段前,能有复盘的机会。项目小结是对学习过程的阶段性回顾或评估,而不是简单地流水账式的回顾。项目小结的形式可以多样化,并在小结时不断提出深层次问题,引导学生深度思考,从而避免没有见地的回答。教师应定期对学生所掌握的知识、专业技能、工具方法做出项目阶段性评估,帮助学生发现进步、找到差距,并拟定下一步方案。同时,还可以对学生个体、项目小组和教学团队的行为模式进行评价,帮助大家在反思中不断提升。

因为项目的性质和内容不同,实施过程差异较大,因此这里不再赘述具体的实施过程。

(五)项目成果汇报

项目式教学中成果汇报是非常关键的环节,决定了投资人对项目的评价。形式多是项目负责人进行汇报分享,本小组同学补充发言,其他组同学边听边提问题,由汇报人或本组其他成员回答。汇报完毕后,其他组同学和教师根据项目完成、汇报及回答问题的情况进行打分。这一环节为学生提供了学习交流的机会,促使学生对项目的实施进行进一步的思考,通过参考其他组的成果,也可以达到进一步学习的目的。在创新创业课程的项目式汇报中可以采用创业路演的方式,如果条件允许,可以邀请校外导师或者业界专家参与评审。教师可以指导学生通过三个步骤准备路演汇报:第一是材料汇总编辑,第二是展示材料制作,第三是现场陈述答辩。

1. 材料汇总编辑

这个部分涵盖了撰写商业计划书,和准备附件材料。第一类材料是核心技术的介绍资料,这部分资料主要用于说明项目产品服务背后的技术要素,如果项目研究过程中产生了专利证书、学术论文、成果报告、调研报告等则能很大程度上提高项目的说服力。以上技术材料可以体现创业项目的核心价值与独特性。第二类材料是相关图片和视频资料。项目设计完成的产品和服务最好以图片或者视频的方式展示出来,以方便听众理解其真实形态。第三类材料是专家鉴定和客户使用的反馈情况。最好能够出具项目所在领域的专家意见书,或者召开论证会共同撰写鉴定书,从而证明产品得到同行的认可与赞誉。客户使用反馈来自真实客户的使用体验,从中可以体现产品或服务是否获得了消费者的良好反馈。材料汇总编辑过程中,需尽可能多地获取有价值的支撑材料,从而佐证产品具有广阔的应用前景。通过材料整理,需要遴选最具代表性的成果材料将其加工后列入展示材料之中。

2. 展示材料制作

展示材料制作包括制作幻灯片、视频、印刷品和实物等。汇报中幻灯片制作是关键。首先要明确幻灯片的作用是作为汇报人的辅助工具,而不是最核心的内容。不少汇报人精心制作了展示幻灯片,上面密密麻麻列出了很多文字、图片和表格,结果汇报人反而成了幻灯片的注脚。按照认知心理学的规律,只要幻灯片上有图文,受众都会不自觉地要读完,而当大量的信息呈现在面前时,受众会把主要精力放在理解幻灯片内容上,无法专心听汇报人讲解,进而影响汇报效果。所以汇报的幻灯片上最好以要点形式将需要表达的内容进行结构化整理,通过醒目的标题展示出来,而细节则由汇报人口头阐释。幻灯片上出现的最好是标题或核心内容,图片或图表。

在幻灯片的视觉设计上需要包含团队的名称、LOGO或者产品特色。幻灯片模板尽可能原创,避免使用网上下载的,尤其避免使用Office或者WPS软件自带的模板。幻灯片的具体内容在设计时需要注意:前几页一定要有视觉冲击力,能够吸引听众的眼球,用几十秒的时间将他们吸引进项目里,为了达到这一目的,通常可以用故事或者例子开始。在介绍项目LOGO和名称时,应运用最精炼的一句话来描述,用项目最大的亮点迅速地说明项目团队的定位、选择这个行业的原因、对行业的了解程度,以及行业的突破点。

介绍过程中需要突出创业团队的独特优势。商机并不是只会被一个人发现,同样的模式会有很多团队来做,在如此激烈的竞争环境中,自身创业团队如何突出重围,未来会实现怎样的发展,这些都可能是投资人最关心的问题。在进行市场分析时需要发掘项目所针对的行业市场中目标客群的潜在需求,剖析现有市场的痛点,罗列具有针对性和代表性的数据。在展示时,可以用"市场增长阶梯图"来说明所在行业前景之大、增长之快。或者利用"市场占领图",展示目前市场已经被瓜分的比例,瓜分的比例越小,说明市场前景越大。在分析目标客群的需求和痛点时,要尽量营造真实的应用场景,引起投资人的共鸣。

当制作好幻灯片之后,可以考虑是否要加入视频。视频可以自行制作或委托专业机构制作,高端大气的视频场景在开篇时可以吸引投资人的注意力,而精心拍摄的使用场景在汇报的中段可以形象地证明产品的使用效果,也可以在结尾部分邀请KOL或者行业大咖赋能,提高专业性评价口碑。但插入的视频一定不能过于冗长,否则会喧宾夺主。

对于包括了商业计划书在内的文字材料,最好设计一个精美的封面,可选用高级的铜版纸打印胶装,内容则多以彩色的图片和图标来展示,可以进一步展现项目的专业性。除此之外,如果设计的产品是实物的话,也可以在现场展示样机,让投资人身临其境地体验产品的效果。

3. 现场陈述答辩

当展示材料准备好之后就要现场陈述答辩了。此时需要注意以下三点。

第一,提前写好逐字稿,并多次演练。在时间紧迫的情况下,即使是资深的主持人也很难通过即兴发挥来达到很好的宣传效果。因此,最好提前按照汇报的时长写好逐字稿。建议先把稿子打印出来,一边计时一边念,记熟之后再结合幻灯片进行演练。这里有一个小技巧是计算准确时间后,将幻灯片转换为视频格式进行汇报,这样既可以有效地避免在不同的电脑播放幻灯片时因为格式不同而产生效果差异,同时也可以节约幻灯片的翻页时间,从而更好地集中精力把内容讲好。完成逐字稿后可以由指导老师提修改意见,不断完善提高。

第二,现场汇报。这项内容可以由团队负责人来汇报,也可以由团队成员每人汇报一部分,后者可以在形式上设计得更有创意一些,例如设计一个消费场景,由团队成员扮演客户并提出问题,然后由团队负责人讲解。在汇报的时候请关注听众的反馈,而不要单纯念幻灯片。汇报时应语气笃定,表情自然,目光平视,可以和听众保持目光交流,从他们的表情神态中了解其对项目的态度。

汇报现场可以安排工作人员计时,在规定时长的最后1分钟提醒汇报人注意时间。

第三,答辩环节。这个时候团队的成员可以共同上台接受听众提问。通常情况下,答辩环节会涉及以下五方面问题,项目团队可以根据情况提前准备。

问题一,商业计划书中涉及的亮点产品和解决方案。此类问题往往以"针对目前市场上的需求和痛点,现有的解决方案有哪些弊端""创业团队提出了怎样的解决方案?优势和亮点在何处"等形式出现。在回答解决方案时,需要突出强调产品和服务的独到之处,摆出预期或者事实的业务数据,充分调动起投资人对产品和服务的希望。

问题二,商业模式。莫瑞亚(Ash Maurya)曾说过:"一个创业者的真正产品不是解决方案,而是一个行得通的商业模式。创业者真正该做的是随着时间的推移系统性地降低商业模式的风险。"一切商业模式的本质是"利润=收入−成本"。涉及商业模式的问题一般包括"创业团队具有哪些核心资源或合作伙伴""基于当前的资源,会关注哪些渠道""怎样运用商业模式验证出最有效的渠道",等等。在汇报讲解中,商业模式中需要说明近期和远期的盈利模式,核心的业务流程。简而言之,就是展示企业在未来如何赚钱,以及现在的产品形态及发展趋势如何支撑未来的盈利模式。

问题三,竞品分析。涉及的问题包括"市场上有哪些竞品""相比之下自身项目的产品有哪些竞争优势",等等。在回答问题时,最好能够列举出细分行业内最主要的竞争对手,客观公正地说明项目的对比竞争优势,面对竞品团队准备采取的竞争策略以及击败竞品的依据。

问题四,创业团队情况。回答时需要介绍项目团队的特点,重点强调团队成员的从业经验、团队的互补性和完整性。除了介绍核心创始人之外,还要介绍包括技术、销售、运营等在内的核心骨干成员,如此可以凸显出团队的志同道合、互信互补、业务强契合等特点。团队成员中各自的绝对优势点应该重点介绍,并阐述这些优势点如何助力项目更好地发展。

问题五,融资计划。在假设融资到位的情况下,一般在路演汇报中应该构想创业公司未来三至五年的发展规划,以直观的形式说明公司在各阶段的目标市场、拓展区域、商业模式等战略计划。根据项目的财务数据,融资计划具体包括两个重要内容:本轮融资金额数量和具体用途(最好能够细化到具体项目)。这部分内容需要创业者根据审慎的思考,制订业务拓展的计划,以及具体的资金分配方案。因此,一个优秀的融资计划需要充分地体现创业者的战略规划能力。

以上内容可以作为创新创业项目式课程结项汇报的指导依据和要求要素,也可作为学生实际参加创新创业大赛或者路演的建议。

三、项目式教学评价

项目式教学评价强调主体多元、内容全面、标准合理、方法多样。教师可以通过评价不断更新迭代教学方法、教学内容。

(一)项目式教学评价的目的

项目式教学是以典型产品为载体展开的知识与技能的学习,是"做中学"的一种学习方式,可以培养学生自主探究能力,指引学生终身学习、自我发展。相较而言,常规教学方法的评价方式已不能适应项目式教学的需要。由此,项目式教学的评价内容和方法都需要做出改变。项目式教学评价伴随着项目学习的全过程中,它对学生知识的掌握、兴趣的激发、习惯的养成、方法的习得、能力的形成、个性的张扬、素质的全面提升起着重要的作用。具体而言有以下三个目的。

1. 诊断和改进

在项目式教学评价活动中,教师需要通过对收集到的信息资料进行整理分析,发现学生在选定项目、制订计划、探究活动、制作作品、评估反思过程中的优缺点及存在的问题,然后加以指导并督促学生改进,从而确保活动取得成效。

2. 区别和鉴定

通过项目式教学评价,教师可以区别鉴定组织(如项目学习小组)、方案(如项目学习方案)或个体(如教师、学生)等对象的某方面或各方面水平的优良程度,确定其有无价值或价值的大小,衡量其是否达到了应有的标准、能否实现项目学习的目的和任务,为它们评定相应的等级。科学、合理、公正地评价等级是我们取得研究成效的基础。

3. 激励和导向

教师对学生项目学习的成果通常需要按照其完成情况进行等级评价。由于评价结论会直接影响到评价对象的形象、荣誉和利益等各方面,所以该评价往往能激发被评价者的成就动机,使他们追求好的评价结果,激励他们全力以赴地做好工作,进而创造更大的项目学习成效。它既可引导学生向自主、研究性学习的方向发展,又可不断地为学生创设科学有效的技能学习情境。

(二)项目式教学评价原则

在项目式教学评价过程中,教师应考虑到主体与客体相结合、动态与静态相结合、隐性与显性相结合,评价过程中应体现以下四个原则。

1. 共同建构原则

把项目式教学评价看作是所有参与评价活动的师生共同建构的过程,尽量避免把评价对象排除在活动之外。评价并不是"外在于人的纯客观"的过程,而是参与评价的所有的人,特别是评价者与其评价对象双方交互作用,共同建构统一观点的过程。评价结果是师生共同的"建构物",是其交互作用的产物,这样大大提高了评价对象在评价活动中的主体地位,增强了评价的有效性。在制定项目学习评价指标和细则的时候,可以广泛征求师生的意见和建议,以便在实施的过程中及时根据现实情况修改评价方案。

2. 尊重主体原则

让参与评价的学生都有机会表达自己的观点,并要求评价者在评价中充分尊重每个人的"尊严、人格与隐私",所有参与评价的人,无论是评价者,还是评价对象都是平等、合作的伙伴。

3. 多元价值原则

项目式教学评价中,教师应坚持评价标准的多元性,避免单一的、呆板的评价标准。多元的评价观提倡包容性,只要学生做得有价值,无论多么异想天开的项目都应得到尊重。

4. 全程全员原则

"全程"是指在项目式教学过程中,教师可以对每一个环节进行评价,从项目选题环节、项目阶段性成果,到项目结项汇报,评价可以贯穿始终。"全员"则可以采用学生自评、小组间互评、教师评、外部专家评等方式展开评价,如果涉及自媒体或者某种具体产品的创新创业项目则还可以引入用户的评价。全员的评价可以从多角度、多侧面反映出项目的效果。

(三)项目式教学评价维度

在项目式教学过程中,依据教学目标可以从"兴趣、习惯、方法、能力、个性"五方面考虑制定相应的评价维度。

1. 兴趣的激发

兴趣是最好的老师,也是学习活动中最为直接、活跃的推动力。在开展项目式教学过程中,教师可以让学生们完成自己感兴趣的项目,这样他们会在兴趣的驱动下,更愿意花时间和精力去深入探究真实世界,并自发地找到问题的解决方案。

2. 习惯的养成

项目式教学不仅是传授学生知识,更是培养他们良好的职业习惯。在项目操作中,教师可以采用职场工作的模式,让学生建立目标意识、责任意识、团队意识、绩效意识等。这些良好的习惯培养会有利于学生在进入职场后尽快适应工作环境,并较为顺利地完成工作项目。不少教师将史蒂芬·柯维的经典课程《高效能人士的七个习惯》内容引入教学中,取得了良好的教学效果。

3. 方法的习得

"授人以鱼,不如授人以渔",在项目式教学中教师可以培养学生使用多种分析问题、解决问题的手段,去不断学习和掌握研究型项目从文献综述、数据收集与分析,到模型构建、假设验证等方法,这样将有利于学生撰写毕业论文,并在未来攻读硕士、博士。商业型项目的市场调研、产品设计、商业模式策划以及具体的商业运营,都能够让学生提前学习运营一家企业的方法和技巧。

4. 能力的培养

项目式教学可以从"单一性"传授型教学模式向自主、合作的"多样性"探究型教学模式转变,能够激发学生思考、质疑、批判、发现、求证的能力。

5. 个性的张扬

正如企业文化是企业家文化的外显,学生项目的选题、设计和运营也是其内在个性的张扬。通过项目教师可以将学生内隐的个性特质外化,鼓励学生塑造与众不同的产品,将自己的个性注入项目中。

在具体的项目评价中,不一定要把以上五个指标单列出来进行判断,可以通过其他的具体指标和内容来衡量。

(四)项目式教学评价形式

项目式教学的评价形式的划分方式有如下三种。

1. 按评价种类划分

(1)过程性评价。

与在项目结束时进行评价相比,在整个项目周期中利用评估机会进行过程性评价,可以帮助学生学到更多的内容。过程性评价可以帮助教师深入了解学生的项目运作思维,这样就可以根据实际情况帮助学生调整项目、消除误解,或者引导学生朝新的方向努力。随着项目的进行,教师可以使用各种方法,从讨论流程规范到课堂结束时的小测试,再到简单的观察和交谈,以了解学生的学习体验,并及时做出课程调整。只有在项目过程中努力工作,才能在最后有优秀的表现,因此学生的表现非常依赖于平时的工作状态,过程性评价有助于职场管理者对员工的工作技能和态度进行评分。

(2)总结性评价。

在项目结束时,教师的总结性评价主要有两个目的:一是以总结的方式衡量学生的学习情况,二是评价项目的质量,这样有助于优化下一个项目。总结性评价中教师或根据某个评分标准来给学生打分,或让学生做一个执行性任务并进行测验,或请其他教师或专家来协助评估学生的学习情况。教师也会对项目本身进行评估,考量项目在多大程度上可以帮助学生获得预期的学习效果。项目式教学的成果,不是一个优秀的成绩单,而是学生成果的重大突破。每一个精心设计的项目不仅要求学生掌握理论与方法,还为学生提供了展现自己"突破性思维"的机会。

2. 按评价主体划分

(1)教师评价。

在项目式教学过程中,教师负责项目的设计和组织管理,并根据教学目标来对学生进行全面的评价,检测学生通过项目式教学的收获。如有助教参与教学,其记录和评价也可以一并纳入进来。

(2)学生互评。

学生是项目式教学的主体,在评价环节教师应突出学生的主体地位,并组织学生进行小组互评、个体互评,使学生在评价他人的过程中可以对照自己,获得收获。

(3)第三方评价。

第三方评价是指由除了师生之外的第三方来进行项目评价,这里的第三方可以是学校里的其他教师,也可以是某个领域的专家学者,或者是专门的社会机构等。他们没有参与项目式教学的过程,因此可以更加客观地看待项目成果,给予中肯的评价。

3. 按评价形式划分

开展项目式教学的评价时,要综合运用多种教学形式,其中主要形式包括以下三种。

(1)成长记录。

在学生项目学习的过程中,教师可以建立成长记录袋制度,记录袋的内容包括项目学习计划书(小组名称、成员、组长、成员分工情况、指导教师);资料库;讨论过程的记录;设计的各类调查问卷,调查的结果及分析、活动的倡议书等材料;来自外部的各类信息,如教师的观察、评价,用户反馈意见等;自我的反思(学生参与项目学习的日记等)、同伴的观察和评价;小组的成果。

(2)调查访谈。

在一个项目内容结束后教师可以对学生进行一次问卷调查,要求学生实事求是地将自己的真实想法写下来。教师通过问卷的分析、综合,了解学生在兴趣、情感、合作意识、探索能力、获取和运用知识的能力等方面的表现和特征,从而为项目评价增加内涵度。还可以运用访谈的形式,向学生本人、小组成员、同学、外部专家了解学生项目学习的情况。

(3)成果展示。

成果展示为被评价者提供一个自我展示的平台和机会,教师可以鼓励被评价者展示自己的努力过程和取得的成绩,同时给予其正向的评价。根据项目进展情况,展示可分为项目中期的展示和项目结题展示,小组成员在展示会上介绍他们活动中的选题情况、工作的分配情况、活动的执行计划等内容。成果展示过程中,项目团队应将研究中所做的调查表、调查报告、设计的图纸、制作的产品、研究报告等成果在展台上集中展示，并以小品、短视频、演讲、讲座等多种形式向其他同学汇报、交流活动成果。

第三节　项目式教学实施

在项目式课程的教学实施过程中，可以综合运用多种教学方法和工具，主要包括教练式教学方法、师生沟通技巧和小组讨论工具。

一、教练式教学方法

在项目式教学过程中，师生的关系可以像体育训练中那样转换。教师如教练一样激发团队士气、培训专业技术、分析所遇问题、拟定解决策略、克服前进困难，最后一起分享成功的喜悦。

教练式教学法（Coaching）是教练（Coach）与被教练者（Coachee），在人格层面深层次的信念、价值观和愿景方面相互联结的一种协作伙伴关系。通过一个持续性的流程，即"挖掘、目标设定、明确行动步骤"，实现卓越的成果。教练不仅关注传授知识和技能，更注重"发展人的潜能"。学习过程也是教练与学生共同发展的互动过程。

> 专业教练作为一个长期伙伴，旨在帮助客户成为生活和事业上的赢家。教练帮助他们提升个人表现，提高生活质量。教练经过专业的训练，来聆听、观察，并按客户个人需求而定制教练方式。他们激发客户自身寻求解决办法和对策的能力，因为他们相信客户是生来富于创意与智慧的。教练的职责则是提供支持，以增强客户已有的技能、资源和创造力。
> ——国际教练联合会（International Coach Federation）

> 教练式教学法是一种动态关系，它意在从客户自身的角度和目的出发，由专人教授采取行动的步骤和实现目标的方法，这种做指导的人就是教练。简而言之，教练就是以技术反映学生的心态，激发学生的潜能，帮助学生及时调整到最佳状态去创造成果的人。他的目的是帮助你成为事业和生活上的赢家。
> ——美国职业与个人教练协会（ACA）

教练式教学法是一门通过完善心智模式来发挥潜能、提升效率的管理技术。教练通过一系列有方向性、有策略性的过程，洞察被教练者的心智模式，向内挖掘潜能、向外发现可能性，令被教练者有效达到目标。教练通常通过一段持续的关系，令被教练者焦点集中于行动上，并驱使他们实现自己的愿景、目标。教练运用询问及内在发掘的方法培养被教练者自省及负责任的能力，同时亦在过程中为被教练者提供支持、响应及整合。教练式教学法在实施的过程中关注于教练和被教练者之间的对话,这种对话是一种发现性的对话,令被教练者发现问题,发现疏漏,发现答案;这种对话也是一种扩展性的对话,令被教练者看到更多机会,更多选择;这种对话还是一种动力对话,激发教练与被教练者朝向预期的目标,并不断挑战自己,提高业绩,创造非凡的表现。《有效授权》一书中提出:"教练是提出问题的总结者,提供行为反馈的人,鼓舞人心的人,模范的改革家,解决问题的合作者。教练常常也是一个系统管理者。"学者们普遍认为:教练是以指导或传授的方式改进绩效或发展技能;教练的主旨是促进而不是传授指导,以未来所需技能为导向,促进经验的学习;教练能开发个人潜能,使其绩效最大化,帮助他们去学习。教练帮助每位受教练者达成目标,在生活和职业中保持行为改进;教练帮助被教练者在生活的各个方面创造愿景和目标,并开发多种策略来实现这些目标。总之,教练式教学是一个合作的过程,以提高受教练者的能力,促进其自主学习和发展,使其在自我认识、自我概念和行为方面持续改变。国际教练联合会认为教练是一种持续性的职业关系,帮助人们在职业、商业或组织中产生不平凡的业绩。教练式教学实践是在具备资格的教练和个人或团体之间的合作伙伴关系,来支持个人或团体自我制定的目标的达成。尽管这些常见的定义说法各异,但是它们的核心理念是一样的,即教练与被教练者之间是帮助、合作和平等的关系,而不是权威与服从;二者之间的关系重点在于教练协助被教练者找到解决问题的方法,而不是直接去分析问题;假定被教练者群体没有严重的精神病态;强调共同合作来制定目标;教练并不需要在所涉及领域拥有高水平的个人经验。

项目式教学过程是一种结构化的师生共创过程,在这个过程中"有常法无定法",既是科学也是一种艺术。其中艺术的成分要靠个人体悟发挥,而科学的部分可以凭借教练技术模型,用结构化方式保证顺利实施。

(一)SEA模型

项目式教学和传统的知识传授方法不同,需要以结果为导向,激励学生们不断克服困难、实现项目目标。要达到项目团队的高绩效需要教师对学生们持续不断地教练督导,在这个过程中我们可以使用SEA模型,即支持(Support)、激励(Encourage)和问责(Accountability),如图3-6所示。

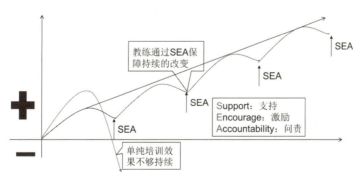

图3-6 教练的SEA模型

1. 支持

在项目式教学过程中,教师对学生的支持主要体现在资源支持、制度支持和经验支持三方面。

(1)资源支持。

为了完成项目目标,学生往往需要各类资源,例如实验器材、活动场地、调研经费、图书资料等,有条件的教师可以调动更多社会资源支持学生项目。这些资源可以是资金物质资源,也可以是人力资源。

(2)专业支持。

教师可以自己对学生提供专业技术指导和支持,如果自己对某方面知识不够了解,可以邀请本校其他学院教师或校外专业人员为学生提供专业支持。

(3)经验支持。

学生遇到问题时,教师能够利用自己的人生经验为学生提供参考。这种方式不是教学,而是将经验教训像故事一样讲给学生,并将过去面对困难时的思考和解决问题的办法传授给学生,帮助他们解决当下遇到的困难。

2. 激励

教师可以通过多种方式对学生实施激励,以鼓励学生不断进取,尤其是当他们遇到难以克服的困难时,仍能迎难而上。在激励过程中需要注意以下几点:

(1)及时激励。

激励一定是在事情发生当时,越快越好。在学生有重大进步、表现突出、项目取得进展时,可以实时表扬。有时候教师的一句话可以让学生产生更充足的动力。

(2)不局限于固定形式。

激励的方式可以是语言激励,也可以购买一些小礼物,或举行仪式化活动,让学生们充分获得荣誉感。

(3)针对具体事情。

教师在称赞学生的时候一定要清楚地告知学生获得赞扬的原因,不能简单地以"干得不错!""你真棒!"笼统地表扬学生。表扬要针对具体的事项,使学生知道自己做得好的地方,从而树立标杆,既鼓励了获得表扬的学生,也为其他学生树立了典范。

3. 问责

人都有惰性,制度不受监督,就会形同虚设,因此,仅仅依靠学生自觉完成项目是不够的。项目的成果得以保证,很大程度上取决于问责环节,其中包括问责机制、问责人、问责标准和问责时间。

(1)问责机制。

问责机制是针对所有人设置的,教师可以和学生一起订立项目的进度计划、项目规则,共同保证执行。问责机制可以是成文的规定,也可以是大家口头订立的君子协定,但内容一定要清晰明确。

(2)问责人。

即"谁来问责",问责人可以是一个人,也可以是一群人;可以是某个固定的人,比如班长、学习委员、组长等个人,也可以轮流作为监督人。有一条教练法则,即向越多人承诺的事情就越能保证完成,一个比较现实的方法是在会议中当着多人的面郑重许下承诺,在某时完成某种任务。问责人一旦确定就必须发挥自己的作用,定期询问任务的阶段性完成情况。我们可以采用向问责人汇报任务周报(Weekly Report)的方式实施问责机制。

(3)问责标准。

在最初制定任务计划的时候需要明确如何衡量结果,没有办法计量的模糊目标是很难实现的。对于一些比较难以衡量标准的任务也可以考虑选择类似项目的标准作为参照。

(4)问责时间。

时间限度是目标管理中的重要内容,而且时间越精确越好。面对"最后期限(deadline)"的压力,很多人能够激发出无穷的潜力,所以有"最后期限是第一生产力"的说法。在时间节点的制定时需要综合考虑各种影响因素,有些不可控因素必须纳入考量,如果总是无法按时实现自己的目标,团队就会产生很强的挫败感,并影响完成任务的决心和信心。

(二)GROW模型

GROW模型是经典的教练过程模型之一,该模型是20世纪80年代到90年代由教练技术的权威专家约翰·惠特默爵士(Sir John Whitemore)、格雷厄姆·亚历山大(Graham Alexander)和艾伦·范恩(Alan Fine)等人,在总结蒂姆·加尔韦(Timothy Gallwey)的经验基础上结合企业管理实践提出来的。除此之外,马克斯·兰茨伯格(Max Landsberg)在他写的《教练之道》(The Tao of Coaching)一书中也提出了这一模型。现在GROW模型已经风靡全球,受到管理学理论界和实践界的普遍认同。约翰·惠特默爵士在1992年出版的《高绩效教练》(Coaching for Performance)最早提出GROW模型(见图3-7),如今该书多次修订,在书中作者将GROW模型界定为以下四方面[①]内容。

图3-7　GROW模型

Goal Setting:目标设定,本次教练对话的目标,以及教练的短期目标和长期目标;

Reality:现状分析,探索当前的情况;

Options:发展路径,可供选择的策略或行动方案;

Will:行动计划,总结与具体行动。

1.目标设定

教师和学生在项目开始时要确定目标,这个目标不是由教师确定的而是由学生自己选

---

① John Whitemore著,林菲、徐中译.高绩效教练[M].北京:机械工业出版社,2019.

择的。项目目标关键是有激励性,即目标设定后可以激发团队干劲,让人感觉到未来是有希望的。在教师和学生的目标对话中,关键的一个信号是观察对方的情绪状态,学生在听到目标后摩拳擦掌、跃跃欲试、思维活跃、口若悬河的时候,往往说明目标设定已达到预期。

为了帮助被教练者明确目标,可以参考性地设定如下问题。

问题一:通过本项目,你要达到什么目标?

问题二:你如何知道你达到目标了?你会看到什么、听到什么、感觉到什么,才能让你知道你取得了进展?将会完成什么样的行动或者结果?

问题三:对于这个/这些目标,你个人有多大的控制或影响力?

问题四:在达到这个/这些目标的过程中,有什么可以作为里程碑?

问题五:达成这个目标的时间预期是什么时候?

问题六:这个目标是积极的、有挑战性的、可达到的吗?

问题七:你怎么来衡量目标?

目标设定过程不仅要遵循经典的 SMART 原则[①],还要考虑 PURE 原则[②]和 CLEAR 原则[③]。

2. 现状分析

现状分析的关键是客观真实,需要以超然的心态全面客观地反映现实,这个阶段需要克服教师和学生对于事物的习惯性思维和偏见。约翰·惠特默爵士介绍了"沟通包"(如图 3-8 所示),在与学生沟通时,教师需要更多地鼓励学生使用描述性的词语而不是评价性词语,尽量保持客观的态度,反映在图中,就是要尽量保持与横轴描述轴接近。

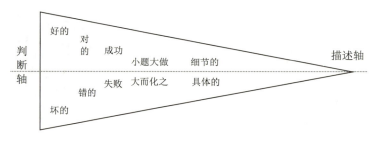

图 3-8 沟通包

人们很多时候习惯戴着有色眼镜看待现实,例如,"我从小就不善言辞,总是搞不好人际关系,因此这件事情大家是不会支持我的""我就是看他不顺眼,我们性格不合,所以根本不可能有什么很好的团队协作""他一向就是这么武断,从来不会考虑别人的想法",等等。"现实"对于不少人等于"无奈",例如"别太理想化了,面对现实吧""甚至现实是残酷的,如弱肉

---

① SMART 原则即目标必须是具体的(Specific)、可以衡量的(Measurable)、一致同意的(Agreed)、可以实现的(Realistic)、阶段性的(Time phased)。

② PURE 原则即正向的陈述(Positively stated)、能被理解的(Understood)、相关的(Relevant)、道德的(Ethical)。

③ CLEAR 原则即挑战性的(Challenging),合法的(Legal),环保的(Environmentally sound),适宜的(Appropriate),可被记录的(Recorded)。

强食的丛林法则般,是没有硝烟的战场"。其实现实就是现实,不是乐观者的万事无忧,也不是悲观者的悲惨世界;不是理想主义者眼中的美好,也不是愤青眼中的不可救药。教师要做的事情就是帮助学生回归到真实的现实中,分析利弊、看清形势,以平和的心态、公允的原则衡量各方面情况。

为了更准确地反映真相,可以参考使用以下七个问题。

问题一:现在的情况怎么样?现在的现实情况如何、什么事,什么时候、在哪里、有多少、频率等。

问题二:直接和间接涉及的人有谁?

问题三:如果事情发展得不顺的话,还会涉及谁?

问题四:如果事情发展得不顺的话,对你来说会发生什么事情?

问题五:到目前为止你是怎么处理问题的,结果如何?

问题六:这种情况中缺少了什么东西?

问题七:是什么使你裹足不前?

3. 发展路径

发展路径也就是方案选择的过程,在选择阶段,尽量让学生拓宽思维、积极思考,尽量避免,诸如"这做不到""不可能实现的""他们绝对不会认同的""我们没有时间了""竞争对手也会想到的"等等负面假设。然后鼓励学生分析各方案的成本收益,并优先排序,最终选出最优的方案。

在这个过程中学生需要以积极的心态列举所有可能的方案,教师则一方面要帮助学生拓展思维的四大维度,使学生学会站在更高的位置思考,从事物的本质思考,从未来的视角看待问题,从应用水平思考分析问题等;另一方面,教师也可以从不同的侧面帮助学生分析评价方案。

在方案选择环节可以参考如下七个问题。

问题一:要解决这个问题,你有哪些办法?

问题二:你还会做哪些事?

问题三:如果在这个问题上你有更多时间的话,你会做什么努力?

问题四:如果你只有更少的时间的话呢?那你将会被迫做什么尝试?

问题五:想象一下,如果你比现在更有精力和信心,你会做什么尝试呢?

问题六:如果有人认为"钱不是问题",那你会做什么样的尝试呢?

问题七:如果你拥有所有的力量,那么你会做什么事情呢?

4. 行动计划

最后一步就是行动计划,这个过程中教师要督导学生行动,确认行动的时间、行动内容、步骤、行动意愿,然后鼓励学生马上开始实施。

相关问题可以参考如下。

问题一:你选择哪个/哪些办法?

问题二:方案实施后,可以在多大程度上达到你的目标?如果不能达到,那么还缺少什么?

问题三:对于成功,你的标准是什么?

问题四:准确地讲,你将会在什么时候开始并结束各项行动或步骤?

问题五:什么会阻碍你采取这些措施?

问题六:采取这些措施,你个人有什么阻力?

问题七:你怎么消除这些外部和内部阻碍因素?

问题八:谁应该知道你的行动计划?

问题九:你需要什么支持,由谁来提供这些支持?

问题十:现在考虑一下怎么做,介绍一下你的方法?

问题十一:要完成这些行动,按1—10分打分,你的承诺是几分?

问题十二:是什么阻碍你没有打到10分?

问题十三:你可以做些什么,把分数提高到接近10分?

问题十四:为了使你前进一步,在接下来的4到5个小时内,你可以做的一个小行动是什么?

问题十五:去做吧! 现在就承诺采取这个行动!

5. GROW模型的完善和修订

约翰·惠特默爵士还强调只关注GROW模型是不够的,还需要有"觉察力"和"责任感",同时配以合适的提问技巧才能发挥有效的作用。关于觉察力,《韦氏词典》有如下描述:"觉察力意味着通过观察和诠释一个人看到、听到和感觉到的事物时的警惕而拥有的对某事物的知识等。"觉察力和责任感的关键是积极的心态,觉察力和责任感的赋能下,在GROW模型才能发挥好的作用。

在GROW模型提出之后,专业教练们在理解运用模型的基础上进行了修订和新的诠释,因此该模型呈现出多种类型多个版本的情况。例如把W作为Wrap-up的首字母缩写如图3-9所示;也有人,将GROW模型变为一个循环的过程,如图3-10所示。在图3-11中,我们可以看到增加了T(Topic主题)内容。

图3-9 GROW修正模型1

图3-10 GROW修正模型2

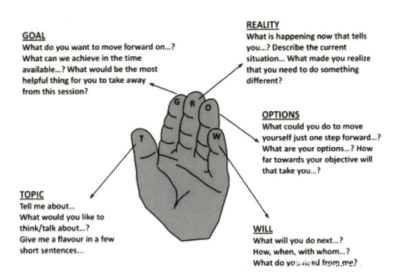

图 3-11　GROW 修正模型 3

除了以上在原有 GROW 模型基础上进行修订增加之外,也有将要素进行压缩精简的,例如 ACE 模型。ACE 模型是戴安·斯托伯博士(Dianne R. Stober)于 2006 年提出的教练模型,该模型结构包括三个部分即觉察(Awareness)、选择(Choices)和执行(Execution)。

首先,觉察(Awareness)包括 GAPS。

G 代表 Goal & Value 目标和价值,即目标是什么？对你来说什么是重要的？

A 代表 Ability 能力,即你有哪些优势或资源？

P 代表 Perception 视角,即别人怎么看你？

S 代表 Success Factors 成功要素,即成功的因素有哪些？

其次,选择(Choices),即要列举有哪些可能性,以及我们可以有哪些选择？

最后,执行(Execution),即行动计划,思考下一步具体怎样把方案落地执行。

教师用教练的方法帮助学生成长可以分为四个步骤,即厘清目标、反映真相、迁善心态和行动计划。通过厘清目标帮助被教练者看清路上的障碍、看到未来的希望、找到真实的人生目标;在反映真相环节让教练成为被教练者的一面镜子,使其在镜子中看到自己的真实状态和水平,找到自己成长提升的空间和方向,激发进步的热情;在心态迁善步骤使被教练者转换思维方式,改变心态,激发积极的心态,增强成长的动力;最后在行动计划环节,推动被教练者迈出关键的第一步,把思维变成行为,朝向目标奋勇前行。

(三)5R 教练模型

5R 教练模型大体上可以看作是在 GROW 模型的基础上加上了"关系"(Relation)的修订版,我们在项目式教学中也可以参照应用。具体内容主要包括五个方面,它们的英文单词的首字母都为 R,故称为 5R 教练模型(如图 3-12 所示)。

Refocus:调整,即重新聚焦。需要思考的问题是"思考的目标是什么(包括愿景和近期目标)？"

Reality：现实，需要思考的问题是"现实中有什么困难？"

Relation：关系，需要思考的问题是"为什么重要（与自己的关系）？"

Resources：资源，需要思考的问题是"有哪些资源？"

Responsibility：责任，需要思考的问题是"如何及对哪个目标实施行动承诺？"

图 3-12　5R 教练模型

1. 调整（Refocus）

主要指对目标的重新聚焦，包括引导学生对未来成功画面的想象和对近期目标的观照。心理学家指出，如果要实现目标就要求对未来理想的状态想象得越真实越形象越好，比如想要一辆车，仅仅说"我想买辆车"这么简单的语句不够形象，最好是能够想象出想要买的车的颜色、品牌、型号等更具体的特征。这方面可以使用"梦想板"技术。所谓梦想板，就是用图片组合的方式把自己对未来梦想美好生活的憧憬张贴在看板上。具体的操作方法是，首先聚焦锁定自己的目标，然后用图片的方法把它逐渐实体化，在梦想板的旁边最好写上实现的日期（xxx于x月x日前拥有xxx），之后用注意力去刺激潜意识，用潜意识来引导行动，最终使自己的梦想照进现实。教练还可以向被教练者提出以下四方面问题。

首先，明确（Specific）：具体想谈些什么？你的目标是？具体指的是？

其次，结果（Outcome）：你期待什么样的结果？你想看到什么样的结果？要如何衡量你达到了这个结果？

再次，打分（Score）：如果对实现这个目标的渴望度打个分，你会打多少分？（1—10分）

最后，时限性（Time-bound）：这个目标从什么时候开始，什么时候达成？

在目标管理方面，则可以使用 PE-SMART 原则，即正面词语（Positively Phrased）；符合三赢（Ecologically Sound）；清楚明确（Specific）；可以度量（Measurable）；自力可成（Attainable）；相关联性（Relevant）；时间限期（Time-based）。一个按照 PE-SMART 原则设定的目标，须经过下面18条问题的考验，才能被确定是否可行。

问题一：你想要的理想和梦想有哪些？

在你一生当中，想要的实现的理想和梦想是什么？很多人认为自己的梦想自己当然知道，可是这些梦想只是在他们的脑子里，却没有把它写在纸上。即使梦想天马行空，也要记录在案，铭记于心。

问题二：它们在你心目中的优先顺序如何？

当你写了满满一张梦想清单之后,还需将它们按照心目中的优先顺序排列好。哪一个最重要就排在第一位,依此类推,排定所有的优先顺序。

问题三:你最想达成的核心目标是什么?

从你的梦想清单中,找出四个最重要的核心目标。什么是核心目标呢?所谓核心目标就是当这个目标实现的时候,可以带动其他的目标一并实现。根据一般经验,在一年之中的核心目标不要超过四个。

问题四:你想要在什么时候达成它们?

写出目标达成的明确日期,这一点非常重要,没有明确的日期就不是目标,它们还仅仅是梦想而已。所以要非常具体地写出达成的年月日,甚至几时几分。

问题五:你希望的结果具体是什么样的?

请你具体地描绘出,当你达成目标的时候,你会看到什么样的景象?听到什么样的声音?它会带给你什么样的情绪,我相信你已经明白了明确目标的力量,对吗?

问题六:你是否正向肯定地预期你要的结果?

接下来要注意的一点是,你在预期结果的时候,是否用积极、正面、肯定的语句来描述。例如"我要在某月某日之前减肥",这是不积极的,不如"我要在某年某日之前让身体变得更健康"更为正面。记住要用肯定的词语,而不是"不是""不要"等。

问题七:怎样才能知道你所追求的目标已经达成?

也就是说,你要掌握目标达成的证据。当什么样的情况出现时,你就知道你的目标已经达成了。不能设立过于模糊的目标,比如"我要身体健康"。可是达到什么样的状况才算健康呢?如果你没有明确达成的证据,就可能永远都没有达成目标的一天。

问题八:你是否能够全盘掌控达成目标的过程?

要查验一下所设立的目标的达成过程是否可以全盘自己掌控。如果不能全盘掌控,请修正你的目标,否则这个目标就是空谈,永远没有实现的可能。

问题九:目标的结果是否对其他人、事、物有利?

在你达成目标的过程中,以及目标实现的时候,所产生的结果是否符合"三赢原则"(你好、我好、大家好)?唯有当你的目标能够对周边的人、事、物有利时,才会获得更多的支持,同时你的内心也会有更多的平衡感和力量感。这些都是帮助你达成目标的有力保证。

问题十:你不能马上实现目标的原因是什么?

也就是要找出你的现状与目标之间的差距与障碍,知道暂时面对的困难是什么?

问题十一:曾经谁达成过你所想要达成的目标?

取得成功快捷的方式之一就是模仿。所以一定要先找出已经达成你所想要达成目标的人,然后去请教他、模仿他的成功策略和信念,不断地向他学习,向成功者学习,用最短的时间掌握大量的经验。

问题十二:你为什么要达成这个目标?

你必须找出足够多的理由,才可以保证你有足够大的动力达成目标。

问题十三:你必须变成什么样的人才能达成这个目标?

这句话的目的是让你找到努力的方向。想想看,当你要达成你想要的目标时,你必须成为什么样的人呢?那时的你具有什么样的信念?具有什么样的能力?会有怎么样的穿着?怎样的说话语气?还有什么样的人际关系?等等。

问题十四:你是否制定了明确而详细的计划?

没有计划就是在计划失败。所以请教练帮助被教练者制定明确而详细的计划。可以把一个大目标分割成几个小目标或者几个分阶段目标,然后为这些小目标分别设立计划。

问题十五:为了达成你的目标需要不断地采取什么行动?

根据目标,要采取最有效的行动是什么?

问题十六:你是否每天都复习你的目标?

每天都要复习你的目标,不断地刺激你的潜意识,目标一旦能够被你的潜意识接受,就更容易推动自己去实现它!

问题十七:为什么你一定会达成你的目标?

找出你为什么一定会达成目标的理由。比如说,"因为我对人热情""因为我设立详细的计划""因为我不断地学习成长""因为我不断地拓展人际关系""因为我每天都在采取大量的行动"等等。

2. 现实(Reality)

第二步是将理想照进现实,教师需要帮助学生找出二者之间的差距究竟在哪里?最关键点哪里?最大的困难是什么?过去的无效做法有哪些?别人的哪些观念影响了决定?自己的什么观念影响了行为?在此探索过程中,教师需要不断追问,发现影响实现目标的最关键问题。在我们行动之前经常有三类问题:"我究竟要不要做?""我做不好怎么办?""我该怎么办?"。第一类问题是无效问题,既然定了目标就不要怀疑不要纠结,很多时候人们就是在左右摇摆的时候错过了时机;第二类问题是负面问题,总是担心做不好会怎样,前怕狼后怕虎结果一事无成;只有第三类问题是真正需要思考的。

3. 关系(Relation)

将关系放置在模型正中间的位置,表示它很重要。它代表了四方面的内容,即教师与学生的关系、学生与自己的关系、学生与世界的关系、学生与目标的关系。

在个人与目标的关系方面我们可以询问以下两个问题。

问题一:即便有那么多的障碍,你为什么仍然想实现那个目标呢?

问题二:还有呢?(该问题可重复问,以便让对方增加积极的能量/实现目标的动力)

4. 资源(Resources)

在这个环节我们需要思考实现目标需要哪些必备资源,现在具备哪些?还需从其他人那里获得哪些?有什么条件不够成熟?如何创造条件获取这些资源?我们可以询问以下六个问题。

问题一:即便有那么多的障碍,你在行动上有什么变化可以帮助你达成目标呢?

问题二:还有呢?(该问题可重复问,以便让对方产生新的思考)

问题三:其中哪一个障碍解决后,其他的问题会迎刃而解?

问题四:为确保目标达成,你会选哪一个?

问题五:按这个方法去行动,结果会怎么样?

问题六:这个行动方案的目标是?

5. 责任(Responsibility)

责任意味着一种承诺,要实现目标必须有信念、有行动、有办法、有执着。很多时候不成功未必是能力问题,而是意志力问题。教学指导过程就是建立一个责任系统,这个系统不仅是本人的,更要朋友、家人、工作同事、上司等多人支持和督导。我们可以用以下三方面的问题来理清思路。

问题一:督导系统(Sponsor)。

为了让自己有一份助力,你愿意拜托哪三位你的人生导师来督导你的行动呢?你会如何与他们互动?如果做不到你承诺的行动,你愿意向他们付出什么代价?

问题二:行动计划(Action Plan)。

根据所选的方法,为达成目标,本周的行动是?每项行动要看到什么结果?每项行动的责任人?时间?地点?

问题三:跟进系统(Follow-up)。

你期待我们下周庆祝什么呢?为了实现目标,你会制定一个什么样的跟进系统?为了促进目标达成,你期待我怎么样跟进你的行动计划?

二、师生沟通技巧

在项目式教学过程中,为实现教师和学生之间的良好沟通,需要通过一起研讨来实现共同的目标。教学实施过程中具体可以使用以下提问、倾听和回应三个技巧。

(一)提问技巧

古时候,人们在参禅的过程中经常会使用"棒喝"的技巧,就是以严厉的语气提出尖锐的问题,如同在对方头上当头一棒,从而使对方达到幡然醒悟的效果。同样的道理,在项目式教学过程中,教师也经常需要用发问的形式来帮助学生理清现状和目标。其中,强有力的问题非常关键,能够使当事人在很短的时间内明白自己的困境,同时启发对方脱离困境。一位优秀的教师,往往可以用一两个问题就让当事人有棒喝之感。这些问题可以包括问当事人从来没有想过的问题,探查事物本质属性的问题,询问当事人根本动机的问题,以及超出常规思维的问题等。

在提问的技巧方面,教师可以使用NLP中的上堆下切法(Chunking:Chunk-up or Chunk-down)。

1. 上堆法(Chunk-up)

上堆法是为了使学生看到当前事情的未来意义或背后的深层意义,目的是引导对方的思考方向,使对方思考的范围更大、更宽、更高,从而化解其"绝对错误""不可饶恕"的片面认识,自觉地寻找对策,以更正面、更被接受的行为去取代过去的行为。

2. 平行法(Parallel)

平行法就是在学生已有行动的基础之上,探讨其他的积极、健康、可行的方案,通常可用"除了……还有"句型。它是谈话过程中沟通受困时有力的解决方案。为了使学生看到同一问题的多种可能性,除了使他们陷入困境的一些无效消极的方法,还有更多的有效健康的方法。

3. 下切法(Chunk-down)

下切法就是抓住学生话语中的某一点深究追问,以便缩小问题,便于找到突破点,追问到问题的核心。为了弄清楚学生内心的真实想法,在说过的内容中选出细节,把其中的某些部分放大,使之清晰,过程就像用一只小钳子,把内容不清晰的资料挑选出鉴定。随时关注对方话语中偏执或片面的词语,及时反问,形成认知矛盾,从而迅速化解。继而引导学生看到自己的概括化词语或感受背后的具体内容,进行客观判断,得出正确结论。

三种方法中,上堆法是让谈话的内容更加开阔与丰富,下切法则是看到问题更细致的层面,平行法则是找到更多选择,看到更多的可能性。从逻辑层次看,上堆法是趋向精神、信念和价值观;下切法是涉及能力、行为和环境的层次。

(二)倾听技巧

在与学生沟通时,教师需要掌握良好的倾听技巧。一般而言,教师的表达能力和表达欲望都会比较强,习惯下指令讲道理,而在启发式教学过程中倾听更为关键。倾听不仅能够收集到更多有用的信息,了解学生的思考过程,更是表达一种虚心的态度,对学生表示尊重。倾听有很多方法,此处主要推荐"3F倾听法"。3F倾听法是在非暴力对话倡导者马修·罗森博格(Marshall B. Rosenberg)和现代教练之父汤姆·斯通(Tom Stone)的研究结果基础上,由郑振祐(Paul Jeong)总结并使之系统化的技法。所谓"倾听",绝不是静静地听对方讲话,而是听出讲话的内在含义和弦外之音。倾听应该是全方位的,3F倾听就是在沟通中获取三方面的信息,即倾听事实(Fact)、倾听感情(Feel)、倾听意图(Focus)。优秀的教师在倾听人们说话的时候,会通过收集语言信息、表情动作等细微变化,用心感知对方想要说的事实、情感和意图。

1. 倾听事实(Fact)

不用自己的想法和固有观念对对方的话进行评判,客观地接受对方谈话中的信息。通常人们在对方说话时,会依据自己的经验、记忆和习惯进行主观的解释和评判。这种倾向会歪曲事实,进而产生误会,是自己做出错误的决定。所以人们需要努力把握对方话语中的客观事实。优秀的教师会集中精力关注对方叙述的事实,不加任何主观的评判。

例如:"小李同学上课经常迟到"。"经常"这个词的定义标准是什么?其实这个标准只是说话人的标准而已,也许在其他人看来并不是"经常"。这个标准并不是客观事实的反映,而只是说话人自己主观的判断。客观地叙述应该是"小李同学这个月上课迟到了三次"。我们要尽量依据事实来说话。当我们传递一个附加了主观判断的错误信息时,无论是信息传递者还是接受信息的人都会深受其害。所以正确认识事实,传递事实,能极大地降低错误的沟通产生的危害。

2. 倾听感情(Feel)

倾听感情是指在倾听事实的同时,感知对方的感情。倾听感情包括感知对方的感情,与对方共情,以及把自己的感觉反馈给对方。中文的表达意思非常丰富,有时候同样的一句话用不同的语气语调讲会体现出完全不同的意思。例如,一对男女朋友对话,相约到六点钟到某个餐厅吃饭,女孩对男孩说:"如果你早到的话,你就等着;如果你晚到的话,哼哼,那你就等着!"在教师和学生沟通的时候,由于身份地位的差别,很多话学生不一定敢于直接表达出来,教师必须敏锐地察觉学生言语中蕴藏的情感因素。

3. 倾听意图(Focus)

倾听意图是指把握对方真的想要什么,真正的意图是什么。由于表达能力差异,有些人可能不善于将自己真实的想法说出来;或者顾及其他干扰因素以及受公共场合等环境影响,涉及关键问题时人们往往会欲言又止,用时下网络语言表达就是"你懂得!"

在倾听中,除了3F的侧重点,还有三重境界。

首先,初级境界——以自我为中心的倾听。

以自我为中心的倾听是指站在自己的立场和观点进行判断,这是我们平时不自觉地采取的倾听方式。这种倾听方式经常是,精力不完全集中在对方身上,一边做自己的事情一边听;用自己的方式理解对方的话;为了证明自己正确,并在对方言语中寻找破绽反击对方;为了找出话语中的特定信息而无视其他信息;在思考接下来准备要说什么而无法集中精力。此时容易出现三种问题。

问题一:省略。看到想看的东西,听到想听的东西,忽略其他因素。

问题二:歪曲。想怎么看就怎么看,想怎么听就怎么听,想怎么想就怎么想。

问题三:泛化。不是就事论事,而是上升为更广泛的社会现象。

以自我为中心方式的倾听方式,会严重阻碍自己与周围人的关系,也会经常做出错误的决定。

其次,中级境界——以对方为中心的倾听。

此阶段的倾听已经克服了以自我为中心的阶段,会把关注点放在对方身上,针对对方的言语、态度等作出相应的反应,积极交流。要达到这种状态需要注意以下四个要素。

第一,目光交流(Eye contact):交流过程中,注视着对方的眼睛,集中精力。

第二,镜像(Mirroring):摆出和对方相同的姿势、态度、动作,尽量与对方共情。

第三,同步(Pacing):采取与对方相同步的呼吸、语速和音调。

第四,回溯(Backtracking):重复或总结对方说过的话,做出适当的反应。

通常,在与人一对一交流时,配合对方的语速、语调、态度,做出自然的反应,就能与对方形成亲密坦诚的交流。眼光接触、点头、总结对方话语中的关键词等是向对方发出倾听的信号。

最后,高级境界——直观式倾听。

直观式倾听是在交流中直观地感受对方的真实感情和说话的意图的技法。这个阶段比注意倾听的上一个层次更近了一步,利用直觉和洞察力,"听"出对方的优点和长处。如果说第二层次是集中在"能见"到"能听到"信息上的话,可以说此阶段是"能听出那些听不见的,看出那些看不见的"高超技法。直观倾听使用如下五种方法进行。

方法一:直观地感觉对方的长处;

方法二:把握对方的真正意图;

方法三:倾听对方的长处和优点;

方法四:倾听非语言信息;

方法五:与对方分享交流中不一致的信息等。

(三)复盘技巧

在项目进行过程中,我们经常要做阶段性复盘,总结上一阶段的经验教训,准备下一步行动计划。复盘的技术有很多种,这里推荐英国学者罗贯荣(Reger Greenaway)提出的动态回顾循环引导技巧(Active Reviewing Cycle)的4F技术。动态回顾循环引导技巧可以归纳出4个提问重点:事实(Facts)、体会/收获(Feeling)、发现(Findings)、将来应用(Future Use),即"4F"(见图3-13)。4F对应扑克牌的4种牌型——钻石牌、红心牌、黑桃牌和梅花牌,以便大众理解和应用。在项目式教学过程中,教师可以重点围绕这4个方面引导学生进行复盘分析,通过前期经验来复盘技术,从而提高认知。

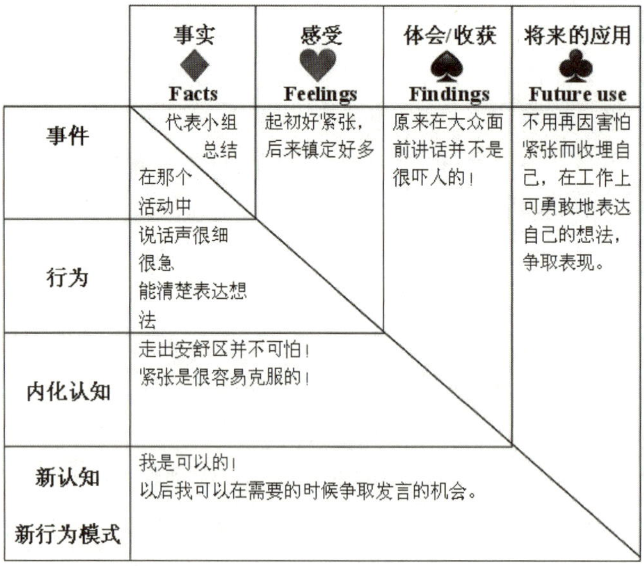

图3-13 4F复盘技术举例

1. 事实(Facts)——钻石牌

钻石牌◆代表的事实,是指最初的事件和经验。事件和经验有很多面,正如钻石的多面性,我们可以通过不同角度的观察,描述事件和经验初次呈现的印象,教师可以通过"在项目进展过程中发生了什么事""你具体是做了什么""你印象最深刻的事是什么"等问题,引导学生对已经发生的事情进行全方位的回顾,从而帮助学生思考"哪些地方做对了""哪些地方还有不完善之处""如果再做一次有什么好的创新做法"等深层次的问题。以事实为依据是最好的经验学习材料。

2. 体会/收获(Feeling)——红心牌

红心牌♥代表的体会/收获,是指个人的感觉和情绪,表达内心所要分享的主观感受、情绪或直觉。教师可以通过"你的感受如何""在项目进展过程汇总最令你紧张的事情是什么""完成任务的那一刻大家心情如何""你最深的感受是什么"等问题来了解学生的情绪和感受。情绪会让学生产生不安和焦虑感,面对00后学生尤其需要注意其情感变化。团队成员之间的争吵、患得患失的情绪、以自我为中心的意识等,都会对项目进程产生巨大影响。

3. 发现(Findings)——黑桃牌

黑桃牌♠代表的发现,是探索内心的一把铲子,表示挖得更深入。教师可以提出的问题通常是要寻找原因、解释、判断或澄清信念。经过此阶段详尽的思考,学生往往能总结出对于个人或群体有帮助的经验。教师可以通过"为何会出现这样的结果""能否描述一下你刚才在项目团队中的角色""你为什么会这样认为""你从中学到了什么""从中发现了什么""之前的生活中有无类似经验"等问题帮助学生探索内心。无论项目结果成功还是失败,对于学生都是一份宝贵的经历,因此教师需要帮助学生深度挖掘其中具有的启发性意义。

4. 将来应用(Future Use)——梅花牌

梅花牌♣代表的将来应用,是一种多维度的前瞻性思考,这种思考会帮助学生将经验转化并应用于未来的生活。将来包括行动计划、学习计划、预测未来、思考可能性,以及描述有哪些选择、想象或梦想。教师可以通过"这件事对你的未来有怎样的影响""你对将来的期待是什么""如果再来一次,你希望怎样安排""怎样才能将我们所学的应用于未来"等问题帮助学生培养前瞻性思考能力。关注未来的发展是创新创业教育中非常重要的部分,在学校学习阶段不以成败论英雄,所有学习中的得失功过都是明天成长的重要养分。

4F动态回顾循环引导技巧既可以用在项目过程中,也可以用在项目结束后,目的是层层递进,引起学生们的反思。如果把复盘的过程比作搭房子,那么4F技术就像是房子的框架,它给教师提供了一个完整系统的思路,使其能够顺着框架一步步推进。当然教师提出的具体问题,以及问法、提问顺序要根据房子的风格、主人、环境的不同作出不同的调整。

三、小组讨论工具

(一)世界咖啡讨论法

在项目式教学中经常会通过小组讨论来设计方案、提出创意、分析决策,小组讨论的效果和质量会很大程度上影响到项目的进展效率。因此,教师可以教学生一些小组讨论方法,其中特别推荐世界咖啡讨论法。该方法最早于1990年世界管理大师、学习型组织理论创始人、国际组织学习学会(SOL)创始人彼得·圣吉(Peter M.Senge)在《第五项修炼》一书中提出。世界咖啡讨论法包括自我超越、心智模式、共同愿景、团队学习、系统思考五项学习型修炼,其中团队学习是促进个人自我超越、打造团队心智模式、创建组织共同愿景、践行集体系统思考的基础修炼,而团队学习的最有效方法就是世界咖啡讨论法。1995年,国际组织学习学会(SOL)的高级顾问朱安妮塔·布朗(Juanita Brown, Ph.D.)与戴维·伊萨克(David Isaacs)合著的《世界咖啡》一书中,首次提出了世界咖啡的可视化的具体过程,详尽解析了世界咖啡的七个准则,并阐述了世界咖啡的主持艺术,被彼得·圣吉誉为"我们所有人类进行集体创造最可靠的方式",是彼得·圣吉一直践行使用的学习方法。

1. 世界咖啡的原则

世界咖啡讨论法包括七项原则(见图3-14)。

图 3-14 世界咖啡的七项原则(个中见地 应改为 各种见地)

(1)设定情景。

首先要和学生们设定讨论的情景,让大家进入问题探索的状态。进入"空杯心态"是前提,即不带有先入为主的观点,充分开放接纳他人观点。无论其他同学的观点是否和自己的相同,都要充分接受。然后,教师提出要讨论的话题,引导学生思考在提出该问题的背景、内涵及边界。

(2)营造宜人好客的环境氛围。

世界咖啡讨论法需要大家有很好的状态,场地的选择和氛围营造很关键。可以在智慧教室里进行,也可以在创客咖啡厅或者西餐厅进行。如果有条件的话,教师最好提供一些咖啡、甜品、水果或者糖果,因为美食有助于提高学生的创造力。教师可以在墙上张贴海报、名人名言等,放一些轻松欢快的背景音乐,营造良好的氛围。当然,人文氛围更加重要,每个人脸上的微笑会让大家感到舒服自然。好客的空间意味着给人带来"安全感"的空间——在这里每个人都可以自由地提供他们最好的思考。

(3)探索真正重要的问题。

在世界咖啡讨论法中,最重要的一点是发现和探索"重要问题"。基于所讨论的核心主题,教师可以提出若干个关键问题,并按照这些问题分成小组进行深度对话、洞察和创新。强有力的问题为交流网络提供了焦点和连贯性,否则对话可能会向随机方向发展。因此,教师需要精心设计关键问题来帮助学生定义方向、集中精力,并将学生的注意力引导到真正重要的事情之上。提出问题并不意味着立刻行动或解决问题,而是为了更好地引发学生探索。

(4)鼓励每个人参与贡献。

《领导力与新科学》一书的作者玛格丽特·惠特利(Margaret Wheatley)认为:"当系统以多种创造性的方式与其自身相连时,智慧就出现了。"在讨论中,教师鼓励每个人都参与并给出自己的意见,哪怕是平时最沉默的学生也应发言,并贡献自己的观点。在几轮对话中,通过在所有人之间交叉传播思想,创造一个比大多数交流圈更为广泛的、更为快速和丰富的对话互动网络。通过世界咖啡讨论法,邀请小组成员们提出自己的独特观点,参与者往往会在初看混乱且自发的观点和想法之中发现清晰的模式。在《量子领导者》一书中,丹娜·左哈尔(Danah Zohar)指出:"社会进化需要将不同的观点、思想、生活方式和传统进行重组以形成更大的、更复杂的整体。"当不同的观点和视角促进了人们的思想探索时,突破性思维就会出现。

(5)交流并连接观点。

世界咖啡讨论法的一大特点就是流动,成员在不同桌子之间来回走动,和不同的人交流,贡献出积极的想法,把新的发现、解决问题的精髓与不断扩展的更广范的人们的想法联系起来。新的模式、不同视角不断形成,人们的见解和创造性的结合揭示出人们以前未曾想象过的方法。在世界咖啡讨论法中,到处走动产生的想法也会改变参与者们常规的思维模式,使他们放弃起初固守的立场和想法。

(6)共同聆听各种见地。

每张桌子上的参与者要仔细聆听每一个团队成员的见解,并在桌布上画出自己注意到的各种想法之间的联系。在第二轮和第三轮讨论中,教师应要求每个人以一个整体的形式倾听所有人观点背后的深层假设,并将其写在桌布上。

(7)收获分享集体智慧。

当最后一轮讨论结束时,大家汇集了集体见解和"顿悟"。通过这一发现并联系潜在假设、见解的过程,参与者会对更深层次的问题达成共识(即使在其他环境中大家可能持有互相对立的观点),为可持续的未来做出贡献。

2.世界咖啡讨论法的操作流程

世界咖啡讨论法的操作流程主要有四个部分,即启动准备,规则介绍,会谈研讨和成果呈现(集体会谈)。

(1)启动准备。

教师和学生们(尤其是各项目小组的组长)明确讨论主题,明确焦点目标和体验目标,确认讨论需要达到哪些成果,以及对话中需要包含的观点,需要具备的知识、技能和经验。在设计流程时,教师要创造一个宜人的环境,从学生接受世界咖啡邀请函的那一刻就要有所体现,提醒大家注意,这不是一场普通的会议或者教学课程。教师应设计三轮讨论,带领参与者发现新的见解,构建新的集体智慧。准备完毕后,教师带领学生开启世界咖啡讨论。

(2)规则介绍。

教师应先对学生进行分组,建议每桌4至5人一组,根据总人数分为若干桌。这个阶段,教师可以向大家澄清讨论主题,介绍世界咖啡讨论的礼仪、流程,以及每个小组的角色分工。在世界咖啡讨论中,每个小组有三个角色,分别是桌主持人、旅行者以及记录员,他们的主要角色职责如下:

桌主持人的角色包括引导大家遵循世界咖啡讨论礼仪;分享之前轮次组员产生的想法;引导大家开展新一轮的讨论;践行"是的而且(YES AND)"原则,推动小组间想法连接、整合和深入;管理研讨的时间、空间和秩序。

成员/旅行者的角色包括每在一组就像家庭成员一样,积极研讨,贡献想法和智慧;

践行"是的而且(YES AND)"原则,持续传播、连接观点和想法;遵循桌主持人要求和世界咖啡讨论的礼仪;带回好的观点和看法。

记录员的角色包括认真聆听每个人的发言;在纸上记录大家的观点,最好是用彩色水笔通过思维导图的方式绘出;不断增加不同的观点;向新成员解释之前的观点;汇总大家的意见。

(3)会谈研讨。

在会谈研讨过程中,可以设定一些框架模板,比如5W2H、黄金圈等。在第一轮会谈中,桌主持人引导每位组员分享解决方案。每位组员都要思考并分享解决方案;其他组员不打击、不打断;记录员负责记录和图形化展现,正如迈克尔·施拉格(Michael Schrage)在《思维共享》一书中所说,"在人们大脑中跳跃的图像、地图和感知必须被赋予一种形式,通过这种形式其他人可以使用自己的图像、地图或感知对其进行塑造、改变或以其他方式为其增加价值。"桌主持人提问、澄清,将解决方案具体化、流程化;在既定的时间内完成本轮会谈,确保每位组员都发言。在第二轮会谈中成员换桌、换问题、换会谈对象继续会谈。桌主持人、记录员留下,其他组员按比例轮换会谈主题。第三轮会谈类似第二轮会谈,之后各组员回归原生团队,整理会谈内容,补充并完善方案,最后投票选出最佳方案。

(4)成果呈现。

成果呈现部分由全体成员参与,每个桌主持人向大家汇报自己基于大家的观点总结出来的结论和受到的启发,记录员做补充发言。最后由教师将每桌汇总的观点进行整合,产生本次世界咖啡讨论的成果。

3. 世界咖啡讨论法的关键阶段

"世界咖啡讨论法"作为团队学习有效的方式,它完全符合群策群力的"钻石模型",模型涵盖了群策群力的三个关键阶段,分别是发散、动荡和收敛(如图3-15所示)。

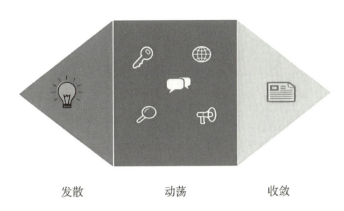

图 3-15 "世界咖啡讨论法"三阶段

（1）发散。

此阶段最重要的是要有足够多的观点输入，关键在于量大于质。当人们走进世界咖啡讨论，每个人都能畅所欲言地表达观点，这就是发散。观点没有对错，越多越好，任何一个议题都凝聚了在场的每一个人的智慧。

（2）动荡。

此阶段通常是激烈的讨论，甚至有时会带有情绪或观点上的冲突。这个阶段一定会到来，而且必须到来，是无法绕过去的。因为这是一个真正产生智慧、产生洞察，并让大家对问题产生全新观点的关键阶段。在一个咖啡馆，当每个人表达观点后，彼此间会有交流、探讨、摩擦与碰撞，形成此阶段小组贡献。更值得一提的是，在此次世界咖啡讨论里，不仅小组内有碰撞、产生观点之间的质疑，而且小组与上一小组间的观点也会发生连接、交融与碰撞。

（3）收敛。

将碰撞过的观点聚焦在一个点或几个点上，通常会有一些收敛的工具和方法。"世界咖啡讨论法"使用了同类整理、二维矩阵等方法，不仅有效地收敛聚焦，而且形成可执行的行动方案。

从实践的角度，总结"世界咖啡讨论法"的关键实施流程与核心要点如图 3-16 所示。

图 3-16 "世界咖啡"的实施关键流程与核心要点

（二）ORID会谈法

ORID会谈法也被称为焦点呈现法（Focused Conversation Method），是一种通过教师引导来开展的结构化会谈形式。该方法可以用于教师对学生项目的沟通、指导，学生小组内部的问题讨论等。该方法包括四方面内容，即O事实、R感受、I意义和D决定。

1. ORID 的含义

Objective 客观事实——教师引导学生从客观事实入手，通过观察、收集信息资料、获取证据来发现问题。

Reflective 情绪感受——教师引导学生谈谈自己的情绪感受，对某种事物的喜好、反感、开心或愤怒等。

Interpretive 意义诠释——教师引导学生思考某件事，或者某种行为带给团队的意义、启发或者洞见。

Decision 行动决定——基于以上分析得出下一步的项目行动计划和未来发展决策。

基于ORID教师可以提出一系列问题供学生们思考：

在某件事中，

你看到印象最深刻的一幕是什么？(O)

你的第一感觉是什么？(R)

对这件事，你是怎么想的？(I)

能不能把这个经验用在未来的工作中？(D)

ORID代表了我们思考的四个层次：客观性、反映性、诠释性、决定性，深度唤醒了人们的反思和学习能力。

2. ORID 的操作步骤

ORID的操作步骤分以下四步。

第一步，从客观事实出发，客观性层面的事实数据是最基本也是最重要的起点。在这个层面，每个参与者需要把自己观察到的事实数据层面的信息都提取出来，《非暴力沟通》的作者马歇尔·卢森堡（Marshall B.Rosenberg）曾说过"不带评论的观察是人类智慧的最高形式"。人们特别容易在自己看到的客观事实中加入自己的主观意见，并把它认为是客观事实，但这也就是争端的开始。所以，能够把客观性的信息"独立且客观"地呈现出来是深度对话正式开始的敲门砖。

第二步，关注反映性层面的情感体验。在小组讨论时，学生们讨论或者思考问题都会迫不及待地进入想法和观点讨论的层面，然后就会发现每个人的想法都不一样，谁也说服不了谁，分歧越来越大，情绪越来越激动，最后话题根本讨论不下去，更别说达成共识、一起行动了。以共情的方式，去相互理解大家话语背后的情绪体验，正如《情商》的作者丹尼尔·戈尔曼（Daniel Goleman）所说："如果一个人经常忽略自己的感受，他也会漠视别人的感受。"从察觉自己的反应开始，进入到深度学习和反思的状态。以理服人、以情感人，才能更好地在团队内部达成共识。

第三步，关注现象背后的意义诠释。基于客观事实、情感体验产生的思考、启发和洞察会更加深入。对于意义感的挖掘可以获得更深层次的价值。这也是学生学习项目式课程收获最大的地方，即获得超越知识和技能的认知，领悟到真正的"心法"。

第四步，行动决定。"决定性"是从思维落地到行动的关键部分，正如《学问》的作者R.布莱恩·斯坦菲尔德(R.Brian Stanfield)说的："少了决定，对话几乎就是在浪费时间。"关于项目的所有的讨论都需要最后落实到行动当中。所以，所有的讨论最后需要通过以下多个问题来汇总：

基于前面的讨论，我们的行动步骤是什么？

为了让这个项目式学习结果真正落地，你会采取什么行动？

我们最终采取的决定是什么？

下一步行动方案是什么？

这些问题让学生的焦点落在行动层面，真正促成知行合一。在ORID中，O是原点，是开始，是基础；R是深入到人心底层的探究；I是对于思维层面的高度思考；D是着眼于未来的行动计划。

3. ORID拓展

类似的模型工具有很多，除了之前提到的4F复盘方法之外，还有OADI模型。OADI模型也是一种结构性会谈工具。该模型可以简化描述为"见，解，思，行"的循环，即OADI循环。

"见(Observe)"不仅指观察，还包括通过各种渠道获得的感觉、知觉等；

"解(Assess)"是对得到的素材进行推导、解释、评估，加以理解；

"思(Design)"是对解释、评估以后的信息加以总结，形成抽象的概念、理论或模式；

"行(Implement)"则是将概念、理论付诸实践，以检验概念或理论的真伪。

其实无论是ORID(见，感，思，行)还是OADI(见，解，思，行)，其目的都是基于感性分析、理性分析、深入表象之下的洞察，产生正确的行为决定。结构化工具能够让我们的思维更加缜密细致。

（三）私董会式会谈

严格意义上讲，学生团队之间的交流互动不能叫真正的"私董会"，毕竟他们不是在真正经营一家企业，不过既然创新创业课程的项目式教学让学生们模拟企业模式进行团队经营演练，演练一下私董会式会谈也有一定启发作用。如今，中国的私董会也和当初引进这一概念时不太一样了，已逐渐从企业家之间学习交流和相互促进变成了一种集体学习的方法。

1. 私董会的特点

私董会这一组织形态诞生于1957年，由美国威斯康星州企业家罗伯特·诺斯(Robert Nourse)与其他4位CEO定期的圆桌讨论演变而来。他们为这种人脉圈内部的交流起名为TEC(决策者委员会)，后来，该组织独立发展为CEO发展机构——伟事达(VISTAGE)。私董会解决的问题是企业家面临困难时无人倾诉、无人理解、无人帮助的情况。由于企业家已经做到了很高的层次，其重要决策往往会影响企业的走向和命运，而这些涉及战略方针、重大人事调整的核心问题,由于机密原因,无法和内部高管商量,家人又不能理解,通常意义的管理咨询顾问也因为没有类似的经验而不能给出有价值的答案,因此,企业家们抱团取暖、相互支持,以私人董事会的方式彼此出主意、给建议,互相做倾听者和支持者。私董会通常具有平等性、实用性和启发性的特点。

平等性。私董会内部都是企业家、董事长,彼此身份相同,需要平等对待相互尊重。

实用性。互相给出的建议都是具有操作性的,不说空话、套话、假话,就事论事、客观评价。

启发性。彼此间能够在倾听了对方情况之后提供指导意见,因此具有启发思想、破局破圈的借鉴意义。

私董会其实不仅适合企业家,也适合学生创业团队。由于教师无论从身份、年龄还是经历都高于学生,这就造成了学生在教师面前发言有压力、不敢直接表达自己的难处,而教师也因此无法真正理解学生所面临的困境。也许对学生来说是非常困难的事情,在教师眼中则是轻而易举就可以解决的。不能真正了解学生需求和困难会给教师带来一种假象,即表面看起来诸事顺利,实际暗流涌动,导致直到一些问题暴露出来之后才被发现和重视。在这种情况下,让学生做跨小组的私董会可以帮助教师以学生的眼光看待问题,给出解决方案建议,同时学生间也可以互相给出建议,更具有实用性和可行性,提出建议的学生本人也能得到学习和提高。

2. 私董会式会谈的流程

私董会式会谈的具体操作包括如下部分内容。

第一步,让学生团队做提案,即教师让组内成员基于自己面临的问题和困难提交一个"议案"。这些"议案"必须是正在困扰这位同学的真实问题。可以是项目的产品技术难题、团队成员协作沟通问题、未来发展方向问题等。真问题才能得到有效的答案。

第二步,组建私董会。私董会必须是跨小组的,每个团队可以派一个成员参加一个私董会,尽量避免一个私董会里出现多位同一小组的成员。

第三步,问题排序。每个私董会成员抛出自己的问题,由大家一起评价,按照重要程度、紧急程度和大家感兴趣程度安排发言顺序,一个一个问题谈。

第四步,问题阐述。由提出问题的成员作为"问题所有者",向其他成员详细阐述自己面对的具体问题。阐述问题都有标准的格式:"我有_____? 这个问题是重要的,因为_____,为了解决这个问题,我已经做了_____,我希望小组能帮到我的是_____。"这个标准句式的作用是为了让问题变得更加清晰,发言人要用这个句式阐述自己的问题。

第五步,提问。由其他成员向"问题所有者"提问,帮助他明确真正的问题,在这个阶段会员只能提问,"问题所有者"也只能就问题做出回答,不得做任意发挥。这个环节很有挑战性,也是最有价值的。最好是其他成员不断提问、层层剥开问题表象,抵达问题的本质,挖掘真问题,抛弃伪问题,并让"问题所有者"重新澄清问题。对问题的甄别和澄清往往是解决问题的重要一步,很多情况下,思路清晰了,"问题所有者"就已经基本找到了答案。

第六步,澄清。经过上一轮的问答之后,"问题所有者"可以重新修正自己面临的问题,这个时候问题往往比以前更加清晰、聚焦。

第七步,分享和建议。由其他成员向"问题所有者"给出具体可操作的建议,最好是自己曾经亲历的经验和心得。通过会员自身的现身说法,给"问题所有者"提供一些切实可行的建议,帮助他们开阔思路,寻找到新的解决方案。通过这种推心置腹的讨论,还能建立信任和友情。

第八步,总结。由"问题所有者"对今天的讨论总结陈词,并给出接下来改进问题的步骤和时间表,最后总结自己今天最大的收获是什么,以及未来还有哪些可以改进的地方。

第九步,反馈。下一次私董会时,"问题所有者"会向小组会员汇报他在过去一段时间的方案实施进展,并征求下一步的建议。

如此流程持续进行,让每个成员讲出自己的问题,然后大家一起帮助他分析解决。

私董会式会谈的好处是激发学生主动性和参与度,鼓励学生们相互帮助,为他人提供解决方案。其实在此过程中,学生本人也会受益匪浅。

四、项目式教学实施标准

项目是教学的内容也是教学的方式,因此项目质量对于项目式教学的效果有着重要的影响。所以首先我们需要了解什么才是高质量的项目,掌握项目教学的实施标准,来帮助我们建设高质量项目。好的项目应该包含以下几个方面。

(一)重点知识的选择和成功素养的培养

项目设定时不仅需要关注教学大纲下各科知识的学习,同时也应关注对学生批判性思维能力、解决问题的能力、团队协作的能力和自我管理的能力的培养。仅仅对课本知识理解和学习,已不能满足当今社会的需求。无论在学校还是工作场所,又或是在日常生活中,人们都需要具备辩证思考问题、解决问题的能力,这样才能与他人进行良好的合作,并能高效地管理自我。我们把这些能力称为"成功素养",也就是众人所知的"21世纪技能"或"大学和职场必备技能"。

值得注意的是,这些成功素养的培养,需要与课本知识有机结合。举个例子,学生们很难从抽象的、与课本知识割裂的课程中获得辩证思考的能力;相反,他们是从辩证地思考数学、科学、历史、英语等具体的课程知识中逐渐培养出这种能力的。

我们建议所有的项目在设计和执行时都应该考虑如何融入以下技能的培养:批判性思维能力、解决问题的能力、团队协作的能力和自我管理的能力。当然,除此以外,项目也可能结合老师、学校、父母和社区的教育目标,培养其他能力和品质,如毅力和创新力。但我们始终相信批判性思维能力、解决问题的能力、与人协作的能力和自我管理的能力是个人未来成功的基石。

（二）开放性的问题

项目式学习的核心是解决一个有意义的问题。一个待探究或待解决的问题是一个项目的核心。这个问题可以是具体的或者抽象的。当学生能参与一个问题的探究时，他们的学习会变得更有意义。学生们学习不再是为了单纯地记忆某个考试内容，他们学习是因为他们真正地需要这些知识来帮助他们解决某个自己关心的问题。这个问题应该具有一定的挑战性，但同时，又不能困难到让学生望而却步。因此，当老师在设计或者执行一个项目时，我们建议他们将待探索的核心课题，以一个问题的形式抛出。这个环节可以让学生们一起参与。

这个问题应该是开放式的，且易于学生理解的。就像围绕一个论点展开一篇文章一样，学生将围绕某个问题进行指定课题的深入探究。

（三）持续性的探究

项目式学习的过程中，学生针对提出的问题，查找、整合和使用信息。相比仅仅从书本或者网络上查询信息，探究是一个更主动、更深入收集和调查信息的过程，这种探究的过程需要花费一定时间。在项目式学习中，探究是一个不断迭代的过程。当学生们面对一个具有挑战性的问题时，他们会提出问题、收集资料，并尝试解答问题，之后他们会提出更深刻的问题——这个过程会持续、循环直到他们得到一个满意的答案或解决方案。项目过程中需要整合不同的信息资源，有些来源于较为传统的调研方法，有些则来源于真实世界的反馈。在项目中，学生可以为自己创造的产品访问潜在用户的需求，收集客户的意见。

（四）真实性

项目的真实性一方面体现在，以解决真实世界的实际问题为目标，应用真实的工具和评估标准，成果或产品会产生真实的影响；另一方面，若项目能真实地表达学生个人的兴趣爱好或生活中关心的问题，也会为项目的真实性加分。

首先，项目是基于真实的场景。换言之，学生们正尝试解决的是实际生活中人们会遇到的真实问题。

其次，项目融入了真实的流程、任务、工具以及质量评价标准。例如，学生以专业质量为目标，来计划一个实验性调查，或者使用数字编辑软件来制作一部视频。

再次，项目会对其他人产生真实的影响。例如，学生们在学校和社区内解决一个特定的需求，或者创造一些能够被人们使用或者体验的事。

最后，项目能够真实地表达学生生活中关心的问题，包括兴趣爱好、文化、身份等。

（五）学生的发言权及选择权

在项目中教师应给予学生发言权，如此，能激发他们的主人翁意识。学生在更加关心项目的同时也会更加努力。项目中，学生们如果不能依据自己的判断来解决问题，那这种项目只会让学生觉得像是在完成作业或者是按照指令完成项目而已。学生应该尽可能地参与项目的各个环节，从提出问题到为解决问题寻找资源，再到明确团队中的角色及分工，以及最终创造一个产品。很多优秀的学生甚至可以更进一步，他们会选择课题及项目开展的方式，并自己决定想要研究的核心问题，设计调研方案，公开展示项目学习和研究的成果。

（六）反思

学生和老师在项目过程中需要针对各个环节进行反思，包括学习的内容、探究，项目执行的有效性，项目成果的质量，项目中遇到的问题及解决方案。约翰·杜威（John Dewey）说过："我们不是从经历中学习，而是从反思经历中学习。"他的观点持续影响着我们对项目式学习的思考。学生们和老师都应该在项目的整个进程中，不断反思学习的内容、学习的方法和学习的目的。

这种反思可以是非正式的，比如以课上讨论或课下对话的形式。但同时，这些反思应该被包含在项目日志、项目评价、项目关键节点的讨论及学生作品的公开展示中。

对书本知识的反思能够帮助学生巩固所学知识，并思考如何应用到项目以外的地方。对于成功素养培养的反思，则能够帮助学生内化这些技能的意义，并为进一步的发展设定目标。对于项目本身的反思，包括项目的设计和实施，能够帮助学生厘清下一个项目需改进的地方，也帮助老师们提高项目式教学的质量。

第四章

创新创业案例教学

古人云:"夫以铜为镜,可以正衣冠;以史为镜,可以知兴替;以人为镜,可以明得失。"在学习中,最直接的方法就是从他人的经验中获取启发。医学领域,人们凭借之前病案的医治方法培养医生;法学界用过去的判案实例培养律师和法官。同样,管理学中,应用案例教学也可以启发学生思维,帮助他们深度理解理论和方法,进而提升经营管理的能力。世界知名商学院都广泛应用了案例教学法,本章将介绍案例教学法的基本原理、案例采编方法和案例教学的设计实施技巧,并结合创新创业教育探讨其应用实践。

本章思维导图

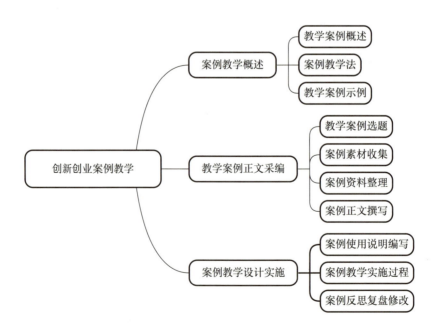

第一节 案例教学概述

案例一词译自英文 case，原词含有事例（instance）、情况（situation）、案件（law）、病例（medicine）等意思。汉语中，案例通常是指具有典型意义，可以用作例证的个案，通常是对已解决问题的一种描述方式，可以是成功的也可以是失败的，包括对问题特征、属性和原因的描述，解决问题时所用到的知识和方法，以及结果状态等。19世纪90年代，哈佛大学法学院最早在教学中使用案例对学生进行职业训练，之后医学院开始应用案例教学，1908年商学院成立之初，院长盖伊（Gay）提出在传统授课之外采用学生讨论的教学方式，这是管理领域案例教学法的早期思想萌芽。在其后的十年间，哈佛商学院鼓励企业管理者带着企业实践中的问题走进课堂，与学生们一起分享企业面临的决策与难题，学生们在课堂讨论与学习中给出自己的分析和建议，从而促进教学目标的实现。1921年，科普兰博士（Dr.Copeland）在新院长华力思·唐翰（Wallace B.Donham）的支持下，出版了第一本案例写作书籍，标志着案例教学法被正式引入管理教育领域[①]。而今，案例在管理领域、教育领域等广泛应用，成为一种常用的教学资源，案例教学也成为一种主流的教学方法，受到越来越多教师们的喜爱，诸如哈佛商学院、毅伟商学院等应用案例教学作为管理类学生的培养方式被世界各国商学院教授效仿。尤其是在创新创业领域，案例教学由于其启发性、实用性和示范性特点逐渐成为一种重要的教学手段。

一、教学案例概述

斯宾塞曾指出：硬塞知识的办法经常引起人对书籍的厌恶；这样就无法使人得到合理的教育所培养的那种自学能力，反而会使这种能力不断地衰退。教学案例往往来自真实世界发生的事情，教师或研究人员根据需要将其中关键的要素抽取出来展现给学生，通过引导、讨论和分析帮助学生产生相应的启发，使其提升认知并掌握某种方法和工具。

（一）教学案例的特征

哈佛商学院是案例教学方面的典范，他们将案例视为"在现实经验中培育独立思维的工具"，因此十分强调案例要包含企业管理实践中的"管理观点"，通过案例实现知行合一。同样以案例教学知名的加拿大毅伟商学院认为，案例是对实际情况的描述，通常包含了一个组织中某个人或某些人遇到的决策、挑战、机遇、问题或者争论。从内容上看，案例是对企业管理实践中真实情况的再现，往往围绕着特定的事件和情境而展开的。有学者认为，案例不应包含作者个人带有倾向性的观点，而应只是对真实事件的描述。由于视角的不同，学者们对

[①] 朱方伟,孙秀霞,宋昊阳.管理案例采编[M].北京:科学出版社,2014.

案例定义的界定也各有不同。他们认为,一篇好的案例是一个运载工具(保罗·R.劳伦斯),它把真实的管理情境描述带到课堂(查尔斯·I.格拉格和汉森),将汲取到的管理经验转化为知识的催化剂(特鲁),使用案例法的教师不是在课堂上讲授(唐纳德和菲利普),而是把这些真实的、特定的案例提供给学生,是要他们做深思熟虑的分析和公开的讨论,并就应该采用哪种类型的行动做出最后的决策(查尔斯·I.格拉格)。综合起来,教学案例应该具有以下四方面特征。

1. 真实性

教学案例的内容必须以事实为依据,建立在客观、真实的素材基础上。案例的资料或来自编者亲自调研的一手资料,或来自企业的内部资料、文件、数据等。即使是在访谈中的口述内容也应该通过"三角验证"确认其真实性,而不能仅仅是一人之言。教学案例是对管理实践过程中的一种实际情境的描述,讲述的是企业面对一个真实问题的思考、解决方案以及产生的后果,是对现象的动态性把握。案例的素材不能虚构或者依据作者想象模拟可能发生的情况。在一定程度上,案例和新闻类似,而不同于故事和小说。案例情节不得虚构,不能为了某种目的或效果去虚拟情境。尽管案例中企业的名称与数据有时出于保密的需要会进行适当的掩饰,根据案例需求也可能需要对原始信息进行必要的取舍与合并,但不能篡改和夸大基本事实。

2. 启发性

为了实现教学目标,案例中必须包含管理问题,具有一定启发性。有一些管理事件很特殊,可能吸引记者们的兴趣进行新闻报道,但是由于其过于少见,甚至离奇,不符合管理规律,也不适合作为教学案例。只有蕴涵着某些值得借鉴参考的经验教训或供人们分析研究的问题,能够揭示事物发展变化的规律或引起人们思想共鸣的事件才可能成为案例。在用于教学的案例中,应该通过教师和学生们的讨论、分析,实现教学目标,提升学生理论水平和解决实际问题的能力。因此,在案例素材选择时,教师需要提供管理者视角帮助学生们思考,如果学生自己面临类似情况时会如何处理,而不是站在"上帝视角"去俯视事件的原委。

3. 目的性

教学案例需要和教学目的紧密匹配,在教学中需要考虑"培养学生哪方面的能力素养""通过案例分析有助于学生对哪一种理论或工具的理解运用"等问题。通常可以从多角度分析某一个案例,我们的分析视角需要和教学目标相结合,聚焦在关键点上并突破它,避免为了求全而分散精力。根据教学计划安排,一个案例可以应用在多个章节的教学中,也可以将多个案例放在一起进行对比,强化学生对某方面理论和方法的深度理解。

4. 规范性

撰写教学案例应遵循一定的规范和要求,即使创新创业课程的授课对象是本科生,教师在撰写和使用教学案例时,也可以参考教育部学位与研究生教育发展中心的中国专业学位案例中心的相关要求,并根据学生的理解能力适当调整案例。同时,案例编写需要经过当事企业的许可,尤其是使用到企业内部资料、数据时,更应获得对方企业的授权。当然,上市公司的年报、官网上的公开信息、媒体报道等可以作为案例直接提供给学生。而一些来源未知的网络资料、个人自媒体账号撰写的文章则需要教师在认真确认其真实性后,才能提供给学生。

教学案例除了以上四方面特征外,还应有普适性,即案例应选择在同类案例中具有代表性的,同时,其解决方案有供学习、效仿、推广或警示、告诫、教育的意义。案例需要有时代性,虽然在21世纪讨论19世纪的商业现象也有一定启发性,但毕竟时过境迁,一些经营思路和管理方法也要随之改变。

（二）教学案例的类型

按照不同的思考角度,教学案例可分为不同的类型。

1. 根据案例的来源不同分类

根据案例来源的不同,案例可分为原型案例与虚构案例。原型案例通常是来源于生活中真实发生过的事情,在生活中有原型可参照。在此基础上,案例的编制者应对其进行改编,隐去某些涉及案例发生者的信息和一些教学中不需要使用的信息,从而形成教学所需要的案例;虚构案例是指案例所描述的内容是虚构的,来源于案例编制者的主观想象。虚构案例之所以存在,是因为并非所有的案例都在生活中有原型可寻,而教学中又需要用到。因此,有时候为了配合教学的使用,教师必须自行编制案例,以供教学使用。

2. 按照案例教学对象不同分类

按照案例教学对象的不同,案例可分为面向专科生层次、本科生层次与研究生层次的案例。需要说明的是,由于案例面向的教学对象不同,在教学中时要有针对性地选择案例,根据不同层次,不同学段选择合适的案例来教学,做到因层施教、因段施教。

3. 按照案例载体形式不同分类

按照承载案例的载体形式的不同,可分为文字案例、电子案例和视频案例。文字案例一般指纸质案例,是传统的案例使用方式;电子案例一般以word文档或PDF文档的形式呈现,随着信息技术的发展,特别是智能手机在大学生群体中的普及,电子案例的使用日趋频繁。当然,在具体开展小组讨论时,电子案例往往需要打印为纸质案例以方便小组成员阅读与讨论。视频案例即用视频(含音频)表现出来的案例,这类案例比较生动形象,不似文字案例一样枯燥。如中国教学案例网提供的案例。

4. 按照案例使用方式不同分类

根据案例使用方式的不同,可分为评述型案例和讨论型案例。评述型案例主要是根据案例所展现出来的真实情况,对案例进行总结或者评述性分析,让学生从中学到一些分析方法或者经验,这种案例比较适合对本科生或者专科生的案例教学使用,因为本科生和专科生的理论和实际经验不足,通过这种形式的学习,正好可以达到学习的目的;讨论型案例则不做评述分析与总结,它主要是对案例所展现的真实情况进行客观描述,供案例学习者讨论学习,一般也不会设置唯一正确的答案。这种案例更适用于研究生等高层次教育的学习需要,因为他们一般都有一定的理论知识和实践经验,通过讨论和思维启发就能达到学习的目的。

5. 根据案例的性质和功能不同分类

根据案例性质与功能的不同,可将案例划分为描述型案例和决策型案例,这是比较公认的一种案例类型划分方法。描述型案例就是描述管理故事,学生的责任是分析、评估或评价案例中所描述的客观事实。而决策型案例是描写管理情境,使学生站在决策者的角度对案例中的情境进行批判性的思考,并且为有效地解决这一问题提出建议[①]。

(三)教学案例的内容

教学案例与研究案例不同,后者通常只有案例描述和分析部分,而前者为了便于教师本人或者其他教师使用,除了包括案例正文还需要有案例使用说明。我国除了教育部学位与研究生教育发展中心的网站"中国专业学位案例中心"之外,很多专业的教学指导委员会都有自己的案例库。中国管理案例共享中心每年评选全国百篇优秀管理案例奖,MTA(旅游管理硕士)教学指导委员会也会每年评选优秀案例供大家参考学习。共享案例不仅是教师自己用,还可以让其他同行一起使用,实现教学资源的价值共享。以下参考百优案例的要求简要介绍教学案例的内容结构。

1. 案例正文部分

主要供学生阅读讨论。由于案例内容长短的不同,每一个案例的结构都有所差异。但其基本结构都是相似的,一般包括案例标题、背景介绍、案例事件描述、结尾等四个部分。另外,有些案例还有附录,附录主要是一些有关案例主题的补充材料,如一些客观数据、调查结果等。

(1)案例标题。

标题起着吸引读者的作用,每一个完整的案例都需要有标题,标题最好能够点出案例所希望表达的主旨。案例标题的选取大致有两种形式,一种形式是以案例的中心事件为题,如《加薪为何令所有人不满》《卢林的电子商务创业计划》等;另一种形式是以案例中心事件所反映的主题来构题,如《"多对多"信息传播模式下的网络营销模式困境》《九阳困局:成长性如何持续》等。

(2)背景介绍。

所有的案例都发生于一个特定的时代与社会背景之中。案例的背景介绍一般包括案例中心时间所发生的人物、时间、地点、原因、条件等各方面的基本情况,这些介绍关乎读者对案例的思考,对读者来说,是极其重要的。当然,并非所有的背景情况都会出现在案例之中,如一些关于时代经济、政治的背景已经隐喻在了案例发生的时间内,就不需要赘述。此外,对案例背景的介绍要简明、清楚。

(3)事件描述。

案例正文的主体就是对案例事件及其发生发展过程的描述。在进行事件描述时要充分围绕案例主题,去介绍事件是怎样发生的,经历了什么样的发展,产生了哪些需要解决的问

---

① 郭文臣,王楠楠,李婷婷.描述型案例和决策型案例的采编[J].管理案例研究与评论,2014(10),7(05):427-435.

题,问题的原因有哪些,怎样去解决这些问题,在问题解决的过程中出现了什么样的困难,问题解决的效果如何等。简单来说,要对案例中心事件有一个较为准确完整且系统的描述。同时,在描述时,还要注意详略得当,与案例主题相关的部分要详细描述,其他部分可以取舍。并且,极为重要的一点是要在描述过程中保持客观态度,避免个人主观情绪和观点对读者产生导向性指引,破坏读者对案例的个人认识。

(4)案例结尾。

案例结尾是一个完整的教学案例的必要组成部分,通常有多种展现形式,但一般表现为对案例的评议或反思。事实上,对案例的评议与反思也是案例编制者对案例的回顾和分析的总结过程。在这一部分,案例撰写者往往会凝练与剖析整个案例的精华部分,读者也往往能从这一部分对案例产生更深刻的认知。

2.案例使用说明

案例使用说明主要是为案例的使用者提供使用的参考。案例使用说明一般由案例撰写者完成,因为他们往往对案例有着更加清晰的认知,并且有明确的案例使用方法的构想,从而对案例使用者产生一定的指导作用。当然,案例撰写者所编制的使用说明一般是没有经过实践的,难免存在思虑不周的地方。而这些不足之处,便需要由后来的使用者补充与完善。

案例使用说明的结构主要包括以下部分。

(1)教学目的与用途。

明确该案例适用的课程与教学对象,是首先需要考虑的问题,"适用课程"需要说明在哪些类型的课堂或专题领域里可以考虑使用该案例,"教学对象"是各年级的专科生、本科生或研究生,也可以是各种课程、研习班或讨论班的非在校学生。此外,还需要说明案例的教学目标。目标通常与适用课程、教学对象有关,有些案例的教学目标针对某些课程理论或专题内容,有些则是综合性的。

(2)启发思考题。

用思考题的方式提示学生本案例的思考方向,便于学生把握案例分析的基本方向。这些问题有助于学生刚拿到案例时做好相应分析准备工作,并可以推动课堂讨论深入发展,还可强调案例的某些特殊领域。通常的思考题以2至5道为宜。在决策型案例中,常可使用这样一组标准思考题:"作为案例中的主要决策人,你对这一情景作何分析?你能考虑到哪些可选择方案?你最倾向于哪种方案,为什么?你的实施计划是什么?为了回答1至4题,你都做了哪些假设,这些假设对问题的答案有什么影响?"

(3)分析思路。

在使用说明中,要给出案例分析的基本思路和逻辑路径,如果能给出图示化的分析路径则更有利于使用者掌握案例分析的脉络。在分析思路的说明中,要明确案例的问题所在,并分析核心问题,最终解决问题。

(4)理论依据与分析。

这个部分就是提供给案例教学使用者一些案例相关的概念和理论,并对这些理论的使用和分析进行说明。这部分内容不仅仅是一些概念和理论的罗列,还需要根据案例所涉及的主题对这些理论进行相应的整理,使之符合案例分析的要求。

(5)关键要点。

每个案例都有一些关键点,这些关键之处对于整个案例的分析具有重要的作用。这些关键要点可能是由关键概念构成的,也可能是由关键信息和关键人物的背景构成的。明确了关键要点,读者解决问题就会有针对性,就会更加深入地分析案例中的问题,并有效解决问题。同时,这部分也是在为案例讨论的最后总结提供基础材料,并达到强调案例的重点,以及分析案例和解决案例办法的作用。

(6)背景信息。

案例由于篇幅所限,其正文很难包含与案例相关的事件、情景的所有信息。但是,在实际的案例讨论和分析中,有些信息对于深入讨论案例的、确认相关假设具有一定的参考价值。这时就需要在案例使用说明中补充并介绍这些背景信息。

(7)建议课堂计划。

指对案例教学过程中的时间安排及如何组织引导案例提出建议。这对于教师是非常重要的内容和环节,特别是对于第一次使用该案例的教师,更具有不可替代的作用。

以下是举例说明课堂计划如何制订。

　　该案例建议使用的教学方式:学生课前独立阅读、思考;课上组织小组讨论、小组发言,并引导全班讨论,最后归纳总结。

　　整个案例的课堂时间控制在80至90分钟。

　　课前计划:提出启发思考题,请学生在课前完成阅读和初步思考。

　　课中计划:简要的课堂前言(2至5分钟);

　　分组讨论(30分钟)告知发言要求;

　　小组发言(每组5分钟,控制在30分钟);

　　引导全班进一步讨论,并归纳总结(15—20分钟)。

　　课后计划:如有必要,请学生采用报告形式给出具体的解决方案,包括具体的职责分工,为后续章节内容做好铺垫。

(8)相关附件。

与案例正文类似,在案例使用说明中也有一些补充性、图表性、附录性的内容,可以作为案例的相关附件。这些附件是案例分析过程中的一些辅助资料,与前面的"背景信息"性质不同。

(9)其他教学支持。

这部分包括对案例教学有支持作用的手段和资料。通常包括计算机软件支持和视听辅助手段支持。

计算机软件支持。列出支持这一案例的计算机程序和软件包、获取途径以及使用建议。

视听辅助手段支持。可得到的、能与案例一起使用的电影、录像带、剪报、幻灯片、样品和其他材料。

总之,上述关于案例正文的结构说明以及对案例使用说明的框架性介绍并不是僵化的教条,只是对二者逻辑和规范的说明。有些篇幅较小的案例往往就是几个段落构成的故事,也不需要严格按照以上格式来完成。还有一些有特色的案例在结构上也有其特点,甚至信息表述的方式也不是常规的。在实际编写案例使用说明时,也可以以不同方式进行,可以是很短的非正式的私人笔记,也可以是一份很长的正式文件,总之教师应根据实际需要定夺。

二、案例教学法

案例教学法(Case-based Teaching),最早起源于20世纪初的哈佛大学。即围绕一定培训的目的把实际中真实的场景加以典型化处理,形成供学生思考分析和决断的案例(通常为书面形式),通过独立研究和相互讨论的方式,来提高学生的分析问题和解决问题的能力的一种方法。事实上,案例教学法最早可以追溯到苏格拉底时期。苏格拉底最开始以问题的形式去追问学生,从而引发学生的思考。这事实上已经具备案例教学的雏形。

(一)案例教学法特征

根据案例教学法的定义,我们可以发现其与传统教学法不一样的特征。

1. 要求学生主动独立思考

传统的教学一般是老师讲授,将书本上的理论知识灌输进学生的头脑。但这种缺乏动手实践的教学法仅仅只是告诉了学生如何去实践,而理论知识能否在实践中得到有效转化尚无法印证。同时,讲授式教学也很乏味无趣,学生难有学习的积极性,也很难取得好的学习效果。相反,案例教学法不会告诉学生该怎么做,它需要学生主动思考各种可能性,并且案例均来源于生活中的真实场景,可以使学生提前模拟实践,为开展真实的实践奠定基础。

2. 由知识灌输向能力培养转变

单纯的知识灌输对于学生能力的培养帮助有限的同时,也忽视了对学生实际能力的培养,这样会影响学生的成长与发展。案例教学则要求学生自主研究案例中出现的问题,并与他人交流,展示自己的见解。在这一过程中,学生的分析能力、解决问题能力乃至沟通交流能力等都将有较大的提升。

3. 强调师生双向交流

在传统的教学中,教师处于主导地位,教师与学生之间的沟通更多的是单向交流,学生是否真实地理解吸收了课堂内容,很大程度上需要教师依靠测验来了解,这样会使教学缺乏即时性。而在案例教学法中,由于学生需要主动思考与探究,就不可避免地需要询问教师来获得解答,这增强了师生之间的互动交流。同时,由于知识储备的差异性,学生思考出来的想法或解决方案必然有所不足,教师的作用便在于帮助学生填补这些不足,课堂也因此不再是教师单方面的表演舞台。

（二）案例教学辨析

在教学中，当教师需要生动解释某个事物时，我们常常可以听到教师说"举个例子"，而案例与举例尽管都是教学的辅助手段，都是帮助教师论证说明某个问题的，但两者间有较大的差别。首先，两者的作用不一样。举例是教师讲评知识点的手段，是教师突破重难点的方法，而案例是培养学生主动性、调动学生积极性、让学生能动学习的一种方法。其次，两者的地位不同。案例教学中，案例是核心并贯穿整个教学活动。举例则是一种论证问题的辅助手段。在教学中的地位明显没有案例重。最后，教学的手法不同。举例是知识型教学，是为了解释社会问题和现象；而案例教学是创新型教学，是通过教学的互动性让学生探索问题并形成独特见解，从而培养学生分析问题和解决问题的能力。

案例必须是实例，但实例并不等同于案例。案例有其特定的文体和书写规范，为特殊的教学目的服务。

案例不完全等同于范例，范例是指在教学中介绍的已发生的某个事件及前人处理某问题时的经验教训，多半是已解决的问题。可归入案例范畴，但不代表案例教学的主流，从教学方法论角度看，这种把别人已有的经验教训和盘托出的方法属于代理式学习，与课堂讲授并无二致。案例教学强调的是问题待解决型的案例，要求学生找出问题、诊出"病因"、开出"处方"，并在比较各项备选方案优劣的基础上做出决策。

虽然经验（教训）介绍类型的实例、范例也应属案例的一支，但课堂讲授时所举的零星短小例子不宜算作案例。即使这些小例子也来自现实发生的管理实践者或者来自第二手或第三手的管理资料，其内涵和特征仍不能达到管理案例所要求的标准。但这些举例的作用不可小视，是课堂系统讲授中一种行之有效、不可或缺的教学手段。

在管理教学中一些定量分析较多的管理学科中，有一些让学生操练运算性工具的演算性习题。这些习题往往并非抽象的、纯数字的演算，而是介绍一种具体的管理情景并提供有关数据。这些"习题"也并不能算作管理案例，因为其形式虽然与案例相近，但是在解题过程中，需将数据代入适当的公式或模型中，而且正确的答案是唯一的。这与管理案例"无标准答案"的特征不符。

（三）案例教学法评价

1. 案例教学法的优点

首先，能够帮助教师成长。在案例教学中，教师的角色具有两面性，既是教学者也是学习者。从教学者的角色来看，教师作为教学的主导者，需要掌握教学进程，引导学生思考、讨论、研究案例，以及最后总结、归纳，这有助于提高教师整体能力；从学习者的角色来说，学生在探讨过程中会形成与教师不一样的观点，能够给予教师新的视角，如果涉及教师某些知识短板，也可以促进教师优化改进自身的不足。

其次，能够提升学生的学习积极性。在案例教学中，每一个学生都参与讨论，学生的注意力需要高度集中，这种参与感能够有效地提高学生的学习积极性。

再次,能够加深学生的理论理解。案例教学的教学内容是具体的实例,其语言也一般比较形象、直观、生动,会给学生不一样的学习感受,同时,也是对理论的一次较为直观的应用,能够加深学生对理论的理解。

最后,能够改善课堂效果。案例教学与传统教学相比明显不同的一点是教师与学生的沟通由单向为主转向为双向沟通。教师不仅仅要开展教学,也要与学生一起讨论思考。学生在课堂上不是简单地记笔记,而是需要和自己的同伴以及教师共同探讨问题。"教师讲,学生听"的沉默局面因此改变,课堂的效果也能够获得大的提升。

2. 案例教学法的不足之处

案例教学法有诸多优点,但同时也不能忽视其不足。

首先,有效的案例往往比较稀缺。要寻找完全符合教学需求,并能投入教学使用的成熟案例往往很难,而要编制一个可供研究与使用的案例,又非短短几日可以完成的。这阻碍了案例教学法的推广和普及。

此外,案例教学法的要求较高。一方面,案例教学法要求教师自身对案例及其涉及的理论极为熟悉,对教师的要求较高;另一方面,案例教学法要求学生拥有一定的理论知识及分析能力,对学生的要求同样较高。这使得案例教学的开展有一定难度。

三、教学案例示例

教学案例《雪峰山:肩负企业社会责任,实现旅游精准扶贫》由湖南师范大学旅游学院的孟奕爽、邓森文撰写,该案例荣获2017年度全国MTA优秀教学案例奖。该案例只用于教学目的,仅供课堂讨论之用,并无意说明或暗示某种管理行为是否有效。

(一)案例正文

案例正文见数字资源。

雪峰山:肩负企业社会责任,
实现旅游精准扶贫

(二)案例使用说明

1. 教学目的与用途

适用的课程:本案例适用于《战略管理》《企业文化》《旅游管理理论》有关战略企业社会责任的课程教学,也可用于人力资源管理、组织行为、领导力等课程的案例教学。

适用的对象:本案例主要适用于管理类学生特别是旅游管理类专业的本科生、硕士研究生,也适用于MBA或EMBA学生的案例讨论课程。

教学目的:本案例是一篇描述民营企业雪峰山生态文化旅游公司在发展过程中践行社

会责任的教学案例,主要目的是帮助学生了解企业社会责任的基本内涵和作用,通过剖析旅游扶贫过程中旅游企业责任体系的构建,了解企业参与的旅游扶贫过程中履行社会责任的内容和特点以及产生的效果和影响。使学生在领悟企业家精神的基础上,思考民营企业在旅游扶贫过程如何把履行社会责任与贫困人口的利益融为一体,以及企业参与实现旅游扶贫的路径和内在机理。

2. 启发思考题

问题1:在旅游扶贫工作中,企业自身与贫困人口之间的利益是否存在冲突?

问题2:除了从事慈善事业外,企业的社会责任还可以体现在哪些方面?

问题3:你认为应该如何准确把握企业社会责任的内涵和边界?

问题4:你如何看待雪峰山生态文化旅游公司在履行社会责任方面的表现?

问题5:如何处理好旅游扶贫工作中企业与利益相关者的关系?

问题6:如果你是董事长,你认为雪峰山生态文化旅游公司今后的社会责任实践应该如何更好地发展?

3. 分析思路

教师可以根据自己的教学目标(目的)来灵活使用本案例。这里提出本案例的分析思路,仅供参考。

首先,列举目前旅游扶贫工作中所存在的阻碍因素,引入以企业开发为主体的旅游扶贫模式,探讨企业的参与给扶贫工作带来的积极推动作用,延伸出企业社会责任的概念;然后梳理代表性观点,归纳总结企业社会责任中的责任范畴边界,建立案例分析的理论基础。

其次,依据理论框架分析雪峰山生态文化旅游公司的社会责任实践行为。

再次,结合雪峰山公司董事长实践企业社会责任的行为,讨论企业社会责任如何融入旅游扶贫工作,对于扶贫工作产生的效果和影响。

最后,引导学生通过分析企业使命和价值取向、企业发展与贫困人口利益的内在关系,寻找企业社会责任与企业价值的正相关性,以此说明企业履行更多的社会责任不仅能够为旅游扶贫等社会工作带来巨大驱动力还能够提供企业自身的价值。具体分析思路如图4-1。

针对问题1,扶贫开发贫困地区的发展是我国一项伟大且具有重要意义的复兴历史工程,近年来的实践证明,通过发展旅游的确是一条帮助农民脱贫致富的好途径。旅游扶贫是当前的热点话题,到目前为止,中国的旅游扶贫工作中现有的模式以及产生的效应有哪些?而对于接下来的旅游扶贫工作的展开有哪些阻碍因素?企业参与扶贫能够发挥出什么作用,能否带来新的积极的影响?在这种情况下企业如何在扶贫过程中肩负好企业责任?引导学生了解企业社会责任的重要性以及掌握案例的背景。

针对问题2、3,自企业社会责任思潮出现以来,关于企业社会责任的性质与边界就一直处于争论中。迄今为止,究竟什么是企业社会责任、它的具体表现是什么、如何评价它、如何让企业接受并自觉履行社会责任等问题在理论界和实践中并没有形成共识。因企业社会责任的性质不明确、边界模糊,以致存在大量企业社会责任失范行为,而社会对企业承担社会责任的期望要么过低,如只要利润最大化;要么过高,如将企业视为慈善组织,过分加重企业的责任负担等。这些情况都不利于企业和社会经济的健康发展。因此,正确理解企业社会责任的内涵与边界是关于企业社会责任理论研究与实践的重要基础和根本前提。通过提问,很容易引发学生们热烈的发言,为整个案例的讨论营造良好的氛围。首先,可以提问"企业社会责任的内涵究竟是什么?"的问题,请学生们说说国内外代表性观点有哪些?并在黑板上板书出来;然后,继续提问"企业需要承担哪些社会责任、相关各责任的范畴与边界是什么?"等问题,引导学生自己归纳和总结,逐步使学生认识到企业社会责任中的责任范畴、利益相关者理论以及企业公民理论等知识点。

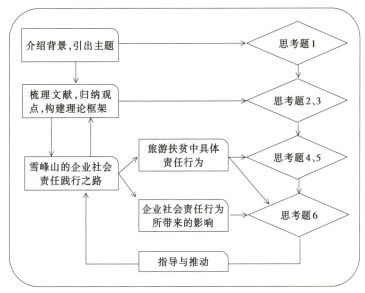

图 4-1　案例基本分析思路图

针对问题 4,可以先请学生们在案例中找出雪峰山生态文化旅游公司在旅游扶贫过程中有哪些行为或所做事情体现了企业社会责任,在黑板上按企业公民责任范畴将上面的内容设计成一张表格,把同学们列举出来的内容相对应地填入黑板上的表格。

针对问题 5,首先,可以请学生们列举出旅游扶贫过程中企业有哪些利益相关者,并在黑板上板书出来;然后,引导学生通过对案例的归纳总结,寻找雪峰山公司与利益相关者实现利益共生局面的途径,从而使学生认识到雪峰山旅游公司在扶贫过程中切实肩负企业社会责任的实现路径;最后,引导学生结合雪峰山公司的实践行为(也可以适当引入其他民营家企业的实践行为作为辅助)从内在人格、思维方式、价值追求、商业信仰等伦理精神维度,遵循信仰体系——行为选择——企业社会责任制度的路径深入思考企业家社会责任的作用机制。

针对问题 6,可引导学生基于已有的理论,并结合案例企业的社会责任行为,通过分析企业使命和价值取向、企业发展与贫困人口利益的内在关系,寻找企业社会责任与企业价值的正相关性,来说明企业履行更多的社会责任不仅能够给旅游扶贫等社会工作带来巨大驱动力还能够提供企业自身的价值。

4. 理论依据及分析

(1) 企业社会责任的内涵以及类型。

企业社会责任一直是企业界和学者们比较关注和颇有争议的问题,但追根溯源,对于这一种论题的辩论最初是从霍华德·博文(Howard R. Bowen)的《商人的社会责任》(1953)一书开始。博文论证说,如果企业在决策中认清了更广泛的社会目标,那么其商业行为就会为广大社会带来更多的社会和经济利益。此后,国内外学者掀起了对企业社会责任的争论,在社会责任理论中,其最为主要的观点便是企业需要对其利益相关者承担一定的经济、慈善、法律、道德等社会责任。还有观点认为企业作为社会基本组成部分对整个社会做出一定付出是其社会责任的基本要求,企业的责任不仅是谋求企业发展的最优化,而且是谋求社会发展的最优化。我国中小企业的社会责任包含三个方面,分别是核心利益相关者的责任、社会公众的责任和管理过程当中的责任,在这三个方面中对中小型企业社会责任贡献率最大就是核心利益相关者责任,而社会公众责任处于次要,这两个方面之间会存在一些彼此促进的作用。因而对于企业的社会责任与扶贫工作的关系而言,加大扶贫力度并不是无止境地要求相关企业做慈善公益事业,而是首先要遵循自利与利他之间的辩证关系。

由于各个企业应对社会问题所采取的行为模式不同,迈克尔·波特(Michael E.Porter)和马克·克莱默(Mark R. Kramer)(2006)把企业的社会责任分为反应性社会责任和战略性社会责任。企业反应性社会责任主要表现为做一个良好的企业公民,关心各利益相关者所关注的社会问题,或减少企业经营活动已经产生的或可能会产生的负面影响。每当我们国家出现重大灾难,国内很多企业会伸出援手,如为防治非典捐款、为困难职工捐赠衣物、为福利院儿童赠送牛奶、为贫困中小学生捐赠助学金、开办"宏志班"等等,都是企业反应性社会责任担当的良好体现。与企业反应性社会责任不同,企业战略性社会责任的目的在于寻找能够为企业和社会创造共享价值的机会,在解决社会问题的同时获取可持续的竞争优势。

贾玛丽(Jamali)(2007)认为企业战略性社会责任的核心是通过履行企业社会责任来获得商业利益,即通过做好事来获得好处。企业战略性社会责任又分为企业"由内及外"的价值链创新和企业"由外及内"的竞争环境投资两种类型。其中,前者是指企业为解决社会问题而进行的企业价值链创新,从企业内部价值链的基本活动与辅助支持性活动中,尽可能消除企业经营活动所造成的负面社会影响,同时尽可能创造出既实现社会价值又实现企业战略发展的机会;后者是指通过投资竞争环境中某些能够促进企业竞争力提升的社会项目来创造共享价值,使社会目标和经济目标统一起来,并建立起企业与社会的共生关系,进而将履行企业社会责任与公司战略发展前景紧密融合。当然,如果能够同时履行这两种企业战略性社会责任,那么就能使两者相互促进和强化,效果也会更加显著。以下为"企业战略性社会责任的过程模型"。

本案例中,雪峰山生态文化旅游公司把贫困人口利益放在核心位置,通过与当地居民的合作共赢,实现旅游精准扶贫,并且通过文化传承与环境保护使扶贫模式具有可持续性。

(2) 利益相关者理论。

利益相关方是指在企业的内部和外部,与企业经营业绩相互关联的任何个人或组织。

1984年弗里曼(Freeman)正式提出利益相关方理论,此后该理论越来越多地被应用于企业社会责任的研究。利益相关方理论在企业社会责任问题上的主要观点:企业不仅应对股东利益负责,还应对其他利益相关者负责。一般情况下,企业主要的利益相关方有股东、员工、消费者、政府、社区和商业伙伴等。企业要想获得长远性发展,应从以下三方面处理好与利益相关方之间的关系:

首先,通过承担企业战略性社会责任收获丰厚的商业利益。企业积极主动承担社会责任为公司长期发展创造了更为有利的外部环境,获取更多的未来利润。在制定发展战略时,企业能够注重在基于诚信理念获取正当商业利益的同时,为社会福利做出应有贡献。

其次,通过对利益相关方的辨识明确企业社会责任的重点。企业通过协调促进所有利益相关方的综合权益最大化,达到经济效益、社会效益和生态效益的协调统一。

最后,通过企业愿景反映公司的社会责任价值观。

(3)企业公民理论。

企业公民这个概念来源于"公民"与"企业"这两个概念,它与后两者既有扯不断的联系,同时也在二者相互规定中获得新的内涵。对构成企业公民的企业与公民两个概念入手进行分析,明确企业公民对二者内涵的选择与扬弃,以获得其内容主旨。用企业公民这一术语来指称一个不同于个体公民和传统认定的企业的独特而复杂的角色的规范意义,是为了重点凸显其蕴涵的责任向度。企业公民的责任向度是在公民的理论背景下讨论的,因此,它一定是作为权利对立统一体的责任。这种责任加诸企业,并非对企业的道德苛求而是企业自身长期发展的结果,也是社会发展的必然要求。

5.背景信息

(1)旅游扶贫现状。

随着旅游业的发展会带来国内财产的移动和再分配,旅游业实现了财富从发达地区向不发达地区的转移,旅游地区的很多人可从旅游的直接收入中得到益处。1991年贵州省创造性地提出了"旅游扶贫"的观念,几年来取得了一些实际效果。一是景区周围农民普遍脱贫致富;二是活跃了农村经济;三是给县域经济注入了新的活力,带动了其他产业迅速发展。据不完全统计,全国通过旅游开发而脱贫致富的人口已有300万人以上,旅游业在脱贫致富中发挥了突出作用。当前,我国旅游扶贫开发的热潮方兴未艾。国务院9号文件充分肯定了旅游业的扶贫功能,明确提出要规划建设一批旅游扶贫试验区。2000年,国家旅游局(现文化和旅游部)在国务院扶贫办(现国家乡村振兴局)的大力支持下,在有中国"贫困之冠"之称的宁夏回族自治区西海固地区设立了第一个国家级旅游扶贫试验区——六盘山旅游扶贫试验区。随后,一批国定、省定旅游扶贫试验区相继成立,许多贫困县甚至乡村也都充分利用本地方独特的旅游资源搞起了旅游业。目前,我国中西部地区的不少地方,如云南、新疆、四川、贵州、西藏、湖南、湖北、河南、陕西、山西等地,都已经开发了一大批旅游资源,在促进地方经济发展中发挥了重要作用。目前现有的扶贫模式在开发过程中也存在某些问题,需要解决。如扶贫目标被置换,扶贫区居民收益不均等。

(2)旅游企业社会责任缺失。

在旅游扶贫过程中,部分旅游企业仍然存在社会责任缺失的问题,如过分注重旅游业的经济效益而忽视了环境保护、旅游配套设施缺乏规划等等问题,阻碍了企业深度参与旅游扶贫工作。

6. 关键要点

(1)分析关键点。

本案例详细地描述了雪峰山生态文化旅游公司在旅游扶贫过程中肩负企业社会责任的实践的始末,力图为读者还原其中的关键环节,使其感受其间的艰难,体会其意义,了解企业是如何将自身发展与社会责任结合起来的,又是如何与利益相关者沟通合作实现共赢,并与贫困人口形成利益共生局面的。在进行案例分析和讨论的时候,需要把握如下关键点:

首先,雪峰山生态文化旅游公司在众多旅游企业中如何能将企业社会责任思考得如此深刻,并且践行的效果如此令人称赞,这和雪峰山公司的成长历程,其创始人的个人特质以及其经营理念有关吗?在带着这个问题通读案例的时候,也要能从中理解雪峰山生态文化旅游公司的企业社会责任理念。

其次,通读案例的时候要格外关注雪峰山生态文化旅游公司的社会责任实践是与当地的贫困居民的利益紧密相连的,并且在扶贫过程中,肩负保护历史文化的责任。实现旅游扶贫与公司的可持续发展。

再次,雪峰山生态文化旅游公司在社会责任活动不同发展阶段面对的主要利益相关者不同,沟通方式也不同。在阅读案例时要注意不同阶段的主要利益相关者是谁,企业负责人采取什么样的方式与其沟通。

最后,雪峰山生态文化旅游公司将自身的发展与利益相关者及社会大环境紧密相连,将企业社会责任同企业战略及日常运营紧密相连,形成一个良性循环系统,互相影响、互为带动。

(2)能力点。

运用理论工具分析和解决实际工作的能力;管理能力,分析和综合能力;批判性的思维与决策能力。

7. 建议教学计划

本案例可以作为专门的案例讨论课来进行。如下是按照时间进度提供的课堂计划建议,仅供参考。

> 整个案例课的课堂时间控制在70分钟。
>
> 课前计划:提出启发思考题,请学生在课前完成阅读和初步思考。
>
> 课中计划:简要的课堂前言,明确主题(2—5分钟)。
>
> 分组讨论(30分钟),告知发言要求。
>
> 小组发言(每组5分钟,控制在30分钟)。
>
> 引导全班进一步讨论,并进行归纳总结(15—20分钟)。

课后计划:如有必要,请学生采用报告形式给出更加具体的解决方案,包括具体的职责分工,为后续章节内容做好铺垫。

第二节 教学案例正文采编

一、教学案例选题

朱方伟教授在《管理案例采编》一书中提到,有两种案例采编需求来源,一是从教学出发,基于教学目标系统地搜集案例素材、编写案例;另一种是从实践出发,在现实中发现典型的案例素材,受到启发,然后编写案例。这两种案例编写的范式如图4-2所示。对于创新创业教师来说,这两种情况都会出现。

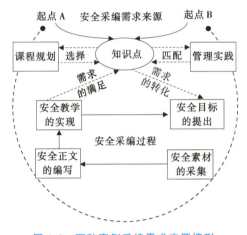

图4-2 两种案例采编需求来源情形

通常情况下,教师在备课过程中如准备用案例教学法完成某个章节的教学目标,就需要着手寻找相应的案例。便捷的途径是在管理案例库或者案例教材中发现合适的案例,稍微加工处理后,成为符合自己要求的教学素材。当然,如果没有发现适合的案例就要自己编写。另一种情况是教师持续关注创新创业实践中的新现象、新问题和新企业。例如瑞幸咖啡开创了新的商业模式,受到市场追捧,又因财务问题遇到困境,但近几年通过不断努力,重新崛起。类似的案例说明,商业环境的快速变化需要我们持续关注,挖掘其中的规律,向学生们展示一个丰富多彩的世界。

(一)明确教学需求

作为教师,我们的首要任务还是完成教学目标,因此案例采编的起点往往还是教学需求。我们可以根据课程的知识目标、能力目标和态度目标来选择案例主题与对象。

知识目标是学生要实现的知识学习的内容和水平,包括对相关核心概念或理论的理解和掌握,对相关工具与方法的熟练运用,对相关议题或观点的学习与认识。知识层面的课程教学目标与案例的选题、内容和难易程度紧密相关,是案例教学所要达成的基本目标,为案例采编需求提供了基础的知识目标。例如,当我们讲"商业模式画布"时可以分析盒马鲜生的案例。对比其他生鲜超市,盒马鲜生的优势和创新在哪里?应用商业模式画布进行解析可以更加清楚其成功的关键之处,同时学生们能够更深入地理解商业模式画布这一工具。

能力目标包括通过课程的学习,学生可以提升诸多能力,比如作为创业者需要具备的问题分析能力、逻辑思维能力、想象能力、语言表达能力、团队合作能力等。

态度目标是教师希望学生在学习中加强的理解能力,一般针对某些问题、观点、组织或特殊人物,建立或重构自身的某些观念或看法,之后教师需要引导学生建立某种正确的态度。这种培养目标旨在全面发展学生的心智模式和素质修养,近几年备受关注的课程思政就是非常重要的态度目标。

当然,案例教学中以上三个教学目标是相互融合、共同培养的,我们可以把教学目标贯穿于案例之中。

(二)选择典型案例

案例的选择经常被比喻为"找一头会说话的猪",猪是大家熟知的家畜,案例一定不能过于求新求异,分析一个过于罕见的现象很难发现普适性规律。当然,在众多的猪中间,有一头"会说话"的很少见,这个会引发我们对这个现象的关注和思考。案例选择可以从几个角度出发,一是行业里的头部企业,在激烈的市场竞争中为什么这几家企业脱颖而出?其成功秘诀是什么?在网约车市场,滴滴是一个特殊的存在,早期一起发展的"快的"和它竞争,失败后被收购,最早涉足网约车行业的"易到"也因资金问题深陷困境不能自拔。滴滴成为网约车的头部企业后,又成为众矢之的。在成长和发展中的波折和问题,恰恰是我们在案例分析中需要重点思考的。二是新兴行业的典型代表,随着直播带货的火爆,主播背后的MCN公司开始备受关注。例如,美腕(美ONE)不仅捧红了很多主播,同时探索出了一套主播孵化的商业模式。众多KOL们活跃在各类电商平台,改变了人们的传统购物模式。三是传统行业的新势力。新能源车是近几年快速发展的新领域,除了吉利、比亚迪等传统国产车企外,理想、小鹏、蔚来等造车新势力的发展突飞猛进。新能源车不是简单地改变了车的动力系统,而是重构了车的操控系统。很多新能源车的营销模式也从4S店变成了大型商超中的展示平台直销加4S店的模式。当我们步入大型购物中心时往往在最显眼的地方会看到各类新能源车的样车展示台。当然,还有一些曾经的头部企业的失败案例也值得关注,很多时候失败给我们的警醒甚至超过成功的启示。

明确教学需求和选择典型案例有时候可能会交叉进行,要让学生掌握某种知识、理论或者方法,可以从多角度入手,我们可以比较之后选择最合适的案例;同样,一个案例可以分析的侧面也很多,选择其最有典型性的部分展示给学生。案例采编的全过程就是围绕教学目标展开的一个不断选择或匹配需求、转化需求和满足需求的过程。

（三）匹配学生能力

著名学者亨利·明茨伯格（Henry Mintzberg）曾说过："管理学应该是种实践,它将大量的管理经验,一定程度的洞察力和一些科学分析结合在一起,使得管理教育进行反思重构,把管理教育与管理开发带入一个新的境界。"在案例教学中学生是核心,拥有判断与评价案例使用效果的最终权利。一个合格的案例不仅要考虑学生的学习目标、学习能力,还要考虑学生的学习兴趣与特点,满足学生的偏好需求。一篇充分迎合学生偏好,对学生有吸引力的案例可以给学生留下深刻的印象,更加有效地实现案例教学目标。因此,对于学生学习偏好、学习能力的了解,也是案例需求识别的必备基础之一。受个人的教育、经验和文化背景的影响,学生的学习偏好可能表现为对所学知识理解能力和接受程度上的差异。有一年的高考作文题目是和共享单车相关的,就曾受到很多考生、家长和老师的质疑。当时共享单车是一个新生事物,一些大城市的孩子相对熟悉,但是一些小镇学生从未见过,这就造成了地域认知差异。同样分析奶茶的案例,和身处长沙的学生谈"茶颜悦色",他们很有亲近感,而其他城市的学生可能更熟悉"喜茶""蜜雪冰城"或者"一点点"等奶茶品牌。另外,与"00后"的学生分析《英雄联盟》《王者荣耀》《绝地求生》等游戏背后的商业模式,他们可能很有兴趣,哔哩哔哩和小红书的商业故事也会让他们兴趣盎然。兴趣是最好的老师,对案例的深层次探索欲望可以激励学生们不断学习。

在案例编写和教学过程中还要注意难度适当,当前管理案例库里较多的是MBA案例,工商管理硕士方向是最早开展案例教学的,其案例比较成熟,不过针对研究生培养的案例应用于本科教学有点难,我们需要做适当处理。可以应用案例难度立方体模型（见图4-3）有效地实现难度匹配。该模型通过分析课程教学大纲、学生培养计划和学习偏好描述,具体定位课程面向的学生的学习目标和能力水平,然后与案例难度立方体的三级维度、三级难度相匹配,得到学生对案例采编的难度需求。

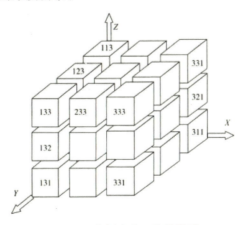

图4-3 案例难度立方体模型

注：X代表分析维度；Y代表概念维度；Z代表表述维度

学生的知识学习、能力锻炼和思维转变目标是案例难度定位的基础依据,在难度匹配中,分析维度中主要锻炼的是学生对具体情况分析后做出决策的能力,概念维度的主要挑战是参与者正确理解相关理论和技术工具并加以应用的能力;表述维度以锻炼参与者选择、分类、处理和组织复杂信息的能力为主。三个维度中不同的难度定位对应的学生培养目标也各不相同,具体的匹配情况如表4-1所示。

表4-1 案例难度与学生培养目标的匹配

维度	难度一	难度二	难度三
分析维度	案例不仅提供了问题发生和决策所需的背景信息,还包含了较为完整的决策过程。学生仅需要对案例中做出的决策进行分析与评估:判断决策的适用程度,评价决策的标准是否合适,思考备选方案的适用性,制订合适的实施计划等	案例提供了问题发生和决策所需的背景信息,同时描述了问题的表现。学生需要确认问题、分析问题并且制定备选方案和决策标准;对于备选方案做出合理性的评估并做出定性或定量的分析决策;制订行动和实施计划;确认遗失信息等	案例仅仅提供了故事发展的现状,既没有点明案例关键问题,也没有后续的应对方案。学生必须能够评估情境,确认困难、问题和挑战
概念维度	案例中包含的概念和理论较为简单,容易被学生所理解,或是在案例中进行较为清晰的讲述,而不用在课堂上进行额外的了解,学生也能够将单个简单的理论或概念应用于具体的案例问题或困难上	案例中包含的概念和理论较为复杂,需要通过一些课堂讨论、解释和教师的帮助,学生才能够学习并掌握案例的相关理论或概念,能够应用单个复杂概念	案例所涉及的概念和理论较为复杂且不易理解,学生需要掌握并运用多种可能与案例问题相关的理论和概念。但是学生需要在课堂上接受并听取大家的讲解,获得大量的帮助,将这些理论整合并深刻体会整套理论中的复杂部分
表述维度	案例的文字表述和内容布局清晰,所揭示的潜在信息也较为容易理解;学生能够正确且用时较短地分析一个结构清晰、信息简明扼要且完整的案例	案例文字的表述和内容布局较为复杂,是经过设计的,表面上看信息较为混乱,但学生能够通过较为深入的分析将案例的部分混乱结构梳理清晰,且对于信息冗余或不完整的案例能够正确进行分析和取舍	案例文字的表述和内容布局复杂,可能设计了较多的无关信息,或是故意缺失了某些信息,学生需要花费较多的时间,或需要教师的指导才能分析出案例的全部潜在信息

资料来源:朱方伟.管理案例采编[M].北京:科学出版社,2014.

二、案例素材收集

在正式开始案例编写之前需要掌握大量案例对象资料,获取的方法有很多,常用的有文献法、观察法、访谈法、座谈法、实验法、问卷法等。

(一)文献法

文献的形式有四种,即书面文献、统计文献、图像文献和有声文献。

书面文献是指用文字形式叙述的资料,包括正式档案、公务性文献、报刊、个人文献和间接文献。其中公务性文献包括会议记录、机关部门决议、业务备忘录、演讲稿等。在正式接洽目标企业之前,我们可以通过间接文献来了解基本情况。间接文献主要包括各种出版物,如报纸、杂志、地方志,以及报告文学等纪实作品。这些正式出版物的文献真实性较高可以作为主要参考资料。除此之外,官网、年报、研报等可信度也很高。其他的网络媒体文章、自媒体文章内容仅供参考,需要确认其真实性之后方可使用。正式档案和公务性文献需要经企业授权后才能获取和使用,尤其是涉及企业内部管理、商业机密、技术资料等要特别注意保密,需要经处理后才能写进案例中。

文献法收集资料的优点:费用低廉,容量很大;可以进行纵向考察研究;可以解决不能亲身接触的问题;对于以前发生的事件,有时文献可能是唯一可靠的资料来源。缺点:文献的倾向性有时会影响案例的真实性。文献作者各自的写作目的不同,但初衷都不是为了写案例准备的,因此有时保留下来的文献资料大多已经经过筛选,难以恢复事件发生的本来面貌。即使是完整保存下来的文献也会有许多局限性,所以虽然文献浩如烟海,但真正有用的也许并不太多。

(二)访谈法

访谈法是收集案例资料时经常使用的方法,它以个人被访问者的沟通交流内容为基础,目的在于了解案例的细节资料,或一些有争议、差异性较大的问题。访谈法实施之前,访谈者最好大致了解事件的基本情况,并基于调研目标拟定访谈大纲。如果可能的话,提前发给被访问者,请他提前考虑和准备,提高访谈效率。结构化访谈可以参考表4-2所示框架。

表4-2 结构化访谈

进程	步骤	具体内容
开头	寒暄致谢 说明来意 明确目标	您好,我是此次案例调研工作的指导老师×××,这是我的助手×××,负责记录。在此之前已经获得了公司×××的许可,对一些问题进行了调研,我们的谈话会被录音,作为资料整理,请您开诚布公地谈谈对×××的想法,您的观点会对案例的撰写非常有帮助。 再次感谢您此次能够抽出宝贵的时间支持这次访谈工作
提问	预热 背景信息	(一)主人公个人经营背景 例如:您可以介绍一下您从事这个行业的情况,如从什么时候开始从事这个行业的,为什么选择这个行业?是什么吸引您进入这个行业?进入这个行业的最原始的想法有哪些?

续表

进程	步骤	具体内容
提问	线索	（二）主人公遇到的问题 例如：请您简单地描述一下进入这个行业的1—3年所遇到的经营上的挑战与困惑？包括开发客户时遇到的困难和维护客户时遇到的挑战，以及面对这些困难，您破局的方法 （三）具体的案例故事 例如：(1)开发客户的困难事件。请具体描述在经营过程中遇到的一件具体的挑战与困难(时间、地点、人物、事情的发生经过，以及你当时的所想、所做)。 (2)开发客户的成功事件。请具体描述在经营过程中最成功的一个大客户的客户案例(尤其是如何开发，成功吸引该大客户的具体时间、地点，以及客户的特点、类型、整个过程与细节) （四）经验总结 例如：请问成功经营的业绩指标是什么？在经营的过程中，如何达到该业绩？是什么原因促成了该指标的达成？是哪些要素、关键因素(包括自己当时的做法)带来了成功的结果？ （五）具体的案例故事 例如：(3)大客户的成功开发与维护案例。 可以具体分享一下您第一个大客户成功开发与维护的案例吗？请您花费1分钟的时间思考和酝酿一下(具体的时间、整个开发维护的过程)
	深挖事件	（六）具体的案例故事 例如：(4)品牌建设—维护成功的案例 可以具体分享一个关于品牌建设、产品陈设呈现的具体的成功案例吗？请您花费1分钟的时间思考和酝酿一下(具体的时间、整个开发维护的过程) （七）主人公未来美好的展望 面对未来的事业，您有何展望与憧憬？ 面对身边的更多在路上的经销商们，您有什么祝福和期望？ 感谢您的分享与交流，我也受益匪浅
结尾	致谢	以上是否有不便公开的内容，如果有的话，请说明一下，我们会做技术处理
	掩饰	可能有些信息我们还需要通过邮件或电话沟通的方式跟你您再次确认
	二次访谈	

当我们需要了解更多信息，或者需要大家相互启发和促进的时候，也可以使用座谈法。其作用和操作方式基本与访谈法相同。不同的是，案例编写者要同时与几位甚至更多访谈对象交谈。一方面，多人在一起交谈，可以烘托出良好的交流氛围，参与访谈的人会相对放松。另一方面，由于参与的人比较多，发言的人常常会有所顾忌，这会影响所收集资料的真实性。

（三）观察法

为了收集到更多有价值的信息，或者验证已经收集到的信息，我们还可以使用观察法。观察时可以采用无干扰式观察，即作为旁观者，在工作场所默默观察人们的行为，收集有价值的素材；也可以使用参与式观察，即作为客户，体验产品或服务，在过程中提出相应的问题，观察工作人员行为。

（四）问卷和实验法

在撰写研究型案例的过程中，会用到问卷和实验法，主要用来收集一手数据，通常会对研究对象的正常工作产生影响，在需要的时候经案例对象公司管理层允许后方可采用。

总之，无论采用哪种方法，通常所用的调研程序总是由上至下、由浅及深、由概貌到细节，所以需要先请目标企业的领导做一番介绍，再转而推荐到分支单位或个人。

三、案例资料整理

收集达到预期数量和质量目标的案例资料后，就可以进行资料整理了。

（一）案例资料分类

案例资料从使用角度可以分为有价值资料、无关资料和待补充资料。其中，有价值资料是核心的收获，可以按照一定的逻辑结构进行归类。首先，以时间为序，列出关键事情的发展过程，梳理最初起因时间、关键里程碑节点、重要决策时刻、成果取得时刻等。时间脉络能够让我们更清楚地掌握案例的起因、发展、经过和结果，理清思路。然后，列出核心人物相应资料，探索他们的内在心理活动和行为模式，找准人物关系和重要决策点。如果有多个人物，可以画出关系图、交互方式，以及对关键时间的影响作用。

在文件资料和访谈中，我们会收集到大量的信息，其中，部分是无用的，可以舍弃，以防止干扰。还有一些是因为挖掘不够深或者没有找到核心人物而获取的不全面的资料，可以将其列出来，待下一步调研时一并完善。信息收集时还可以使用滚雪球方法，由一个人提供的信息推至另一个人，再通过不断追问、调查，获取事情的真相。这个过程有点像案件侦破的过程，通过一个最终结果来追溯事件发生的原因，找到最关键的影响因素。当然，还会有一些涉及企业内部机密的资料，不可过于好奇探究，以免影响企业正常管理运行。

（二）案例资料分析

案例资料分析的内容主要是核心情节信息，即反映案例相关的人物、时间、地点、事件起因、经过和结果等关键要素，及其内在逻辑关系的信息。无论是描述型案例还是决策型案例，案例情节通常会以某个决策者为核心，通过描述该决策者在应对问题或困境过程中的内心活动、行为举止及其与次要人物的互动来展开情节。因此，在明确了当前案例问题的基础上,案例作者可以通过回答以下围绕关键人物所提出的四大问题,实现情节信息要素的提取与梳理。

问题一:案例中的关键决策者是谁?在公司中担任什么职位,承担什么责任?

问题二:决策者所面对的问题、担忧、挑战或机会是什么?造成这一现状的原因是什么?它对组织的影响程度如何?

问题三:决策者面对的环境、条件或障碍是什么?

问题四:为了应对困境,决策者采取了什么行动或处置方法?产生了怎样的结果?

在分析案例资料时,重点是从问题出发,寻找、梳理、发现核心影响因素,总结规律,提出启示。这个过程中可以使用STAR原则,即Situation(情景)、Task(任务)、Action(行动)和Result(结果)。其中,情景因素重点关注在怎样的背景下、有什么资源、哪些人参与、具备什么条件,这是案例的背景资料;任务是遇到了什么困难,面临怎样的矛盾冲突,主人公内心活动如何等,这是案例中学生需要面临的挑战与困惑;行动包括主人公、核心人物做了哪些努力,争取到了哪些资源,获得了什么支持,以及采用了何种方法和工具;结果包括最终实现的效果,达到的程度,取得的成绩等。在具体操作时,可以参考如下写作模板,见表4-3。

表4-3 案例分析写作模板

案例主题		
案例主人公		
模块	释义	示例
Situation 事件背景(情景)	提供事件更宏观的视野,说明你要叙述的事件发生的原因	行业背景、经济背景、公司变革背景、发展战略、领导人要求、业务等
	内容:	
Task 事件问题(任务)	你在事件中面临的挑战或困惑	该怎么办
	内容:	
Action 事件经历(行动)	详略得当地叙述该事件发展的来龙去脉	(1)按时间发展顺序; (2)叙述当时当场当事人经过; (3)"我"的应对处置
	内容:	
Result 结果	概述事件最终处理的结果	最终实现的目标
	内容:	
知识与工具	填写本案例所使用的知识、理论与工具	

四、案例正文撰写

在案例正文撰写中,需要关注情节线和知识线两条主线,前者是推动故事发展、引人入胜的关键;而后者是实现教学目标,达成学生能力提升的重要内容。二者缺一不可,只有知识线就成了纯粹的理论解析,过于枯燥;而只有情节线就是"商战小说"了,并非教学课程。

(一) 情节线撰写

自然界的发展存在一个从小到大、从弱到强,然后再从盛到衰、从生到死的过程。而企业和企业家的发展也往往有一个共同的规律,这个规律很多时候符合著名社会学家、神话学大师约瑟夫·坎贝尔(Joseph·Campbell)总结的"英雄之旅"过程。他历经多年,搜寻阅读了世界各地的神话传说和宗教故事,发现虽然文化背景相差迥异,但基本上各个民族、不同时期的英雄故事都有一些共通之处,于是撰写了《千面英雄》(The hero with a thousand faces)一书。坎贝尔指出,所谓英雄,就是能够战胜个人和当地的历史局限性的人,他们能够了解、接受并迎接命运的挑战。我们每个人都是人生旅程中接受考验的潜在英雄,只有接受生活的召唤,踏上考验的旅程,生命才能达到丰富多彩的境界。英雄的旅程主要包括以下四个主要阶段:启程,即放弃当前的处境,进入历险的领域;启蒙,需要获得某种以象征性方式表达出来的领悟;考验,即陷入险境,与命运搏斗;归来,最后再度回到正常生活的场域。这是每一位英雄的必经之路。《千面英雄》虽然是一本学术著作,内容并不像小说一样很容易读,但由于其总结了全世界神话传说中的规律,将希腊、北欧、印度、埃及、中国神话相融合,因此受到大众的特别关注,自1949年发行至今,销售已达百万册,成为世界畅销学术著作,很多好莱坞编剧都将此书作为案头书学习,据说漫威、DC公司的很多超级英雄电影的灵感都来源于该书。英雄们往往会经历一段从头脑到心灵的英雄之旅,在这个旅程中他将以希望为目、以仁爱为心、以毅力为足、以勇气为伴,冲过黑暗恐惧、经历迷茫与困顿、承受挫折与痛苦、享受幸福和喜悦,最后领悟到生命的真谛。通常,一个典型的"英雄之旅"会经历上文提到的启程、启蒙、考验、归来四大阶段,在叙事结构上,则可以分为12个环节。用这个公式我们可以将一些案例梳理总结成为创业者的"英雄之旅"。

案例的情节线有三个关键的部分。

首先,背景介绍。这是铺垫情节的关键,要提供足够的信息帮助学生理解案例主角具有的资源和条件,让其有代入感。

其次,角色目标。案例中主角的内心需求不仅能够使故事中的主人公个性鲜活,还能让整个故事充满生机。当然这种内心需求需要被一定的刺激诱因所激发。这种诱因可能是市场上横空出世的某种竞争产品,或是企业内部将要调整某个部门等。不管诱因是什么,总而言之,由于这种诱因的出现,主人公的生活将会改变,他需要想办法去解决难题,或者是抓住机遇,迎接挑战。

最后,力量抗衡。主人公的目标和自身资源往往是不匹配的,在其前进的道路上往往还会有反对者和竞争对手。外部力量的压制、内心冲突、合作伙伴的矛盾等都会让案例更富戏剧化。充满冲突的案例才会有张力,突破困境之后的愉悦感会增强案例的可读性。

(二) 知识线撰写

知识线是案例教学内容的核心,我们不仅要学生沉浸在故事情节中,更要让他们从中领悟道理、掌握理论和方法。对于描述型案例来说，案例重在描述企业在应对某一问题时所采取的具体措施或独特的做法，以这种真实的管理实务活动向学生讲述某一管理理论。这就要求案例正文要从较为系统、整体的视角来讲述一个管理故事，此时适合按照决策流程来展开，即按照发现问题、搜集信息、分析备选方案、制定决策等步骤形成案例正文。而对于决策型案例来说，案例通常会按照决策要素来展开，在营造一个充满了问题的管理困境的同时，提供相应的决策依据和标准等信息。学生则被要求从决策者的角度去解决问题。此时，案例问题的分析似乎变得有迹可循，学生可以通过进入角色，思考问题的应对方式。

知识线的嵌入可以在关键决策点上体现，例如主人公尝试了几个方法之后发现都不管用，于是想到某某理论，于是应用该理论顺利解决了这个问题。也可以体现在事后复盘反思时，在成功化解冲突之后，主人公陷入沉思，为什么会有如此效果，证明了某个理论的价值。当然，也可以是外界的力量。在很多故事中，往往会有一个"智慧老人"的角色。这个角色可能是主人公的家人、上司、老师或者偶遇的行业大咖，他们在关键时刻给了一个重要建议，而这个点金之术就是我们想要强调的理论模型。在案例正文中，知识和理论可以暗含进来，主要部分在案例分析之后的教学中全面体现。案例撰写属于非虚构类写作，在知识线和情节线的撰写过程中要注意真实性，可以按照现实的情况进行深度挖掘，避免为了塑造某个形象或者说明某个理论凭空编造本来不存在的事情。

总的来说，案例撰写的过程主要分为四个阶段，即案例选题、素材收集、资料整理、正文撰写。之后还需要不断修改完善，迭代升级。在案例的结构安排上，主要有时间结构、逻辑结构、叙述结构、情节结构及知识结构，一个好的案例往往是这些结构的融合。在撰写技巧方面，需要特别注意三方面内容，一是语言的准确性和文学性，在表达真实情况的基础上可以让文字具有更强的生动性和可读性。二是不能站在"上帝视角"俯视案例，而应以主人公视角平视眼前遇到的困难和问题；三是要客观描述和评价，文中不能夹叙夹议，掺入个人好恶褒贬，甚至不宜流露个人倾向，应只表现事实和情况，不应做解释与判断。

第三节　案例教学设计实施

在案例教学中，案例正文部分是教学内容的载体，案例使用说明是教学设计和实施的脚本。案例编写者可以通过使用说明的编制理清教学思路、找到合适的方法和顺畅流程，同时也有利于使用案例的教师清楚本案例的使用范围和方法，更好地实现教学资源的共享。

一、案例使用说明编写

案例使用说明又称案例教学手册，通常和案例正文配套使用，关于编写顺序，有学者认为应该在案例正文编写前就先撰写案例使用说明，确定明确的教学目标与知识点，用案例的分析思路指导案例正文的编写，以使案例正文的思路更加清晰，内容能够更有助于教学目标的实现。也有人建议在案例正文完成之后撰写,基于案例的主题和核心内容进行解读。迈克尔·R.林德斯(Michiel R.Leenders)认为案例使用说明应该与案例正文同时进行,撰写完案例正文草稿后开始撰写案例使用说明的草稿,一边撰写一边相互检验并完善。该过程是循环持续的,用案例使用说明检验案例正文是否达到案例教学目标的要求,然后再次编辑、修改案例正文,梳理案例情节和分析思路,完善案例使用说明。笔者倾向于后者,案例正文和使用说明可以交替撰写,将情节线和知识线高度融合。

(一)案例教学的思维模式

案例教学是建构主义(Constructionism)学习理论的一种表现形式,强调以学习者为中心,以"情境""协作""会话""资源"为学习环境中的基本要素,学习过程中要充分发挥学习者的主动性。建构主义的代表人物维果茨基(Lev Vygotsky)、皮亚杰(Jean Piaget)和布鲁纳(Jerome Seymour Bruner)等人认为,学生在获取知识的过程中应以自己的经验为背景,由自己建构完成对新知识的理解。建构主义的学习观认为学习不应只是学习者被动地接受知识,教师在教学的过程中更应关注如何利用学习者已有的知识经验、心理特征等来构建知识。案例教学正是营造一个知识学习和探索的场景,让学生积极主动地思考并参与讨论,在教师的指导和协助下形成自己的观点,收获学习成果的教学过程。在案例的分析过程中,学生从原来听老师讲课—记笔记—课后复习的学习模式,转变成为自主收集分析资料,通过讨论辨析形成对事物的认知理解的学习模式。在案例教学过程中,发挥作用的三种思维模式是归纳思维、演绎思维和类比思维,案例使用说明可以围绕这三种思维模式设计教学过程和教学内容,让学生完成从特殊到一般、从一般到特殊、由表及里、由此及彼、去粗取精、去伪存真的认知转化。

1.归纳思维模式

归纳思维是指在案例分析过程中,学生需要面对众多资料素材文件,并能够从中发现规律,找到核心问题,最后形成观点的思维模式。首先,教师要提供给学生充足的案例背景资料,例如外部宏观环境、市场竞争状况、内部组织结构、产品特征等。通常,管理案例的长度都不会少于1万字,过少的背景信息会让人们产生一种错觉,即主人公没有太多的选择和纠结的地方,依据常识进行判断即可。再现真实决策场景是案例素材所起的作用。然后,学生基于这一系列管理事件或者人物经历,归纳总结,寻找其反映的基本理论或共同规律,学习案例背后关联的知识点。归纳思维是人类发现规律的重要方式之一,通过多次尝试不同的做法,"摸着石头过河",在实践中不断调整行为,总结经验教训,由具体事实到一般理论。案例使用说明就是要引导学生对案例内容加以归纳,从而使其达到学习知识的目的,帮助学生将逻辑归纳内化到案例分析的思路和逻辑提问中去,从而实现案例教学中的"由具体事实到一般理论"的归纳过程。案例教学中,教师培养学生应用归纳思维可以促使其主动收集和整理与案例相关的材料,从案例现象中分析、推断和总结出有价值的方法、技巧和观点,强化其综合分析与概括的能力,为学生深入理解理论知识打好基础。

2. 演绎思维模式

演绎思维是指应用普适性规律解决现实问题的思维模式。当学生面临案例中的决策困难时，需要从理论中寻找答案，思考哪种理论可以应用到这个具体的情景之中。学习的目标不是为了应试而是应用，当学到的知识理论能够用来解决实际问题时，会进一步提升学生的学习兴趣，促使学生更加深入地学习与探索理论。现实中，很多学生在学习中都面临着未知领域、未解难题，并苦苦追寻答案，在这个过程中，学生会不断获得新的知识。学校教育的一大困境是，在教学中脱离了具体的场景去谈某个理论，"现成"的理论使学生缺失了求索的过程，从而使学生失去了探索的乐趣。然而，案例教学恰恰可以弥补这一缺失，通过营造"问题域"，引导学生置身于该场景之下，使学生思考"假如自己是这个企业家，面对这个困境该如何应对"等类似的问题。这个思考的过程可以让学生展开丰富的想象，在"管理工具箱"里寻找适合的方法，试着拆解难题，从一般规律中抽取合适的部分去化解冲突矛盾。案例教学可以使学生形成严密的、连贯的逻辑思维，并在自我思维发挥空间中逐步形成创新精神，从而实现案例教学中"由一般理论到具体事实"的演绎过程。

3. 类比思维模式

类比思维是管理中最常用的思维模式。很多企业遇到难题首先想到的就是看看同行的解决办法，尤其是行业的头部企业，然后类比迁移到自己的企业里。大众的普遍想法是"世界500强企业常用的方法和工具同样适用于自己公司""行业头部企业的成功诀窍复制过来就节省了自己探索的成本"。在行业管理中，也经常用"树典型"的方式帮助企业提升整体管理水平。20世纪80年代，就曾经有"百家饭店学建国"的活动。当时北京建国饭店由于其管理水平、经营理念和服务质量领先全行业，因此国家旅游局（现文化和旅游部）在旅游系统组织了100多家星级饭店一起到建国饭店交流学习。我们选择案例的时候，也往往会挑选便于复制经验，能够让其他同行易学、好学的方法规律进行提炼。触类旁通是教师在案例教学所期望实现的重要目标。由于案例多涉及具体企业在真实的管理情境下的实践操作，类似的现象也很有可能会在其他企业或者更大的范围内出现。因此，案例教学的重点并不是教会学生对某一特定问题的处理办法，而是引导学生掌握分析类似问题的方法和提出解决方案的能力。如今，很多企业兴起了"经验萃取"的系列活动。企业通过观察、提炼、总结优秀人物处理事情的思考过程、思维方法以及应对策略，来提升同类型管理人员、技术人员的能力。在案例教学过程中，教师可以更多地引导学生"由此及彼"地思考问题，并设想自己站在某个特定角色和岗位上进行决策，从而实现案例教学中对相关情境、相关问题的类比认知过程。如此，创新创业案例教学可以更好地提升学生的战略决策能力和实践管理能力，为日后学生有效地处理管理问题奠定基础。

（二）案例使用说明的内容

案例使用说明的主要内容可以根据教学需求来进行设计，内容包括教学目的和用途、理论依据与分析、启发思考题、补充阅读材料、案例核心问题与基本问题、案例分析思路、课堂教学计划等七部分。不同的学校和机构要求有一些差别，具体可以参考表4-4。

表4-4 国内外案例使用说明代表性架构体系一览表

哈佛商学院	毅伟商学院	中国管理案例共享中心
(1)案例学习的执行步骤； (2)如何提第一个问题； (3)提问的顺序是什么； (4)预期中的讨论方向； (5)如何应对预期外的方向； (6)如何使用黑板和其他工具； (7)如何进行总结	(1)案例标题； (2)案例情节简介； (3)教学目标； (4)迫切问题； (5)基本问题； (6)建议的额外阅读材料； (7)可能的教学辅助工具； (8)建议的学生作业； (9)潜在的课堂讨论问题； (10)案例分析； (11)另外提出的观点； (12)教学建议； (13)案例教学计划	(1)教学目的与用途； (2)启发思考题； (3)分析思路； (4)理论依据与分析； (5)背景信息； (6)关键要点； (7)建议课堂计划； (8)相关附件； (9)其他教学支持

(1)教学目的与用途。

案例使用说明中教学目的与用途是指在某一特定类型的课程上，针对某一合适类型的群体，通过该案例的教学所要达到或预期达到的教学效果。案例目标通常基于课程总体目标而定，可以是掌握基于某个创业理论或者方法工具，提升某方面能力或者塑造某种精神。目标设定最好是具体、可衡量、可实现的。MBA的案例主要是用来培养研究生层次的，我们在使用的过程中，可以以案例正文为基础，基于本科生特点和需求重新编写案例使用说明。

例如，中南大学商学院周文辉教授主持编写的"百优案例"《小米如何创造价值》的教学使用说明做如下表述。

本案例主要适用于选修《营销管理》《创业管理》《战略管理》《管理学》与《商业模式》等课程的学生，包括MBA、EMBA、EDP高层经理。

本案例的教学目的在于通过案例学习帮助学生了解移动互联网战略思维，重新思考企业与顾客的边界，从全价值链出发分析企业如何在研发、设计、生产、采购、营销、销售、服务等环节与顾客价值共创，研讨粉丝经济、体验营销、用户归属感、口碑营销与颠覆式创新等理论、方法与工具的应用。

(2)理论依据与分析。

案例教学往往是为了学生理解掌握某种理论，该理论的详细介绍描述是非常重要的。我们可以简要介绍该理论的主要内容、观点、提出的背景意义、主要人物、理论的边界等。很多理论都有分析模型，该模型的解读对于学生理解和应用很有帮助。理论依据是案例教学目的知识传授点的详细解释，是教师完成案例教学和学生完成案例分析都应掌握和学习的理论与概念。理论分析是指基于案例所需传授的理论，提供给教师在分析案例情节中应用理论的思路。因此,理论依据与分析部分是案例情节与知识点的对应呈现,是协助教师更加深入理解案例知识点的教授重点与方法的工具。理论依据与分析需要介绍支持案例分析的所有管理理论,从案例主题密切相关的理论到案例情节分析中可能会涉及或延伸到的理论,都应该在此部分一介绍。

例如,中南大学商学院周文辉教授主持编写的"百优案例"《小米如何创造价值》的理论依据与分析做如下表述。

1. 价值共创
(1)概念与特征。

以个体为中心,由消费者与企业共同创造价值。Prahalad 和 Ramaswamy 提出的基于消费者体验的值共创理论;Vargo 和 Lusch 在 2004 年提出的基于"服务主导逻辑"的价值共创理论。在价值共创过程中,企业和消费者作为价值创造的两个主体遵循两种不同的逻辑,即生产者逻辑和消费者逻辑。基于生产者逻辑的价值共创是企业以价值创造为出发点,在价值共创过程中与消费者互动,努力创造与消费者共创价值的机会,并根据企业战略和资源来安排、组织、管理和评估价值共创活动。基于消费者逻辑的价值共创则是消费者以自身利益为出发点,利用企业提供的资源和其自身拥有的资源和技能,在价值共创活动中为自己创造价值,并对价值共创的投入—产出和价值共创过程进行评估。

(2)价值共创的过程模型。

Prahalad 和 Ramaswamy(2004)认为企业和顾客之间的相互作用能够促进共同创造并提出一个(DART)构建模型包括对话、体验、风险收益和透明度。

用这四个因素来推动企业与顾客之间的相互作用。Gummesson 和 Mele(2010)将价值共创分为互动和资源整合两个阶段,互动包括对话、资源转移和学习,资源整合形式有互补、冗余和混合,并提出通过互动来刺激资源整合,当资源、行动和过程等相互匹配时能实现价值共创。Ramaswamy 和 Gouillart(2010)提出实现价值共创模式有四步:明确从生产到销售过程中所涉及的利益相关者;了解利益相关者之间的接触和相互作用情况;组织小组学习讨论,分享体验并讨论增强体验的方法;组织与利益相关者持续对话,共同寻找解决问题的办法。

(3)启发思考题。

启发思考题一般是案例中决策者需要面临的重要问题、冲突矛盾和纠结的地方。这些问题可以由教师提出来让学生思考,也可以让学生在阅读完案例正文后自行阅读思考。核心问题的提出可以让学生们聚焦精力在重要的部分,避免受案例正文中其他细节问题的干扰。一个案例可以分析的要点很多,可以从多个角度进行解读,而课堂时间有限,我们通常不可能在一节课说清楚太多理论和方法,思考题其实是圈定了大家讨论的边界,即就这几个问题进行思考和讨论,其他的问题可以放在后续课程中作为背景资料或者在课后由学生们自行讨论。

思考题可以是一个或多个,题目之间的关系可以是平行关系,即从不同侧面进行拓展思考;也可以是递进关系,层层深入不断深化对案例核心问题的探索。样例来源如下文所示。

1.如何解读雷军进入智能手机"红海"的创业决策?
2.小米公司的研发与设计模式是如何颠覆传统做法的?
3.小米是如何在苹果等众多强势品牌的夹缝中赢得用户芳心的?
4.众多品牌纷纷模仿与围剿小米,小米如何保卫市场根据地?
5.小米快速成长的商业模式对传统企业有何启示?

(4)补充阅读材料。

由于案例正文篇幅有限,只能展示部分核心内容,一些和案例决策情景有关的信息可以通过补充阅读材料体现。这类拓展阅读通常可以包括如下内容。

除了核心人物之外,其他重要人物的信息。例如创业团队中我们往往仅关注最核心的人物,他的光芒可能会掩盖其他重要人物在关键事件中的贡献,这类人物可以在补充材料中表述;

现在使用的案例多是文本性表述,企业的宣传片、新闻媒体报道、官网等多媒体资料往往不能在案例正文中体现,可以提供一个线索或链接,便于读者自行获取;

其他和案例情节相关,但是属于碎片化材料也可以在补充材料中提供;

其他相关理论,可以让学生多元化思考;

当案例有新的发展时,可以提供最新情况作为补充。有的案例作者会跟踪案例企业多年,不断补充新的进展,来验证之前关键决策产生的效果。有的企业还会出现新情况,例如瑞幸咖啡财务出现问题后,企业出现了危机,但经过几年的努力逐渐走出了阴影。一些企业在前期很成功,但之后转盛而衰。这些内容都可以在补充材料中体现。

例如,周文辉教授在《小米如何创造价值》的案例使用说明中将小米团队中除了雷军之外的其他核心成员信息补充进来,另外7位成员往往在雷军的光环笼罩之下不为人所知。从他们的背景资料来看,均为各个领域的精英翘楚,有优秀团队的支持,小米才能有如此亮眼的成绩。

(5)案例核心问题与基本问题。

案例教学是依据不断提问题来推动教学进程的,核心问题的提出、分析和解决是教学的主线。核心问题就像是电影或戏剧的主要矛盾冲突,主人公面临巨大的困难和挑战,迎难而上通过各种努力最终处理好问题。核心问题通常还会有转折和反复,例如通过整合某种资源解决了现有的问题,但是带来了新的问题。外部的危机解决了,内部的矛盾冲突又升级为新的问题。冲突—挑战、分析—解决往往是案例教学中的核心。教师可以将这些问题如抽丝剥茧一样层层掰开展示给学生们,案例的信息资料也可以分为若干部分,一步步发给学生。就像是连续剧一样,引导学生深入挖掘信息,不断思考背后的核心问题。问题将案例情节线和知识线不断交织,以情节推动思考,以知识理论解决问题,层层递进。

《小米如何创造价值》的案例使用说明中,核心问题如下所示。

  1. 小米不仅打破了企业与用户之间的边界,而且打破了研发、设计与营销之间的边界,从全价值链小米倡导并创造条件让各部门员工与用户一起玩手机,以产品为载体,经营用户的心,小米与用户像是在谈一场恋爱,相识、相知、相爱、结婚、生子与经营家庭等,围绕营销三大核心问题:如何练好内功让用户主动来追求你?如何进攻抢夺竞争者的用户?如何让老用户重复购买、交叉购买与口碑传播?用户不再只是产品的购买者与消费者,更是价值的创造者与主导者。

  2. 小米快速成长是互联网思维的成功实践。依托波特的价值链模型,梳理互联网思维体系。用户思维、大数据思维贯穿整个价值链条的始终;简约思维、极致思维、迭代思维主要体现在产品研发、生产和服务环节;流量思维、社会化思维主要体现在销售和服务环节;平台思维体现在战略、商业模式和组织形态层面;跨界思维主要基于产业层面。

(6)案例分析思路。

案例分析思路主要是提供给教师作为教学参考,这部分可以通过教师的分析展示给学生。每个教师的教学风格不同、学生的特质与基础不同,这部分可以做适当调整。案例分析思路就像是一个地图,指引学生们从入口走到出口,中间会有曲径通幽也会有崎岖坎坷,通过这个路标指引不会走偏,或者关注其他不相关的细节。当然,也不用刻意强迫学生做唯一选择,一些脑洞大开的思维方式同样值得鼓励。

分析思路有很多种,整体上分为纵向和横向两种。所谓纵向,就是以时间为序,按照先后次序进行分析解读。例如:

问题溯源——应用第一性原理找到问题的根源;

厘清现状——将已获得的内外部信息进行梳理,保证所掌握的信息全面无遗漏;

反应真相——去掉次要部分,找到主要问题的主要方面;

资源整合——盘点可以应用的资源,寻找解决问题的突破口;

单点突破——对于核心矛盾实施饱和式攻击,突破关键点;

全面解决——以核心破局点为中心拓展覆盖面,实现全面解决问题。

横向就是以思维导图的方式将问题切成若干个部分,然后逐个解决。例如,按管理职能来划分,战略问题、市场问题、财务问题、人力资源问题、技术创新问题等。按照公司边界来划分,公司外部问题和内部问题。或者依据某一个管理模型来进行分析。

《小米如何创造价值》的案例使用说明中,分析思路如下。

  1. 本案例分析从创始人雷军的视角与立场出发,遵循"创业反思—趋势判断—机会分析—颠覆式创新—互联网思维—与用户价值共创"之逻辑思路。

2. 从价值共创的理论视角解读小米搭建与用户全方位互动平台,分析小米从全价值链吸引用户深度参与到研发、设计、市场、销售与服务等环节的过程与方法。

3. 总结小米的商业模式,引发学生探索颠覆式创新、互联网思维以及传统企业如何借助互联网实现创新转型。

(7)课堂教学计划

课堂教学计划是案例编写者给教师在具体实施教学时的参考建议,可以根据自己的教学目标、进度安排和教学内容灵活使用。通常,研究生的教学时间会长一些,一次案例教学可以持续3小时左右;而本科生的教学时间可以缩短为90分钟左右。

《小米如何创造价值》的案例使用说明中,教学计划如下所示。

本案例可以作为专门的案例讨论课来进行。如下是按照时间进度提供的课堂计划建议,仅供参考。整个案例课的课堂时间控制在90分钟。

1. 课前计划

请学生在课前完成案例的阅读并查阅与案例相关的资料,完成对上述启发思考题的独立思考。

2. 课中计划

(1) 简要导引。老师说明本次案例分析课的主题(小米如何与顾客共创价值?)、研讨形式与目标设定(5分钟)。

(2) 分组讨论。以5人为一小组,组长引导成员对思考题进行头脑风暴与归纳总结式研讨(35分钟)。

(3) 小组发言。请每小组代表发言(每组5分钟,控制在30分钟)。

(4) 总结提升。老师根据各组同学的观点,从逻辑性、系统性与创新性归纳总结小米与用户价值共创模型与互联网思维(15—20分钟)。

3. 课后计划

请学生运用所学理论、方法与工具,采用PPT报告的形式围绕"小米如何与用户共创价值"展开论述,深入分析小米公司对价值共创、体验营销、口碑营销、颠覆式创新等理论的应用,并总结小米案例对传统企业的借鉴与启示。

二、案例教学实施过程

案例教学实施过程可以参考上述课堂教学计划进行,通常分为四个主要部分,这些内容根据教学中具体情况可以安排在一次课程中完成,也可以分多次完成。

（一）课程导入

在导入环节可以先安排一些破冰热身环节，调节课堂气氛，激发学生的积极性和创造力。然后分发案例资料，如果采用翻转课堂形式，也可以课前将案例正文发给学生提前阅读，并自行收集相关资料。如果是第一次案例授课，还需要分配小组，建议3到5人一组，便于讨论互动。如果有案例相关的视频，例如公司简介、新闻报道等，可以播放视频以营造氛围。有条件的课堂，甚至可以直接视频或电话连线该案例的相关人员，由当事人亲自介绍案例背景。当然，如果案例本是教师自己撰写的，还可以向学生多介绍一些自己选择该案例的原因，以及案例调研的情景，让学生们有更真切的体验感。在正式开始课程之前，可以向学生提出思考的问题，引导其有目的地阅读案例正文。

（二）小组讨论

小组讨论通常由小组负责人带领，基于教师提出的问题展开头脑风暴和结构化分析，具体的方法可以参考前文提出的技巧，激发每个小组成员的参与感和积极性，这个过程是学生主动学习、提升能力的关键。小组讨论通常会围绕核心问题由小组成员轮流发言，由某位小组成员做记录并汇总整理，形成大家都认可的观点。有不同意见是常见的，小组内部可以畅所欲言，发挥民主集中原则，尊重每个成员的观点，在其中捕捉合理成分，综合多方面意见，形成一个整合的方案。教师可以给每个小组发多张白板纸或提供讨论屏，以罗列要点的形式或思维导图形式展示发言提纲。

（三）班级讨论

班级讨论时，通常由每个小组指派发言人1到2名阐述小组观点，教师进行引导和点评。班级讨论可以采用两种形式。一个是同一个问题多角度讨论，即每个小组都发表观点，相同的不再重复，不同的观点则进一步讨论。也可以先将核心问题拆解为若干部分，每个小组负责其中一个部分，大家的观点汇总在一起就是对核心问题的全面解答。在班级讨论时，教师可以实时引导和评价，对于一些重要的内容可以采用追问的形式，不断挖掘其中的核心部分，引导学生找到自己方案的盲点和不足，通过现场思考解决问题或者留给学生课后继续补充。

班级讨论是学生们相互学习的最佳时间，同时也是教师引导学生了解案例情节并逐步归纳出案例知识线的过程。在班级讨论时，教师根据需要可以陆续分发若干补充性资料，更加全面地展示案例情景；也可以提供本案例最新进展，以表示学生们的分析是否和真实情况相吻合。如果有不同，那么差异点反映出了什么问题。在班级讨论时，可以灵活应用以下10种问题，推进讨论深度开展。

问题一：开放式问题（What），提问者不向回答者提供任何问题回应的具体方向，或是可能的答案的选择，而是让回答者根据自己的想法对问题作出回答。

问题二:诊断型问题(Why),提问者给予回答者问题回应的方向,请回答者给予比较性、选择性的回答或询问发生的原因。

问题三:信息型问题(Information),提问者询问回答者与案例中所提及的信息相关的问题。

问题四:挑战型问题(Disagree),提问者请回答者评断案例发生的事件是否妥当。

问题五:行动型问题(How),提问者请回答者提出具体做法。

问题六:顺序型问题(Process),提问者请回答者排出行动的优先级。

问题七:预测型问题(When),提问者请回答者提出案例可能的发展情况。

问题八:扩张型问题(Other Case),提问者请回答者思考在其他情境下可能产生的结果。

问题九:一般化问题(Theory),提问者请回答者将案例的解决方案抽象化为一般性理论。

问题十:假设型问题(If),提问者请回答者假设自己为案例中的角色,说明自己可能的做法。

对于以上问题的提问顺序,哈佛商学院建议根据对能力培养的关注点进行随机调整。例如,如果教师希望重点培养学生对专业知识的掌握和运用能力,可以将开放式问题和信息型问题设置在较靠前的部分提问,并更多地采用行动型问题和假设型问题。如果教师的关注点在锻炼学生的独立思考能力上,则可以由诊断型问题入手,通过挑战型问题和预测型问题来激发学生深入思考与分析。

由此可见,问题提问顺序的不同对案例教学目标的实现是有影响的。大多数教师提问问题的逻辑是由浅入深的,他们通过层层递进式的问题讨论,使学生逐步进入案例角色,进而帮助学生深入思考案例的关键决策问题。

(四)总结点评

总结点评是教师对教学内容、学生表现等全过程进行评价的过程,同时也是整体梳理案例知识线的过程。教师对案例讨论进行归纳总结,并进一步启发学生沿着若干问题或视角进行课后探讨,从而加深学生对案例学习的思考与理解。在总结点评中,教师可以围绕着如下三方面内容展开:

1. 理论和知识在案例中的应用

案例教学的目标之一就是加强学生对某理论或者知识的深度理解和掌握,在实际场景中灵活应用。总结点评时可以跳出案例本身,将具体的场景拓展向一般领域,思考企业管理中的普适性规律。

2. 案例讨论中学生的具体表现

在案例讨论中有的学生积极参与、有的学生可能更多的是聆听其他人发言;有的学生比较坚持自己的观点,据理力争,也有的学生比较淡然,在其他人提出异议时不再辩解,放弃自己原有的立场。这些行为背后都是学生的习惯和思维方式不同造成的,教师需要细心观察,在总结点评时提出问题,引起学生发现自己的问题不断完善改进。

3. 案例讨论中的衍生性问题

案例讨论是学生们认知习惯、学习方式、互动关系的真实写照,通过案例分析可以发现学生的价值观、人生观和世界观。如果有学生提出比较极端的观点,对某些事物持有不合适的态度,教师需要及时发现并予以纠正。对于一些有违社会伦理、只关注个人利益而忽视集体利益、为了追求商业价值最大化而牺牲社会效益的观点,一定要给予学生教育指导。案例教学要和课程思政紧密联系,培养学生们正确的思考问题的立场和处理问题的方式。

三、案例反思复盘修改

无论在案例编写中,还是在案例教学中都需要不断反思、迭代和修改,我们可以在教学实施过程中,收集学生们的反馈信息对案例进行完善。

(一)案例教学评价

在教学过程中,值得关注的信息包括如下三方面。

1. 学生的参与度

当学生们主动参与案例讨论时,说明他们对案例涉及的话题感兴趣,自己能够捕捉到关键信息,并提供有价值的观点。小组讨论的热烈程度,代表学生们能够灵活应用理论、工具和模型进行分析,积极思考核心问题,团队协作氛围好。反之,如果学生遇到自己难以解决的问题,觉得无从下手,则说明之前的学习情况不佳,案例难度过大。

2. 教学进展情况

教师可以观察学生们是否在规定时间内完成了预定讨论内容,并按照预定的教学计划进行讨论。如果出现讨论中跑题、散漫或者聊天的行为,教师就要及时纠正。有的学生发散性思维较强,可能从一个问题引发出其他无关的问题;也有的学生发言欲望较高,一直在谈自己观点,而不太顾及其他同学感受。以上问题都需要教师在课堂上及时干预并纠正。

3. 讨论结果情况

根据教师提出的问题,学生是否讨论出预期结果。如果偏差较大,教师就需要思考在前期的背景介绍、理论铺垫、方法教授、思路引导方面是否有不到位的地方。需要的话,还可以对案例进行补充说明,教授学生一些分析讨论问题的方法,帮助学生理清思路,从而使学生以更为高效的方式讨论问题。

通过表 4-5,我们可以对案例教学进行综合评价。

表 4-5 案例课堂综合评估表(一)

	学生版		教师版
1	对案例有足够的兴趣	1	学生对案例表现出足够的兴趣
2	付出足够的努力预习案例	2	学生付出足够的努力预习案例
3	得到足够的激励及关心	3	给予学生足够的激励及关心

续表

	学生版		教师版
4	积极参与案例讨论	4	学生有积极参与案例讨论的兴趣
5	案例情境具有真实感,可以联系实际和所学知识进行案例分析	5	学生能够融入案例情境进行思考,运用相关知识点进行分析
6	课堂是自由的,允许失败和冒险	6	课堂允许学生失败、冒险、体验
7	课堂气氛愉快、有趣,大家以友好和智慧的方式相互对待	7	课堂气氛愉快、有趣,大家以友好和智慧的方式相互对待

请根据本堂案例课的体验,反思以下问题(见表4-6):

表4-6 案例课堂综合评估表(二)

	学生版		教师版
1	你是否完全理解案例?	1	学生是否彻底理解了案例?
2	从案例中学到了什么?	2	希望学生从案例中学到什么?
3	案例课堂上学到了什么?	3	希望学生在课堂上学到什么?
4	你为小组讨论做了什么贡献?	4	希望学生在小组讨论中贡献什么?
5	你们小组为班级讨论做了什么贡献?	5	希望小组在班级讨论中贡献什么?
6	怎样使你在准备和参与中表现更好?	6	怎样使学生更好地准备、参与?

(二)案例教学反思

基于教学效果,教师可以有针对性地反思案例教学的过程。反思可以一个人进行,也可以和团队其他教师、助教团队一起反思。主要内容包括如下三方面。

首先,与之前教学经历对比进行反思。案例教学通常不会只针对一个班或者一届学生。教师可以思考,与其他班平行相比,这个班级的教学情况有什么不同?与其他年级相比,这一届学生的情况有什么差异?

其次,与其他教师的经验对比进行反思。作为案例编写者,可以和其他使用本案例的教师进行交流,获取其使用案例时发生的情况和遇到的问题;作为案例使用者,可以联系案例编写者,了解其本人在使用案例教学过程中的方法、技巧和心得,相互促进,共同成长。

最后,与预期目标对比进行反思。在案例教学实施前,我们通常会有一定的预期,通过本案例希望学生们掌握哪些理论和知识,提升哪方面的能力和素质?在教学之后,这些目标是否达成?如果没有实现,问题在哪里?

通过教学反思,我们可以获得更多启发和经验,在下次实施案例教学时,尽可能避免之前的问题,达到预期目标。

(三)案例教学迭代

教学中有常法无定法,我们需要基于学生情况,现实发展情况不断升级迭代教学内容和教学方法。在案例教学中可以从以下三方面进行迭代：

1. 案例选择和教学内容

在现实中,随着技术进步、时代发展,案例也要紧随现实情况不断更新。对于如今"00后"学生来说可能并不熟悉一些过去的知名传统企业,这些企业面临的时代问题现在很可能已经得到解决。同时,我们需要迎接新问题、新挑战,在教学内容中不断增加更有前瞻性、前沿性的部分,让学生获得多方面的收获。

2. 教学方法和教学技术

以往的案例多是文字叙述,而现在涌现出了很多视频案例、虚拟仿真案例或增强现实案例,通过这些新技术手段,学生们会有更强的临场感和体验感,在模拟经营案例教学中,做出的决策能够马上看到对企业经营数据的影响。信息技术在案例教学中的应用,可以让案例描述的场景更加形象生动,教师可以在更为逼真的情境下管理教学。

3. 教学场所和教学平台

案例教学可以与企业深度融合,将教学场所从教室转至企业真实环境中。例如很多学校的MBA教学采用"游学式",带领学生们走进华为、小米、海尔等知名企业,邀请企业高管担任校外导师,真实地还原商业决策的实际场景,实现学生"此情此景"的体验。我们在创新创业教学时,也可以带领学生探访创业公司,请创业者分享自己的心路历程,开展实景教学。同时,我们可以搭建更广阔的教学平台,邀请多家企业一起座谈,在行业专家的思维碰撞中,获取有价值的信息,激发灵感的火花。

第五章

创新创业游戏化教学[①]

古罗马传说中的雅努斯神(Janus)具有两张面孔:一张面孔对着过去,一张面孔面向未来。这同时也意味着矛盾的综合体,天使和魔鬼总是存在于一个载体。游戏是最有代表性的矛盾体,人们总是带着纠结的态度对待它。一方面,无论是成人还是孩子都毫无例外地被游戏吸引,从中获得欢乐,无论是传统的棋牌,还是最新的手游都有庞大的受众群体,据说《英雄联盟》高峰时全球有8亿玩家,2022年中国游戏市场实际销售收入达到了2658.84亿元[②];另一方面,由于一些人过度沉迷电子游戏,因此,电子游戏总被贴上"精神鸦片"的标签而遭到抵触。家长和老师往往视电子游戏为"洪水猛兽",且为了防止孩子沉迷于手游而绞尽脑汁。电子游戏是精神享受还是精神鸦片?人们在游戏中获得快乐,在游戏中不断成长,在游戏中理解社会,也在游戏中领悟人生。游戏带来的问题,不仅来自游戏本身,更取决于社会如何看待和应用游戏。煌煌人类发展史,游戏作为一个文化现象源远流长,它不应该被简单粗暴地压制,而是需要被辩证地看待,深入探索其内在机理和规律,发挥游戏有价值的作用。孔子在《论语·雍也》提到"知之者不如好之者,好之者不如乐之者。"本章将探讨游戏化教学的内在逻辑,在与创新创业教育相结合后,能够发挥游戏的魅力,将创新创业课程变为"有种、有趣、有料"的"魔力单元"。

[①] 为了说明游戏化教学方法,本章引用了多款知名情景模拟沙盘,版权归其课程持有方,如需使用请联系相应公司购买正版课程和道具。部分沙盘版权不详,特此注明。

[②]《2022年中国游戏产业报告》。

本章思维导图

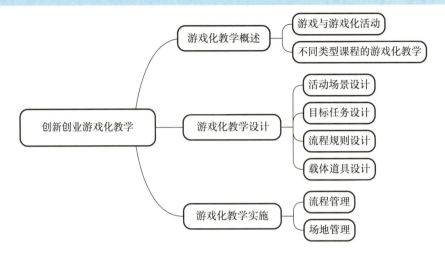

第一节　游戏化教学概述

德国著名诗人、哲学家席勒指出：人类在生活中要受到精神与物质的双重束缚，在这些束缚中就失去了理想和自由。于是人们利用剩余的精神创造一个自由的世界，它就是游戏。这种创造活动，产生于人类的本能。游戏是我们生活中普通而熟悉的活动，正如"一千个人眼中有一千个哈姆雷特"，不同人对于游戏有完全不同的理解。将游戏应用于教学自古有之，我们可以通过游戏实现良好的教育目标。

一、游戏与游戏化活动

高尔基曾经说过，游戏是儿童认识世界的途径，他们生活在这个世界里，并负有改造它的使命。游戏是现实世界的投射，我们可以通过游戏的方式模拟学生在未来职场中遇到的问题，培养他们分析问题解决问题的能力。

（一）游戏的内涵

从广义上讲，游戏是人类和动物的天性，很多非生产或捕食的活动都可以视为游戏。很多亲代动物用游戏来训练子代掌握生存的方法和技巧。家里养过宠物的朋友经常会看到自家的猫狗会带着小崽们做游戏，教它们奔跑和捕食。玩球这样看似游戏的活动实际上是在训练宠物们的反应力和肢体协调能力。对于早期的人类而言，也是一样的。游戏并非只是娱乐活动而是一种生存训练。这种传统一直保持下来，正如古代贵族们的"围猎"并非要捕食猎物而是保持一种生存意志。从这种意义上讲，游戏和教育是密不可分的，或者说游戏本身就是一种教育形式。

在学术研究领域,有多位学者对游戏进行深入的研究。早期比较有代表性的是荷兰学者约翰·赫伊津哈(Johan Huizinga)在著作《游戏的人》(Homo Ludens,1938)中讨论了在文化和社会中游戏所起的重要作用。他认为,在整个文化进程中,游戏元素都非常活跃,它产生了众多基本的社会生活形态。游戏式竞赛的实质是一种社交冲动,比文化本身还古老,而且渗透生活的方方面面。仪式在神圣游戏中成熟;诗歌在游戏中诞生并在游戏中得到滋养;音乐和舞蹈则是纯粹的游戏。表达智慧与哲学的词语和形式源于宗教比赛,战争规则、高贵的生活习俗都是在游戏模式中发展出来的。最初阶段的文明是玩出来的;游戏并非产自文明,恰恰相反,文明在游戏中产生并成为游戏,并且与游戏永不分离。赫伊津哈的观点有点泛化了游戏的内涵,另一个非常具有代表性的观点来自卡尔卡普(Karl M. Kapp)。他在《游戏,让学习成瘾》一书中提到的,"游戏是一个系统,玩家们在其中执着于抽象的任务,任务由规则、互动性和反馈界定,产出量化结果,并经常伴有情绪反应"。为了更深入地理解游戏的内涵,我们参考杰斯珀·尤尔(Jesper Juul)的研究,将部分学者对游戏的定义汇总于表5-1。

表5-1 游戏的定义

学者	游戏定义
Johan Huizinga	游戏是一种完全有意置身于"日常"生活之外的、不严肃的但同时又强烈吸引游戏者的自由活动。不与任何物质利益相联系,无利可图。按照固定的规则并以某种有序的方式在自己的时空范围内进行。游戏可以促进社会团体的形成,这些社会团体喜欢用神秘的气氛包裹自己,同时倾向于以乔装或其他方式强调它们与普通世界的不同
Roger Caillois	该活动必须包括:自由(自愿),独立的(时空上),不确定性,无收益的或非生产性的,规则设定,有信任
Bernard Suits	玩游戏就是进入一种特殊事件状态,只运用游戏规则所允许的手段,选择较低效率的手段,规则就会禁止高效率。这种规则仅仅因为可以使该活动成为可能而被接受
Elliot Avedon & Sutton Smith	从最基本的层面我们可以将游戏定义为自愿控制系统的运用。其中存在各种力量的对抗,由一定的程序和规则限制以产生非平衡结果
Chris Crawford	我认为有四个共同的要素:再现(在一个封闭的正式系统内主观呈现一系列真实)、互动、冲突和安全(游戏的结果总是不如游戏的模式严酷)
David Kelley	游戏是一种由一系列规则组成的娱乐方式,有明确的目标和达到目标所允许使用的手段
Katie Salen & Eric Zimmerman	游戏是一个让玩家进入一个人为的冲突系统,有规则限制,并有可计算的结果

续表

学者	游戏定义
David Parlett	非正式游戏是无目的的,相反,正式游戏是为取得某种目标而竞争,以一人胜利告终,并需要一组大家都认同的规则
Clark C. Abt	在限制性文本中为达到目标而做出决策的活动
Greg Costikyan	制定决策、分配资源、达成目标的艺术形式

综合游戏的历史发展规律和学者们的研究成果,我们可以把游戏总结为具有以下特征的活动组合。

具有一系列规则,这是游戏的核心和基础;

具有明确的目标,参与者很清楚最终希望达到的结果;

具有意义感,参与者能够从中获得价值和意义,哪怕一切都是虚构的;

具有娱乐性,参与者能够在过程中获得乐趣;

具有交互性,参与者之间、参与者和游戏组织者、参与者和游戏道具之间存在深度交互作用。

下面分别解读一下这些特性。

1. 规则性

规则可以是游戏设计或组织者制定的,也可以是游戏参与者一起约定的。规则是游戏的核心属性,例如不同地区的人们有不同的麻将玩法,四个人坐在一起首先要统一使用哪个区域的规则。为了公平起见,规则一般在游戏正式开始前要说明清楚并达成共识,在游戏结束之前不能更改。

2. 目标性

游戏中往往有多个目标,公共的目标是一致的,参与者都清楚。例如,麻将的目标是和牌、象棋的目标是将军、打乒乓球的目标是得分等。同时,还有一些个人的目标,例如,击败对手、锻炼身体、训练思维等。甚至还有一些更加具体的目标,有人通过游戏来加深对他人的认知,有人借助游戏来增加荣誉感,有人只是借助游戏来打发时间等,不一而足。

3. 意义感

游戏是虚拟的生活,约翰·赫伊津哈在《游戏的人》中提出了"魔环"(magic circle)的概念,他认为人们通过游戏构建起一个"魔环",将参与者与外界世界暂时地隔离开,身处游戏中的人只服从于游戏的规则。很多人沉迷于游戏的一个原因就是这种在游戏中特有的意义感,尤其是在科技日益发达的今天,人们在游戏中的沉浸感更加强烈。科幻电影《头号玩家》就是构建了一个游戏的奇幻世界,人们通过虚拟现实技术进入其中扮演游戏角色过另一种人生。有的旅游景区还专门建成仿古街区,让游客们换了古装后在其中玩实景沉浸式体验游戏。也许你在现实中就是一个普通的小人物,但在游戏中你可以成为拯救世界的大英雄。意义感可以引导人们全身心地投入到游戏之中。

4. 娱乐性

游戏中获得的快感是其吸引人的重要因素。这种娱乐性可以是简单明了的感官刺激，可以是通过不断努力突破重围解决难题后的成就感，可以是打败对手快意恩仇的畅快感，可以是傲视群雄唯我独尊的控制感，可以是卿卿我我甜甜蜜蜜的恋爱感。不同人对于娱乐的理解是不同的，正如拍照之于普通百姓来说，是一种记录保存图像的方法，用手机拍下来即可；而对于摄影爱好者来说，拍照是摄影，是光和影的艺术，能够拍出一组令人满意的照片绝对是人生享受。"甲之蜜糖，乙之砒霜"，娱乐有共性也有个性。基于不同人的娱乐需求产生了林林总总的游戏种类。

5. 交互性

在游戏中，人们可以选择与游戏设计者对抗，早期的魔方、独立钻石棋、华容道棋等就是玩家和游戏本身互动；象棋、围棋、桌游、手游等是玩家们之间协作或对抗。在交互过程中，游戏发挥了社交属性，所谓的"棋逢对手、将遇良才"，人们在游戏互动中提升能力、收获友谊。

（二）游戏的作用机理

在理解了游戏的内涵后，我们需要回答一个问题，游戏为什么会让人喜欢甚至沉迷？清楚了这一点我们才能更好地利用游戏的特点设计课程。基于美国著名心理学家克雷顿·奥尔德弗（Clayton Alderfer）的 EGR 理论，人们往往有三种核心的需求，生存需求（Existence Needs）、关系需求（Relatedness Needs）以及成长需求（Growth Needs）。游戏的魅力就在于能够很好地满足这三种需要。

1. 身心愉悦

游戏让人着迷首先是满足了感官享受，正如《道德经》所云，"五色令人目盲，五音令人耳聋，五味令人口爽，驰骋畋猎令人心发狂，难得之货令人行妨"。古往今来，绚丽的色彩、悦耳的音乐、芬芳的气味、刺激的活动等都是让人愉悦的。随着科技的发展，游戏越来越精美，3D 游戏、体感游戏、虚拟现实游戏等让人们获得愉悦的生理体验。高水平的游戏设计师往往是洞察人们内心的高手，他们能够综合运用各种手法让玩家快速达到"心流体验"。按照人们的认知规律，色彩丰富、充满变化、能够调动多种感官的游戏往往更容易受到关注。这也是电子游戏出现之后，孩子们对乐高这样的传统积木不再感兴趣的原因之一。乐高公司通过对用户心理深度研究，发现复杂的拼接积木有助于激发玩家的成就感，于是从这个点突破，重新拿回了市场。很多成功的游戏都是抓住了某个关键心理感受而取得成功的。早期的掌上游戏《俄罗斯方块》红极一时，人们最喜欢的感觉就是方块马上要堆满屏幕的时候突然下来一个需要的图形，然后一口气消完所有方块的那种畅快感。很多老师反感学生们上课的时候看手机，其实对于作为"互联网原住民"的"00 后"学生而言，相比黑板上枯燥的文字，手机上那些具有精美画面的游戏显然更有吸引力。面对这种情况，学生们固然需要提高自控力，同时老师们也要反思，如何能够抓住孩子们的注意力。

2. 关系融洽

人是社会性的动物，无论性格是内向还是外向，都渴望拥有良好的社会关系。然而，在现实中一些人由于种种原因并不能赢得大家的友谊和尊重，甚至有人还经常受到他人的欺凌。武侠小说、超级英雄电影会给人很强的代入感，它们构建了一个想象的世界，读者往往会有一种心理替代感，认为自己就是故事里的主角，满足快意恩仇的愿望。与之类似，游戏会营造出更强的虚拟满足感。现实生活中的失败者可以在游戏中扮演超级英雄，具有强大武器、顶级装备、超高经验值的玩家在游戏中可以赢得很多人的尊重甚至爱慕，一些人在游戏中大把充钱也是为了满足这种心理需要。游戏对于很多人来说，社会关系属性产生的价值可能比游戏本身更重要。无论是孩子们在游戏中学会人际相处的方法，还是成人们之间的社交活动，游戏总是扮演着载体和道具的作用。

3. 充满希望

我们常说人生不能重来，世上没有后悔药，但是游戏可以。这盘棋下输了再来一盘就行，电子游戏都能存盘从失败的地方重新开始，游戏总是给人们希望。很多时候人们会对过去懊悔。有部经典的美国电影《土拨鼠之日》讲得就是气象播报员菲尔在执行任务时偶遇暴风雪，停留在土拨鼠日（2月2日）这一天反复重过，经过多次重试才领悟到人生真谛。类似的桥段在电影《夏洛特烦恼》中也有。很多角色扮演类游戏就是让玩家尝试不同人的生活，也许换个角色、换个角度，人生境遇可以完全不同。古代时很早就有人用游戏来做战争情景模拟推演，墨子当年就用这种方法与公输盘做"游戏情景模拟"对抗，以区区一人之力拯救了宋国[①]。很多人喜欢游戏，因为在场景中我们可以"无限续命"，这次输了没关系，希望就在眼前。

总而言之，游戏不是一堆道具、一些规则构成的无生命组合，而是饱含着情感寄托、愿景意义、生命哲学的活动。人们在此找到了哪怕是一个小人物的价值感、一种和财富地位无关的愉悦感、一段属于自己的掌控感。它是关公下围棋刮骨疗毒的豪迈，是李商隐分曹射覆蜡灯红的婉约，是拿破仑在圣赫勒拿岛下棋的寂寥，是王质深山观棋烂柯的奇幻[②]，是中国战队《英雄联盟》夺冠的欣喜。游戏不仅是游戏，更是一种文化载体，让人们在无聊中发现乐趣，在复盘中获得经验，在对抗中学会敬畏，在失落中找到信心，在推演中预测未来，在合作中收获友谊。如果按照全息理论来理解世界的话，所谓"一沙一世界，一叶一菩提"，小游戏大乾坤，从中可以领悟很多人生哲理。

（三）游戏化活动

如今，比较流行的一个词是游戏化（Gamification），其实从词源上说，"Gamification"这个英文单词的产生时间并不长。2002年英国的咨询师尼克·佩林（Nick Pelling）发明了该词，并用它形容"运用游戏的加速用户界面设计，使电子化交易既快又有娱乐性"。当时他发明这

---

① 《墨子·公输》。
② 南朝梁任昉《述异记》。

个词主要是为了描述这家名为Conundra Ltd.的咨询公司一项业务。之后该词被广泛地运用起来,现在虽然游戏化的概念并未被完全定义,但不同的观点大都体现了一些共同的特征,著名的行业调查和分析公司Gartner把游戏化定义为使用游戏机制和游戏化体验设计,数字化地鼓舞人们实现自己的目标。著名游戏化学者布莱恩·伯克(Brian Burke)在《游戏化设计》①一书中将这个概念进一步拆解,他认为游戏化包括如下内容:

> 游戏机制是指那些大多数游戏共有的核心元素,如积分、徽章、排行榜等;
> 游戏化体验设计是指玩家通过游戏交互、游戏空间和故事发展而经历的过程;
> 游戏化是一种数字化的激励方式,而不是面对面的激励方式,这意味着与用户交互的是电脑、智能手机、可穿戴显示器或其他数字设备;
> 游戏化的目标是激励人们改变行为、发展技能或驱动创新;
> 游戏化聚焦于使用户达成自己的个人目标,与此同时,让用户所在的组织实现自己的目标。

其实,游戏化活动并非一定要和电子产品结合在一起,总结学者们的研究和现实情况,笔者认为,游戏化活动不同于游戏,是为了实现某个目标或者激励人们去做一般不愿意做的事情,应用游戏的机制、游戏美学或游戏思维去吸引人们参与,激励行动,推进学习和解决问题。同样一件事情,是否游戏化可能产生截然不同的效果。宾夕法尼亚大学凯文·韦巴赫副教授(Kevin Werbach)和丹·亨特教授(Dan Hunter)在《游戏化思维》一书中提到游戏化设计的PBL理论,即:点数(Points)、勋章(Badges)、排行榜(Leaderboards)。

点数,或者叫积分,很多场合都在用。商场会员卡积分、淘宝淘金币、学习强国积分等,都用分值表达游戏的进度情况。积分的作用有三个:记录发展过程;确定获胜状态;对外显示成就。积分的类型还可以设计多个,在角色扮演类游戏中常常有三个数值:生命值、魔法值和体力值。我们可以按照这种思路转换到其他的应用场景中。

勋章。勋章是一种标识,它是积分集合的结果。勋章的作用有四个:为玩家提供努力的目标和方向;表示参与某个活动的条件;对外表达成就;某个特殊群体的标志。军队里常常用这种方式进行激励行为,例如在服装上标明军阶、特殊贡献的人可以佩戴军功章等。企事业单位里面授予某人某荣誉称号。

排行榜,人们都有竞争心态,排名常常会激起竞争意愿。无论是福布斯的排名还是微信朋友圈里走路步数的排名,都会让人们纷纷努力超过他人。

基于游戏的特征,我们还可以用GAME四个字母概括了游戏化活动的要素。Goal(目标),包括游戏目标和实际目标。游戏目标是实际目标的投射,可以是积分、荣誉称号、完成某个任务等;而实际目标才是更核心的部分,可以是教育中掌握某种技能或者企业管理中实现某个绩效。

---

①Brian Burke..游戏化设计[M].武汉:华中科技大学出版社,2017.

Allow（准则），游戏必须有规则，包括大家要对一些事物有不同于现实的理解，该做什么、不该做什么、游戏的边界在哪里等。游戏经常假设一些虚拟化的场景，参与游戏的人们也会扮演不同的角色，这些都有别于现实，需要特别进行界定。在游戏中，大家需要共同遵守一些行为规范，只有在这些规范允许的范围内才能行动。

Medal（授奖），游戏有"荣誉"和"惊喜"才有趣，这些头衔或奖励经常是带有象征意义的，但是在游戏中是至关重要的。冠军、宝物等经常成为人们在游戏中追逐的对象。

Echo（共鸣），游戏不能一个人玩，一定要有互动和协作才有趣。所以通常游戏中都有团队合作和团队竞争。

总之，有吸引力的游戏化活动往往具有如下特征。

目标明确，参与者非常清楚自己的目标是要积分最高还是打倒对手；

规则清晰，参与者都熟知规则与禁忌，能够熟练应用规则找到有利于自己的资源；

实时反馈，很快能够得到输赢结果，很清楚自己的胜败得失；

深度参与，参与者可以多方位地参与游戏的进程；

奖惩及时，无论是物质奖励还是精神奖励都实时产生；

公平公正，每个人初始掌握的资源都是一样的，平等公平展开竞争；

有挑战性，需要付出一定努力才能完成任务；

有随机性，风险会带来刺激，适度的运气成分会增加游戏的趣味性。

二、不同类型课程的游戏化教学

（一）基于实现效果的游戏化教学

游戏化教学体现在很多方面，从发挥的作用可以分为破冰热身类游戏、团队协作类游戏、体验感悟类游戏、创意激发类游戏等。

1. 破冰热身类游戏

在新课程开始阶段，我们需要学生们相互认识、相互了解、组建团队、化解陌生等，一般可以采用破冰热身类游戏。这类游戏一方面可以调节气氛，让教室里充满欢声笑语；另一方面可以让学生们相互认识、打破僵局，以便完成团队组建工作，并在之后的课程中共同完成学习任务。这类游戏很多，在市面上企业培训、团队建设等书籍中都能找到。

以宾果游戏（bingo）为例，该游戏操作很简单，规则：①用事先准备好的配对卡或配对表，请每位学生在教室里寻找与自己配对卡上描述相符的人，并在卡中相应的位置上签名。②每位学生的名字在每个人的卡上只能使用1次，包括自己的名字。③完成的人请大叫一声"宾果"。④如果教师事先宣布"最先将配对卡填完并能在后来证实内容与签名者真实状况相符合的将有大奖"，bingo游戏会更激烈。⑤教师在事先准备配对卡时，可以根据学生实际人数确定配对卡的个数。通过该游戏，教室里的学生能够快速地熟悉了解其他同学的特征信息，建立联系。还有一些游戏可以让教学现场快速热闹起来，如果场地较大的话，可以做松鼠游戏、进化论等。

2. 团队协作类游戏

这类游戏在拓展训练游戏中较多,如神笔马良、同心鼓、不倒森林、齐眉棍、扭转乾坤等都属于此类。下面以神笔马良为例,简单介绍其操作。

神笔马良项目又称妙笔生花项目(见图5-1),是一个带有浓厚趣味性的团队项目,它适用于各种团队的拓展训练及企业运动会等活动。所有学生拉绳子的末端,在不接触毛笔的情况下,按照教师的要求完成指定的任务,最快完成任务的团队为获胜方。每组参加人数为14人左右,时间为40至60分钟。场地在室内或室外均可。每组各有1米长"同心笔"一支,笔杆分上下两层,并系好14根绳索;1平方米左右大的白纸或毛笔写字纸、A4纸或卡纸若干张、墨汁。项目按照书写内容的不同,分为3个难度等级。第1级,让学生写队名、队训等;第2级,学生可创编一句话或两句诗;第3级的难度最高,要求从学生的名字中各取出一个字,根据队员的人数,组成五言诗或七言诗,考验团队资源整合的能力。项目第3级可分为3个部分:第1部分为诗歌创编;第2部分为诗歌书写;第3部分是诗歌展示环节。允许使用不超过3个通假字或同音字,书写时最好用姓名中的原字。如果团队人数不足14人,有些队员可以用姓名中的2个字。如果超出14人,可以将超出的字组成诗歌名字。这个游戏可以实现五个方面的效果:①加强团队精神力,培养团队协作能力;②感受团队配合中,各成员之间的沟通方式与行为方式的变化及所需要的调整;③认识自我管理,自我发展过程中要有全局观念,随时调整目标中出现的偏差;④理解合理分工、各尽职守,为完成团队目标锲而不舍,专注努力的重要性;⑤提升团队士气,激发饱满的热情。

图5-1 游戏场景

3. 体验感悟类游戏

这类游戏主要的目的是通过游戏活动让学生们感悟其中的道理,触类旁通迁移到创新创业活动中。沙盘模拟、桌游类游戏较多属于此类。其中,操作简单的是"七巧板"(见图5-2)。简单介绍一下规则:首先将座位分为7组,学生分为6组,每个组派一位代表(组长之外的)到中心核心组第七组,除了第七组之外任何组的成员都不能离开座位,违反规则者每次扣5分;第一至六组的成员之间不能交流,所有沟通必须经第七组,违反规则者每次扣5分;仔细阅读发给每个组的任务书和图案;每个组在活动开始前会随机获得五块七巧板;按照任务书上的指示完成拼图之后可以获得相应的分数;完成拼图后告诉助教记下得分;活动成功的标准是所有团队总分达到1000分;时间为40分钟。这个游戏主要是培养团队沟通能力,如果哪个小组只是低头完成自己的目标,则它一定是效率最低的,大家要通过中间的第七组来实现团队沟通,达成集体利益最大化,避免各自为战的"囚徒博弈"。

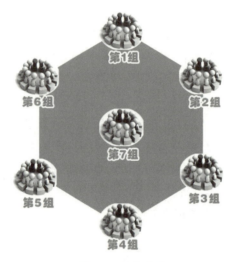

图 5-2 座位安排

4. 创意激发类游戏

在创业教育中,很多人喜欢用棉花糖挑战、报纸搭塔、智力拼图等游戏来激发学生创意思维。以棉花糖挑战为例,该游戏规则很简单,就是在18分钟内,用20根意大利面条、1根胶带、1卷绳子和1粒棉花糖,搭建出一个尽可能高的、能站稳的结构,并且要将棉花糖置于其顶部。通常来说,人们总是先讨论要如何完成这个任务,他们会讨论一阵,比画出大概的结构。互相争论一番,然后再做一下计划,画一画图纸。接下来,参与游戏的人开始拿起意大利面条着手搭建起来。基本搭建完毕后,最后放上那颗棉花糖。然后大家退后一步,大叫一声"Ta-Da!"但是大多数情况是最后一声的"Ta-Da!"变成了"A-Oh!"的惨叫。失败很正常,关键是失败后的反思和改进。游戏的目的就是在体验中不断感悟。

(二)基于教学目标的游戏化教学

教学目标决定教学内容和方法,我们可以按照KSA(Knowledge、Skill、Attitude)将游戏化教学分为强化记忆类游戏、提升能力类游戏和改变态度类游戏。

1. 强化记忆类游戏

在教学过程中,知识型内容占有非常大的比重,教师们常规的讲授式教学大多是针对知识型内容展开的。这种教学方法往往比较枯燥,学生们在没有兴趣的情况下很难记住知识。游戏化教学方法可以将呆板的知识点活化,通过趣味化知识点提升记忆效果。我们可以先把知识点做结构化、趣味化处理,然后将关键信息应用通关问答、小组竞赛、接龙游戏、飞行棋等方式把枯燥的记忆变得有趣。如果是知识点比较多的情况,则可以将关键信息做成卡牌,一面是问题,另一面是需要记忆的结果,答对就能得分。综艺节目《一站到底》《最强大脑》等玩法都可以借鉴,并应用于课堂教学中,教师只需将游戏内容换成需要记忆的教学知识点即可,例如编写诸如《创新创业100问》等知识手册供学生们学习。飞行棋的方法稍微复杂一些,需要提前制作道具。主要道具包括棋盘、问题卡、棋子和骰子。棋盘可以根据教学内容进行绘制,将需要学习的问题放在路线的格子里,由学生或学生组投掷骰子,投到几点就走几格。走到相应的格子里要回答问题卡上的问题,问题回答对了就得分。最后看谁先走到终点。图5-3是某企业新经理培训班上的特制飞行棋。

图5-3　特制飞行棋

2. 提升能力类游戏

创新创业课程需要培养学生的分析力、判断力、领导力等能力,有的课程还会教学生财务分析和管理运营方面的技能。这种类型的课程是很难用讲授法培养学生能力的。游戏化可以创设一个场景,让学生进行模拟练习,通过沙盘演练的方式提升能力。金蝶、用友等软件开发公司都推出了ERP模拟沙盘,每年还会进行校际比赛,学生们在模拟经营中提升财务管理、供应链管理和生产管理等方面能力。在这些模拟沙盘中，教师可以引领学生进入模拟的某个竞争性行业中的实际企业管理工作情景。由学生分组建立若干模拟公司，围绕企业资源、价值、空间三个核心要素进行的一场商战博弈。参加者模拟管理一家公司的全面运作。通过模拟企业的整体运营过程，透彻地分析企业外部环境条件和内部资源实力，制定整体战略规划，还要在生产、销售、营销、财务、研发等方面进行决策，在顾客、市场份额、技术创新、利润等方面展开竞争。在实战模拟过程中，参加者积极参与所有战略和财务决策的制定，以及年度损益表和平衡表的编制，从而掌握作出决策的正确方法，远离决策陷阱和误区，达到提高学生决策能力的目的。

一些模拟经营类游戏可以培养学生的商业思维，例如《富爸爸穷爸爸》的作者罗伯特·清崎（Robert Toru Kiyosaki）开发出了一款"富爸爸现金流游戏"，玩法就像大富翁，每掷一次色子就按色子数字前进几步。这时参与游戏者会碰到各种机会和事件。比如购买房产、股票，也有各种支出，比如购买游艇、交税、养育孩子等。与大富翁不同的是，每笔资金，参与游戏者都必须区分它是资产、负债还是支出，并填入自己的资产负债表中。通过游戏可以更好地理解《富爸爸穷爸爸》书中所说的道理，"大部分人却只知道一种方法——努力工作、储蓄和借贷，他们像圆形赛道里的老鼠，不断地向前奔跑。他们看不到方向，又不敢停下来，因为他们时刻恐惧会失去现有的一切。要想让这些穷人和中产阶级摆脱'老鼠赛道'命运，他们就必须学会如何投资，让钱为自己工作，而不是为了钱和账单而工作"。在这个游戏中，参与游戏者会抽到"机会卡"。现实人生中，大部分人一生当中至少会遇到一次大好的机会。但很多人就像游戏中那样，因为没有勇气抓住机会或者没有准备好现金，而白白失去了人生的机会。类似这样的游戏可以让学生在模拟情景中不断推演各种可能性，提升分析问题、解决问题的能力。

3. 态度改变类游戏

在三类教学目标中，态度改变是难度最大的。首先，知识是显性的，学生"知道"或"不知道"通过提问、考试等方式都能获得知识，而态度则比较隐性。其次，从"无知"到"知道"的过程容易发生，而态度的形成则需要比较长期的过程。尤其是态度中包含了价值观和情感的成分，一般情况下比较难以改变。由于游戏化教学法比较强调参与、体验和感悟，针对态度型教学的效果要远远高于说教式的讲授法。主要的游戏方法包括角色扮演、户外拓展训练和管理沙盘。角色扮演类游戏常用角色互换的方式，例如让客服人员扮演一个需要帮助的客户，体验他的难处和情绪；而另一个扮演工作人员，以不同方式应对，让他亲身体验不同的服务感受。角色扮演剧本可以采用人生AB剧形式。同一场景不同的行为会产生不同的结果，在对比结果的时候就能领悟应该采用的行为模式。在拓展训练中常用过电网、孤岛求生、毕业墙等项目，让大家感受团队的力量。例如，在过电网游戏中，团队成员要把每一个人在不触碰到"电网"的情况下送到另一边的"安全区域"，最后往往只剩下一个人，抛弃他大家就赢了，不放弃就要想更多的办法。在面对关键决策的时候是最容易激发内心情感的。毕业墙也是一样的，往往被放在拓展训练的最后，大家采用搭人梯的方式通过高墙，在众志成城、克服困难的时候，人心是最团结的。

（三）基于教学场地的游戏化教学

在游戏化教学活动中，我们除了在教室里开展室内游戏化活动之外，还可以开展户外拓展训练。

1. 户外拓展训练

户外拓展训练一词来源于英文Outward Bound，是指将体能、心理、管理与社会适应等多种学习目标融入户外运动，按照体验式的学习模式进行的一种团队教育活动。它以项目为载体，以体验为学习模式，以感悟为目的，让学习者主动地发现、思考、分析、解决问题。在参与、体验的过程中，学习者的心理受到挑战，思想得到启发，他们共同讨论总结任务方案，进行经验分享，感悟人生道理。国外Outward Bound是最早以冒险为基础的教育活动，Outward翻译成中文是向外的意思，最初的Outward Bound是在航海中使用的旗语，是在船只出发前，用于召唤船员上船，表明船的出发时间到了。Bound喻指迎接未知的挑战和风险。拓展训练主要是在Outward Bound的教育思想下衍生出来的。现在国外Outward Bound作为一种学习方式越来越普及，并在教育领域诠释为"一艘小船在暴风雨来临之际，离开安全的港湾，驶向波涛汹涌的大海，去迎接未知的挑战，这艘小船在面临风险与困难的同时，也可能发现新的机遇"。

拓展训练源自德国教育学家库尔特·哈恩（Kurt Hahn），他对海员幸存者进行研究，利用一些自然条件和人工设施，让年轻的海员做一些具有心理挑战的活动和项目，从而训练和提高他们的心理素质。1941年，哈恩和戈登思陶恩的船业大亨劳伦斯·霍尔特在威尔士成立"阿德伯威海上学校"，训练年轻海员在海上的生存能力和船触礁后的生存技巧，收到了显著的成效，这就是世界上第一所拓展训练学校（Outward Bound学校）。第二次世界大战结束后，一些社会研究者从这所学校的训练模式中得到启发并提出向社会各行业推广拓展训练。在不断地发展中，Outward Bound学校的学生范围由年轻海员扩展至工厂学徒、警察、消防员、军校学生等。当时为期一个月的项目包括小船驾驶训练、达到合格标准的体能训练、用地图和指北针跨越乡村的越野训练、救援训练、海上探险、穿越三座山脉的陆地探险及对当地居民的服务活动，这就是拓展训练模式的开端。

1946年Outward Bound信托基金会在英国成立，目的是推广拓展训练理念并筹集资金创办新的拓展学校。1964年1月9日，组成拓展训练法人组织（Outward Bound Inc.）的文件在美国起草。随后的数年间，拓展训练学校在世界各地不断成立，实践着其教育理念。Outward Bound国际组织下属的拓展训练学校（OBS）已经遍布全球五大洲，共有40多所分校，这些分校秉承了哈恩的教育理念，受训人员包括学生、教师、企业基层员工和各级管理人员。拓展训练学校的教学理念慢慢得到教育系统人士的关注及认可，有很多教师和学生参加体验活动，此后主流学校和拓展训练学校进行了各领域的合作，有段时间拓展训练学校在普通学校中也设立了一些分支机构，被称为"学校中的学校"。拓展训练学校的教学体系在许多教学研究人员的关注和研究下，训练理论更加丰富，项目体系日趋完善，并且将它的学习规律回归到体验式学习，同时促使其和其他学科、不同领域的大胆融合，取得了良好效果。

1995年,以"拓展训练"命名的体验教育模式经过整合改造后进入我国,当时的"北京拓展训练学校"是最早开始在国内开展拓展训练项目的培训机构。随着国内拓展训练的普及,参训单位也由最初的外企发展到国企、事业单位,参训学生从高层领导发展到普通员工。国内知名企业如联想集团、清华紫光、北大方正、海尔等企业也都把这种培训项目作为员工教育培训的必修课。拓展训练项目一般包含破冰热身类项目、团队挑战类项目、中低空类项目及高空类项目等项目类别。学生们通过定向越野、徒步暴走、水上项目等多种途径培养团队精神、提高应变能力、磨炼忍耐力、塑造创业精神。如今,很多学校都将拓展训练项目引入到学生素质训练之中。

2. 室内游戏活动

室内游戏活动的形式很多,我们可以将团体心理活动、桌游、沙盘模拟等内容结合教学内容引进课堂。这里简要介绍沙盘模拟游戏化方法。"沙盘"最早源于军事用途,即用沙土或其他材料做成的地形模型。在军事题材的电影、电视作品中,我们常常看到指挥员们站在一个地形模型前研究作战方案的场景。随着时间的推移,沙盘的概念和用途不断发展演变,地形沙盘、建筑模型沙盘、工业模型沙盘、地区或单位规划沙盘等各行各业已较为常见。这些沙盘可以清晰地模拟真实的地形地貌或区域格局,使其服务的对象不必亲临现场,也能对所关注的位置了然于心,从宏观的角度全面地审视所处的环境局面,从而运筹帷幄、决胜千里。"模拟"说明了我们面对的不是一个真实的企业对象,而是具备了真实对象所拥有的主要特征的模拟对象。沙盘模拟是借鉴沙盘推演在军事上的成功运用和欧美企业成功的培训经验,以沙盘为载体,通过在沙盘上的模拟经营现实对学生管理知识的培训。"阅读的信息,我们能记得10%;听到的信息,我们能记得20%;但所经历过的事,我们能记得80%"。当全球企业界的教育培训机构力图寻找一种效果持久的培训方式时,体验式培训以其独特的魅力和效果持久的特点脱颖而出。沙盘模拟训练是一种体验式培训,它强调"先行后知"。它是通过参与带有挑战性的"模拟经营",使学生和团队经受一些"考验"之后,再通过讨论和培训师点评,把这些从"考验"中得来的认识与学习内容相结合,把培训中的情景与学习目标相联系的一种新型教学模式。

沙盘模拟是参加者通过沙盘实物教具模拟真实环境,全部过程均在沙盘上进行推演,参加者能够清晰地观察到每一步决策对游戏结果的影响,并通过数据的变化直观地反映出操作与结果的联系的一个完整决策过程。使决策者在分析问题、制定策略、互动博弈、沟通合作和结果呈现等一系列的活动中,领悟管理规律、深刻理解战略管理、整体运营、团队建设、竞争优势缔造以及资源的合理配置,并能有效提高管理人员决策的能力。沙盘模拟通过让学习者在一个与现实情境类似或相近的环境中,学习知识、验证、扩展已有知识,并运用已有的知识与经验,识别、分析和解决情境中的问题。

沙盘模拟课程会把参加训练的学生分成若干组,每组6到10人,每组各代表一个不同的虚拟团队,在这项训练中,每个小组的成员将分别担任团队中的重要角色。每个团队都是竞争或合作的关系。参与者以切实的方式体会深奥的商业理念,看到并触摸到商业运作的方式。体验式学习使参与者学会收集信息并在将来应用于实践之中。沙盘模拟完整生动的视觉冲击,将极为有效地激发学生的学习兴趣,增强他们的学习能力。学生有充足的自由来尝试重大决策,并且能够直接看到结果。

　　沙盘模拟的结果,还取决于每个团队之间相互影响、相互竞争的决策,以及这些团队作为集体与大环境的相互影响。参加者必须学会分析竞争对手的优势和劣势,并且处理各种决策的后果。他们将会"亲身经历"实际商业团队每天所面临的各种挑战。在模拟过程中,除非每个团队有明确认同的整体策略,且小组内的每个成员既明确分工又密切合作,否则,他们将不可能获得好成绩。培训之后,参加者就可以将模拟经营过程中掌握的知识和经验运用于真正的经营活动之中了。他们不仅知道自己的决策对整个组织都有影响,还知道会产生什么样的影响和为什么会产生这些影响。

　　情景模拟沙盘是通过营造强代入感的学习场景,让参与者通过特定的游戏规则,发现自己在游戏中所表现出来的问题,并找到自己需要完善与提高的地方,在游戏中学习知识、明白道理。情景模拟沙盘课程为企业提供了一种低成本的犯错式学习,通过这种犯错式学习全面剖析了经营管理的短板与瓶颈,提升管理者的经营管理能力。

　　通过情景模拟沙盘可以实现以下教学目标。

　　(1)学会制订计划。

　　了解以及强化制订计划对组织战略实施的重要性。在整个沙盘经营演练过程中,参与者不仅要分析外部动态复杂的环境,还要分析内部的资源管理情况。所以,参与者需要制订一个详细而周密的计划来保证整个团队战略的正常实施。而实现组织目标的关键因素在于不折不扣地执行制订的计划,来促使目标的完成。

　　(2)学会成本控制。

　　掌握制订节约成本的计划和预算的方法。沙盘中涵盖的企业运营的主要环节,在建立一个清晰的执行计划,要全面考虑在整个执行过程中的成本管理与节约成本的总体意识。

　　(3)建立管理流程。

　　学会建立清晰而明确的管理流程。沙盘模拟学习中,各个不同的管理职能部门和管理岗位都需要建立清晰明确的管理流程,学习者可以从中感受到在现实企业管理工作中,清晰而明确的管理流程能够有效地提高工作效率和提升生产效益。

　　(4)塑造领导力。

　　掌握情景领导力的运用方式。经营沙盘犹如经营管理现实的商业体,需要不同的性格、不同的文化背景的成员共同参与,因此,如何通过卓越的领导魅力来影响整个团队的人力资源价值最大化是学生需要在沙盘模拟中探索的问题。学生最终要学会根据不同风格的成员情况,发挥自己独特的情景领导魅力。

　　(5)提升管理认知。

　　掌握系统的经营与管理的思维模式。在整个沙盘的经营过程中,针对中高层经理人才,应强化对他们的全局观、整体观,以及系统的经营思维和管理模式的培养,需要使他们明白,整个沙盘竞争的过程中需要依靠不同部门组织协同、跨部门沟通与合作,才能共同完成团队目标。

第二节 游戏化教学设计

游戏化教学课程既要实现教学目标,也要让学生感到有趣,能够寓教于乐。因此,游戏化教学设计通常需要包含四类要素,即活动场景设计、目标任务设计、活动规则、游戏载体道具。

一、活动场景设计

游戏引人入胜的一个重要原因是通过构建虚拟场景来激发参与者的想象力。对场景的想象力,在每个人的童年就已经具备。儿时一个简单的玩具加上孩子们的想象力就能构建出一个有趣的场景。孩子们在自己建造的场景中扮演想象的角色,在不同的场景中工作、生活、娱乐,并乐此不疲。因此,游戏的第一步就是先应用"魔环效应",构建出虚拟化场景。这个场景包含了一个故事需要具备的四个要素,即时间、地点、人物和事件。

(一)时间设定

时间设定可以是真实的某段历史,也可以是虚构出来的故事场景。例如,《口戈天下》用的是战国七雄的背景,每个团队扮演战国时期的一个国家,要通过内政外交来获取资源和其他国家进行博弈。《沙漠掘金》[①]的背景是19世纪初有人在某国人迹罕至的地方意外地发现了一座矿藏丰富的金矿,并把这个地方取名为金山,消息传出后,很多人组成了掘金队,他们来自不同国度,目的只有一个,就是挖掘到尽可能多的金块。当他们来到这一区域的时候,发现这个地区是一个地形复杂、气候恶劣的沙漠地区,要想到达大山,必须穿过这片大沙漠才有可能,而且,从现在开始,还有25天此地就要进入冬季,在冬季没有人可以在沙漠里面存活,因此,必须在第25天之前走出沙漠,否则将被困死在沙漠里。在这场掘金大战中,比拼的是哪个队伍能挖到更多的金子回来。而《世纪风帆》[②]的时间背景是15世纪末到16世纪初的大航海时代。背景时间设计的时候如果采用真实历史背景,很多内容是不需要解释的,参与者基于背景知识可以快速"脑补"出来相应的资料。当然,基于历史背景设定的沙盘也会受到真实历史的局限,例如三国时期的魏蜀吴的实力差距必须和真实情况相吻合,否则学生们就会"跳戏",无法进入场景模拟中。

(二)地点设定

有的课程会用到"地图模式",即将游戏放置于某个特殊的地点,例如《沙漠掘金》是探险

[①] "沙漠掘金"课程原型是耶比欧企管(HPO)从加拿大 Eagle's Flight 公司独家代理的经典体验式培训课程,很多培训师对其进行了修改应用,版权归原公司所有。

[②] "世纪风帆"课程来自从加拿大 Eagle's Flight 公司 windjammer,版权归原公司所有。

家们组建了一支驼队,大家要穿过充满危机的沙漠去深处寻找宝藏。类似的场景会在电影《夺宝奇兵》《国家宝藏》等出现,学生们很容易进入游戏场景。国内有人进行了本土化改编,取名《敦煌密藏》,规则基本类似,只是把地点换成中国敦煌的某个秘密宝藏。而《吉塔行星》[①]则带有科幻色彩,它把参与的团队带到了一个未知星球去探索。有的游戏地点设定仅仅是背景资料,而有的则具有实际意义,例如《探险队》[②]把地点定在攀登珠峰的路上,提供的就是真实的登顶行进路线图(见图5-4)。

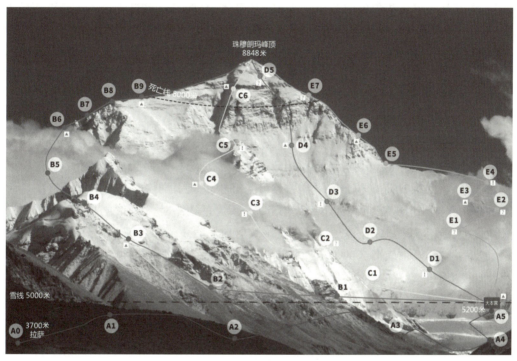

图 5-4 《探险队》路线图

（三）人物设定

教师可以将沙盘与具体的游戏情境结合,设置若干人物角色,让学生在组建团队时明确角色分工。常用的人物角色设定如下:

1. 按照公司职位进行人物角色设定

例如董事长、总经理、财务总监、人力总监、销售总监、生产总监等。这些头衔很明确地表达了该职位要承担的责任和义务。同时也有助于学生了解企业运行规律和组织架构。

2. 按照游戏背景进行人物角色设定

例如《加勒比海盗》[③]中可以设置船长、大副、水手长、火枪队长等角色;《盗墓笔记》[④]则可

---

①肯·琼斯.15个情商培训游戏[M].姚志刚,译.上海:上海远东出版社,2009.
②该课程是安迪曼公司引进的美国思力佳公司版权课程"探险队"。
③④该课程是由笔者团队研发的沙盘模拟课程。

以按照小说剧情设置张起灵、吴邪、王胖子、阿宁等人物。每个角色都需要完成相应的任务，这样保证了每个学生都有参与感，也要协调个人任务和团队任务的矛盾冲突，加强游戏的体验感。为了增强代入感，可以设计若干角色卡，例如《吉塔行星》的角色卡"安德弗—太空军官""伯恩利—太空军官""加的夫—太空军官""伊哥塞特—太空军官"，等等。

此外，利用小说、电影等文学作品中的人物，也可以帮助学生快速理解相关角色的关系和游戏规则。例如游戏《王者荣耀》里的角色就采用历史真实人物，如吕布、关羽、周瑜，不需要解释，大家都知道这些角色的特征。同样，《盗墓笔记》的粉丝也很清楚张起灵和吴邪之间的关系。除了方便学生理解游戏角色外，采用影视作品IP的情节、人物作为背景设计课程，还可以赢得更多市场的拥趸。

（四）事件设定

事件设定往往埋藏了参与者需要完成的任务、存在的矛盾冲突、已经具有的前置资源等。例如，《铁路大亨》的背景是19世纪60年代的美国，由于东西部被崇山峻岭、浩瀚沙漠重重阻碍，没有一条便利的交通线路。1862年时任美国总统林肯批准通过了第一个建设太平洋铁路法案，该法案规定由联合太平洋铁路公司和中央太平洋铁路公司共同承建横贯大陆的太平洋铁路。当时美国南北战争已经燃起战火，这条铁路对美国北方来讲有重要的战略意义。为了在4个月的周期内开通铁路，美国政府在法案中颁布了现金补助法，还规定无论哪一家公司承建，凡铺轨两旁的土地即归其开发利用。如今，很多影视和小说的情节都被改编为沙盘模拟或者桌游的背景。例如，《加勒比海盗》《独立日》《盗墓笔记》《古董局中局》等。

二、目标任务设计

设计好活动场景后，教师需要给学生布置目标任务。任务分为场景任务和学习任务，场景任务需要在活动开始前告知，学习任务可以同时告知，也可以在活动结束后进入反思感悟环节发布。目标任务的确定决定了学生们最终是否完成课程的关键。任务设定通常有如下四种方式。

（一）积分通关式

积分通关式是最常见的任务类型。教师在告知同学们计分的规则后，由学生完成子任务并获得相应的分数。积分有开放型和封闭型两类，开放型上不封顶，按照实际得分来计算，结果是开放式；而封闭型则设定了满分，就像考试一样，满分是100分，只能在此空间内浮动。学生得分可以有多种表现形式，最简单的就是单一积分，例如《七巧板》中1到6组的任务和计分方式是类似的，具体如下（见表5-2）：

用五种颜色的图形分别组成图一至图六，每完成一个图案将得到10分。

用同种颜色的图形组成图七，完成后将得到20分。

用三种颜色的七块图形组成一个长方形，完成后将得到30分。

每完成一个图案,请通知教师,培训师确认后,将登记分数。

或者:

用同种颜色的图形分别组成图一至图六,每完成一个图案将得到10分。

用五种颜色的图形组成图七,完成后将得到20分。

用三种颜色的七块图形组成一个长方形,完成后将得到30分。

每完成一个图案,请通知教师或者培训师确认后,将登记分数。

而坐在中间的第七组任务有所不同,具体如下:

领导团队在规定时间内完成任务,达到1000分的目标。

指挥其他各组成员,用所有的35块图形组成5个正方形,每个正方形必须由同种颜色的7块图形组成。每完成一个正方形,你将得到20分,组成正方形的那个组将得到40分。

支持其他各组成员,在规定时间内得到更多的分数,其他各组总分的10%将作为你的加分奖励。

表5-2 统计表

	图一 10分	图二 10分	图三 10分	图四 10分	图五 10分	图六 10分	图七 20分	长方 30分	正方 40分	单组成绩
一组	五色	五色	五色	五色	五色	五色	同色	三色7块	同色7块	
二组	同色	同色	同色	同色	同色	同色	五色	三色7块	同色7块	
三组	五色	五色	五色	五色	五色	五色	同色	三色7块	同色7块	
四组	同色	同色	同色	同色	同色	同色	五色	三色7块	同色7块	
五组	五色	五色	五色	五色	五色	五色	同色	三色7块	同色7块	
六组	同色	同色	同色	同色	同色	同色	五色	三色7块	同色7块	
七组							完成正方形的数量最多5个(　)×20分			
总成绩	六个组成绩总和(　)+第七组正方形奖励分值(　)+六个组成绩总和×10%(　)—移动扣分(　)=									

教师用上表进行统计,活动结束后做复盘分析。任务计分可以每个小组派专人统计,然后报给教师或者助教。

另一种计分方式是代币。即提供给学生面额不等的游戏币,在初始阶段发放给每个小组的资源包里有一定的"创业资金",学生们可以拿来购买相应物资,完成团队间的资源交易,最终以代币总量来衡量是否完成任务。例如《沙漠掘金》的任务目标是:出发前每队拥有初始资金1000元,利用所拥有的资源及团队的聪明才智,在25天之内从大本营出发到大山里挖掘金币并返回大本营,最终获得资金最多的探险队为最后总冠军队。

当然,还可以设计一些游戏关卡,积分到某个数量就可以进到下一关,或者完成了某个关卡任务后可以获得相应的积分。这些都根据教学需要而定。如果希望学生玩得时间更长一些,可以使用这种模式。

（二）竞争博弈式

有的课程不强调团队之间的竞争，只需各自完成自己的任务，彼此没有影响，但更多的游戏还是带有小组间竞争博弈色彩的。从小组间的关系可以设计三种不同类型的任务模式。

1. 纯竞争关系

在拓展训练中经常会有组间竞争，例如，《珠行万里》就是小组间接力把珠子一路传下去，时间最短且珠子没有掉落的团队获胜；《踩数字》《无敌风火轮》等也要求计时并准确完成任务。这种关系主要突出的是小组内部的协作和小组之间的竞争对抗。

2. 纯合作关系

有的游戏看似竞争，实际上是暗含了合作导向。《七巧板》在复盘分析的时候就要强调第七组对前六组的支持；《世纪风帆》也是强调小组之间资源的整合；《模拟联合国》《冷战》等更是要求大家必须良好地沟通才能达成共同的目标。

3. 竞争合作相结合

在游戏中有竞争对抗容易提升大家的集体荣誉感和凝聚力，资源是有限的，想取胜就要限制其他团队发展。在一定限度的竞争博弈也有必要。因此，有的教师在《沙漠掘金》原版的基础上增加了武器，让探险团队通过竞争抢夺资源。经典桌游《大富翁》的最初设想是克制垄断，通过沟通协调实现"共同富裕"。只可惜人们为了游戏趣味放弃了最初设计师的想法。

（三）情景模拟式

这类游戏有点类似于"剧本杀"模式，大家在一个场景下寻找线索答案。通常包括如下三种。

1. 案例模拟

有的人力资源管理沙盘将具体的管理案例导入进来，提供给学生具体的问题，例如要在三个候选人中选一个候选人做经理，在阅读了三个人的材料后，应如何进行决策？如何处理矛盾纠纷？这种沙盘模拟主要考查学生实际问题的处理能力，因此力求案例实景还原。

2. 谜题破解

谜题破解类的沙盘往往构造一个虚拟化场景，让学生寻找线索，例如《米诺斯》就是提供参与的学生一堆看似彼此不相关的信息，要求学生从中找到五把钥匙和相应工具打开大门。

3. 定向寻宝

如今，一些综艺节目等往往采用这种方式，让艺人在一个区域内寻找各类线索，完成任务后获得相应道具，最终实现团队目标。我们的课程也可以参照这种方式，把任务、谜题放在户外、教学楼，甚至是交通工具上，让大家去探索。

三、流程规则设计

明确了目标任务之后,就要告知学生相应的流程和规则,以保证各类活动能够顺利进行。规则是教学实施的支撑和保障,我们可以通过活动手册、任务卡等形式发给学生,同时在游戏正式开始之前做现场解读。规则系统通常包括以下五部分。

(一)资源获取规则

1. 初始资源

要完成任务,需要各类资源的支持。有的课程各团队初始资源是一样的,例如《沙漠掘金》开始时每个团队都有1000元起始资金、1000磅载重力。有的课程各团队初始资源貌似是不一样的,实际换算成代币金额是一样的。例如《世纪风帆》中每个团队的锁扣和绳索颜色不同、价格不同、数量不同,但是算成对应的价值都是一样的,这保证了游戏的公平性。

2. 交易资源

有的资源是可以通过与教师(助教)或者其他团队交易获得的。最直接的就是用代币购买,或者生产出某种产品进行交换。交易价格可以是固定的,也可以根据地点不同、时间不同进行变化。比如,《沙漠掘金》中大本营食物是10元/份、水是25元/份、指南针是100元/个、帐篷是400元/顶;在村庄则价格加倍。《世纪风帆》中不同月份的原材料价格和成本收购价都是不同的。

3. 情景资源

当学生们完成某项任务时可以获得情景资源,例如奖励某个道具,或者发现某个功能卡。在《沙漠掘金》中,教师可以增加内容,如在带驼队进入王陵时,触发随机情景卡,学生或者获得某种奖励资源或者遭遇惩罚性事件。不可预料事件的发生会增加游戏的趣味性。

(二)积分获取规则

积分获取通常和时间进程、路线行进、特定任务完成情况有关。例如,《口戈天下》中每座城池每轮会产生1万两白银,掌握的城池越多,每天的收入也越多。类似《大富翁》的飞行棋类游戏则由投色子来决定进程,到达不同位置完成了相应任务就能获得积分奖励。《沙漠掘金》通过挖掘宝藏来获得积分,每天能够获得一袋金子,每袋金子50磅,而金子在回到大本营时可以换取相应现金。第一名返回大本营每磅金子可兑换现金100元、第二名兑换现金90元、第三名兑换现金80元……以此类推。有的游戏设置了对抗博弈环节,胜者可以从败者手上获得资源或者奖励积分。

(三)竞争对抗规则

竞争对抗方式有很多,常见的就是实力比拼。例如《口戈天下》中,将每个国家的国力值分为"文臣武将""军事力量""粮草""治国方略""外交政策"五类(见图5-5),在进行内政建设时可以通过购买的方式提升指标。当一个国家向另一个国家挑战时可以发"战书"后进行比拼。挑战方来确定竞争国力值类型,进行国力值比拼,每项国力值本场战争中只能使用一次。战争采取三局两胜制,双方依次出牌比拼同项国力值,点数高者获胜。如出现相互攻击情况则比拼白银储备,白银储备量高者先手出牌。如白银储备依然相同则采取石头剪刀布的方式进行。

图 5-5　道具卡

（四）行为约束规则

在游戏进程中,为了保证进展顺利往往会定下一些行为约束规则,例如,不能随意走动,有的团队成员会偷偷到其他团队那里窃取情报,因此,需要设定规则加以限制,例如只有外交官、营销总监、使臣等特定角色的人才能走动等。在时间方面,由于课堂时间有限,讨论决策等行为一定要在5分钟或者10分钟之内完成,超时会有相应处罚。当团队之间出现争议时,需由教师进行裁决。

四、载体道具设计

游戏化教学课程通常有实物和电子两种载体道具,实物载体的优点是情景带入感强,除了常用的卡牌、地图外还可以设计相应的环境布置和个人装扮。缺点是不便于携带,布置场景花费时间较长,不易于外出使用。电子载体的优点是可以在户外使用、计分方便,如果采用VR、AR等技术可以有更强的体验感。

（一）实物载体道具

实物载体和道具可以直接在网上购买成品也可以自行定制,很多销售拓展训练器材的网店都有售,往往还附带使用说明,教师依据文字或视频指引实际操作几次即可掌握。如果想在此基础上根据自己课程需要进行修改或者自行设计某个游戏化课程,也可以找专业机构定制。主要的道具类型包括以下四类:

1. 地图道具

地图,在桌游领域叫版图,不是必备道具,只在沙盘模拟、飞行棋或者桌游中经常会用到。地图的作用第一是指引行进路线。《大富翁》《沙漠掘金》(见图5-6)等都需要告知学生当前方位和行动路线,学生需要将代表团队的指示物进行移动。第二是做物品摆放指示(见图5-7),很多ERP沙盘的盘面会设置若干格子,指示财物流向,学生可以把代表现金和产品的代币放在相应格子里。第三是方便小组讨论。一些决策思维的过程可以通过沙盘推演的方式进行,小组成员一起在沙盘上移动指示物展示各种可能性。第四是展示疆域。《口戈天下》的地图(见图5-8)表示已经掌控的城池信息和其他团队所在位置。《吉塔行星》的地图是分若干片,根据学生们的探索逐步展示出来的,显示的就是已知疆域。

图 5-6　沙漠掘金地图

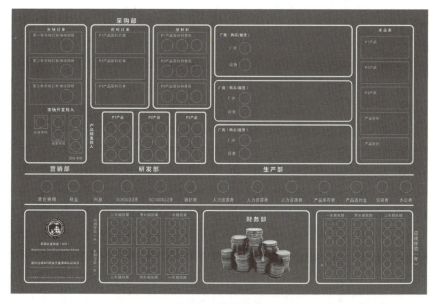

图 5-7　游戏道具

图 5-8　口戈天下地图

2. 卡牌道具

游戏化教学最常用的就是卡牌道具,卡牌的类型包括如下四种。

身份卡牌,标明的角色身份特征,可以做成胸卡形式。

代币卡牌,有货币符号和金额。

资源卡牌,表示某种资源属性、数量和价值。

功能卡牌,表示持有这张卡牌可以获得某项特殊能力。

3. 指示物道具

为了增强体验感,我们可以将部分卡牌换成指示物。例如用一个骆驼模型来代表《沙漠掘金》中驼队的位置;用实物模型来代替《盗墓笔记》中的洛阳铲或者黑金古刀。一些售卖影视周边或者模玩的小店通常都有这种模型。《龙与地下城》等很多桌游都采用这种形式,深受玩家的喜爱。

4. 装扮道具

同样,给团队发放海盗帽、水手巾或者汉服之类装扮也可以加强体验感。这个不是必要的,可以根据课程需求来定。

(二) 电子载体道具

游戏化教学的电子载体从内容上分,有经营模拟沙盘和情景模拟游戏两类。

1. 经营模拟沙盘

经营模拟沙盘基于企业经营管理的流程和方法,通过沙盘模拟的方式让学生体验决策后产生的结果,结合专业知识提高对企业管理理论的理解。这类沙盘课程通常由用友、金蝶等管理软件公司开发,高校采购后作为企业管理、会计、市场营销、物流服务与管理、电子商务、国际商务、信息管理等专业学生的实验实训课程。由于其专业性较强,非经济管理类专业学生在没有教师的指导下,往往要花费数月时间才能掌握。有的学校对此感兴趣的学生还成立了社团协会，一起交流学习，组队参加比赛。以用友集团为例，2011年成立的新道科技股份有限公司基于《企业经营模拟沙盘》开发了《新创业者电子沙盘》和《新商战电子沙盘》。该电子沙盘是用友手工沙盘(ERP沙盘)的拓展和延伸，在教学和实训中既可以与手工沙盘相结合，也可以单独使用。

新道"新创业者电子沙盘实训课程"涉及整体战略、产品研发、设备投资改造、生产能力规划、物料需求计划、资金需求计划、市场与销售、财务经济指标分析、团队沟通与建设等多方面的内容，让每个学生直接参与"企业"的经营活动，亲身体验复杂和抽象的企业经营管理理论，感受市场竞争的精彩与残酷，体验承担经营风险与责任，在成功与失败的体验中，使学生学习管理知识，掌握管理技巧，感受管理真谛，体验团队协作精神，从而全面提高学生企业经营管理方面的素质与能力。该课程训练，有助于学生对企业经营管理理论的深入理解和有效掌握，锻炼学生运用所学理论及方法解决企业经营管理实践问题的能力[①]。

新道"新商战"系统平台(见图5-9)是继"新创业者"沙盘模拟经营系统之后的新一代企业经营模拟软件系统。该平台在继承企业经营模拟沙盘特点的基础之上，吸收了众多经营类软件的优点，更贴近现实，运行规则及订单可以自由设置，同时可以支持多市场同开。新道"新商战沙盘实训课程"集知识性、趣味性、对抗性于一体，涉及整体战略规划、产品研发、设备投资改造、生产能力规划、物料需求计划、资金需求计划、市场与销售、财务经济指标分析、团队沟通与建设等多方面的内容(见图5-10)。由于新道"新商战沙盘实训课程"更加侧重对诸多决策变量进行分析，对经营变量建立数学建模，例如：财务分析从收益力、成长力、安定力、活动力四个方面提供了对各企业的分析数据。在获得企业经营的感性认识基础上，通过本课程实训又可以在各项决策过程中获取更多管理知识[②]。

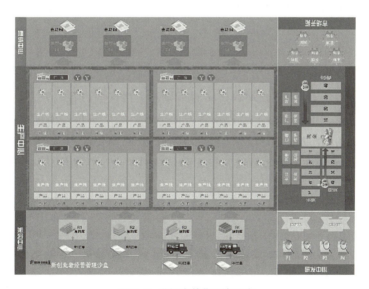

图5-9 "新商战"系统平台

[①②] 引自新道科技的官网。

图5-10 "新商战"沙盘

利用电子沙盘可以记录企业模拟竞争过程,收集各企业每年广告投入、成本费用、财务状况、经营成果等信息,协助完成选单过程,对各组经营情况进行销售分析、成本分析、财务分析等,降低了教师的授课难度,便于对大量数据进行分析、对比工作。对于初学者,理想的教学模式是将用友创业者企业模拟经营系统与实物沙盘相结合,可以使学生对企业的经营及运作流程有一个直观的认识;对于已经熟悉了企业的运营流程的受训者,经营决策的高级训练可以单独使用创业者企业模拟经营系统。这类沙盘软件结构完善、内容丰富,通常还配有教学手册,教师无须做课程研发设计,可直接应用,具体可以参见相关书籍,此处不再赘述。

2. 情景模拟游戏

在创新创业教学过程中,可以直接应用成熟的模拟经营类PC版游戏或手游,让学生们在游戏中体会经营管理的方法,教师做相应的指导。当然这些内容和教学结合不够紧密,容易让学生只注重游戏过程而忽略了经营管理方面学习。我们也可以借助一些活动游戏设计平台来自行设计定制,开发适合自己课程的教育游戏产品。目前,有一款可以将线上和线下活动相结合的平台"爱闯闯",教师可以基于实际场景自主设计活动线路,实现教学目标。

(1)功能菜单。

功能菜单位于爱闯闯后台管理中心的顶部,不同的用户身份会有所差异,主要模块包括一以下9个部分。

方案中心:展示爱闯闯后台管理中心提供的所有方案模板,并能下载资料、获取示范线路。

我的线路:根据不同的用户身份,展示允许查看的所有线路列表,并能进行查看、编辑、生成活动等操作。

我的活动:根据不同的用户身份,展示允许查看的所有活动列表,并能进行查看、修改、发布等操作。

活动监控:列表展示允许查看的所有已发布活动,并能进行照片导出、查看排名等操作。

培训游戏:点击进入培训游戏管理页面,管理极限寻宝、极限潜航、极限拆弹、极限谍战等培训游戏项目。

帮助:后台使用帮助相关的功能汇总,包括使用帮助、意见反馈和更新日志。

认证:独立的设计师通过认证后可以成为全职设计师,享受更多的功能。

用户账号:用户账号管理功能,包括账号设置和修改密码等。

我的企业:点击进入所在企业账号页面后,可以进行账号充值、查看明细、添加或删除设计师等操作。

(2)线路列表。

线路列表板块是爱闯闯游戏设计的重要区域,在这里,游戏设计师们能够尽情地发挥自己天马行空的想象力,设计出各种各样的游戏。

找模板:用于浏览后台管理中心提供的方案模板,设计师点击可以进入方案中心页,直接使用爱闯闯官方已经设计好的游戏模板。

新建线路:用于进入创建线路对话框,点击之后可以创建一条新线路,构建属于自己的游戏。需要注意的是,基础版的功能不是特别齐全,如果你想创建一个完成的游戏,推荐使用专业版线路。

线路搜索框:用于搜索已创建的线路,当设计的游戏比较多时,这个功能对于设计师就十分的人性化,通过模糊关键词搜索(线路ID、线路名称等)就能准确找到某条游戏线路。

线路ID:它就像我们的身份证,是某条线路唯一的识别号,点击可以进入线路查看页。

线路查看:用于进入线路查看页,查看线路相关的信息,对于整条游戏线路能够做到全局浏览。

线路编辑:用于进入可视化编辑器,对线路相关内容(点位、任务、逻辑关系等)进行编辑。

生成活动:用于进入创建编辑活动页,为对应的线路生成一场活动。

更多:用于进行不常用的线路操作,包括线路复制、线路重命名和线路删除等。

(3)线路编辑。

无论是选择爱闯闯官方提供的游戏模板还是选择自己从零开始设计游戏,都要进行游戏线路的编辑,在前面的介绍中我们已经知道了线路列表的功能按钮,接下来我将为你将详细讲解一下线路设计的步骤。

第一步:创建点位。

点位就相当于游戏任务的关卡。需要注意的是,一个点位内设计者可以设计多个需要游戏者完成的任务。在【地图模式】下,通过【地图戳点】以及【地图搜索】功能都可以实现创建点位(见图5-11)。

图 5-11 设计点位

点位创建完毕后默认处于选中状态,可在右侧的【点位属性面板】中修改相关点位参数。

第二步:添加任务。

选中一个点位后,在该点位的【任务栏】中点击【+】便可成功添一个任务(见图5-12)。添加成功后,可以在右侧的任务【任务属性面板】中修改任务的相关信息。任务的类型多种多样,包括问答、猜字、数字密码等;根据不同的任务类型可以配套选择视频、音频、图片等资源。具体的详细情况你可以直接在任务栏中看到。

图 5-12 创建任务

第三步:设置逻辑关系。

点击左上方的【逻辑编辑模式】小窗口,可以切换为逻辑编辑模式(见图5-13)。所有点位和任务在不设置逻辑关系的情况下是并列关系,默认没有出现顺序,将在游戏中同时出现。

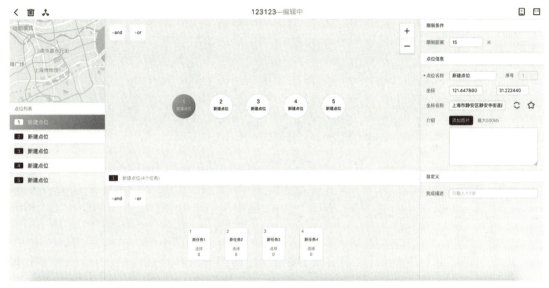

图5-13　设置逻辑关系

若需要让点位任务按照一定的顺序先后出现,则需要建立逻辑关系连线,方法如下(见图5-14)。

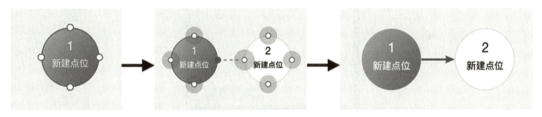

图5-14　建立逻辑关系连线

将鼠标移至点位上方,出现4个连线点。

将其拖拽至另一个点位的连线点上,即可在两个点位间建立一条连线。

图5-14中所示箭头方向代表:点位1完成后,点位2再出现。任务的出现顺序设置也采用同样的方式。

更为复杂的逻辑顺序关系则需要用到【and模块】和【or模块】来实现。

第四步:道具合成。

平时的游戏里,相信你一定遇到完成关卡随机掉落碎片的情况,收集几个碎片能够合成一个比较高级的道具。其实这个功能利用爱闯闯平台中的"道具合成"也能够实现,见图5-15。

图 5-15　碎片设计

点击顶部工具栏左侧的【道具合成】按钮就能够打开道具合成窗口,具体操作步骤如图 5-16 所示。

图 5-16　道具合成

点击添加新合成,在弹出的道具库中新建或选择即可。如图 5-17 选择了一个名为【神秘地图】的道具。

图 5-17　选择道具

选中新添加的合成【神秘地图】后,在右侧点击添加按钮添加该道具的合成方式,合成方式仅能从本线路中已添加过的掉落道具中选择(本线路中的道具在线路保存后可见)。

如图5-18所示,代表获得【照片】和【222】之后将自动合成道具【神秘地图】。

图5-18　合成道具

第五步:保存。

点击顶部工具栏右侧的【保存】按钮(见图5-19),所有改动将被保存至服务器,实际生效。

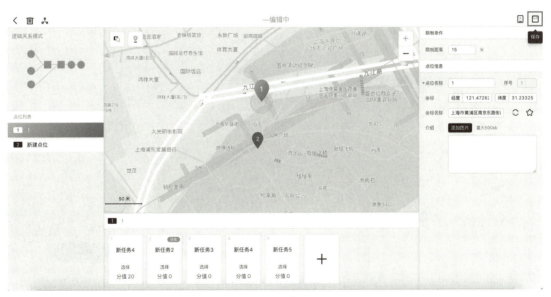

图5-19　保存界面

第六步:预览。

点击顶部工具栏右侧的【预览】按钮(见图5-20),生成该线路的测试二维码,App端扫码即可进行测试(所有改动在保存后才会生效)。

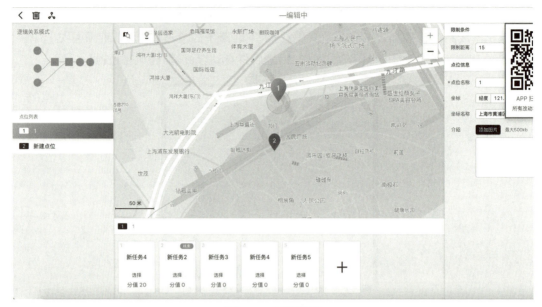

图 5-20 预览界面

第七步：生成活动。

当游戏线路在预览确认无误后就可以点击生成按钮（见图 5-21）。点击跳转后你可以设置游戏名称、游戏封面、游戏时间等等。需要注意的是你要根据自己游戏的属性选择"计分"或者"计时"，计时适合一些比拼速度的游戏，计分则重视分数累积。

图 5-21 生成活动

第三节 游戏化教学实施

游戏化教学在实施过程比讲授式教学复杂一些，需要运用流程管理和场地管理两方面的知识。

一、流程管理

元代范德玑在《诗格》中提道:"作诗有四法:起要平直,承要春容,转要变化,合要渊永。"游戏化教学课程如写诗一样,也包括起承转合四个环节。其中,起始环节中要让学生知晓游戏规则、进入游戏状态;承接环节是游戏的活动部分,让学生在游戏中充分发挥;转化环节是教学的关键,一定要让学生跳出游戏来反思行为和心理,理解教学内容;整合环节是教学内容的升华,对游戏化中出现的情况进行提纲挈领的总结。

(一)起始阶段

起始阶段包括教师的准备和学生的准备。

教师在这个过程要完成内容准备、物资准备和心理准备。在内容方面,需要再次确认一下教学主要部分都了然于心,初步预判一下课程中将发生的现象,以及应对策略。为保证教学效果,游戏化教学通常需要助教数名协助主讲教师做好相应工作。助教可以由青年教师、研究生或者高年级本科生担任,助教最好在之前曾作为学生身份体验过本课程,清楚其中每个环节的内容,并能从学生角度判断参与游戏的感受和可能出现的问题。在正式授课之前,教学团队最好由教师讲解一下整个活动的流程、需要注意的要点、道具的使用技巧、需要播放视频音频的内容和时间、学生购买道具的项目、团队计分要求等。如果时间允许的话,可以提前演练一下。在正式开始教学之前,助教需协助主讲教师做好场地布置,这部分内容将会在下一部分做详细解读。

物资准备包括教案、学生资料、物品道具等。在游戏化教学中,发给学生的资料包括学生手册、初始资源包和各类表单。学生手册包括本课程游戏的背景、操作流程、计分规则、注意事项等,条件允许的话可以用铜版纸彩色打印发给每个同学。散页(Hand Out)可以先准备好放在讲桌上在需要用的时候分发给学生。提前打印好管理表单和学生手册一起分发或者在复盘分享时发放。要用到各种道具,最好是按小组对应道具清单再检查一下是否齐备和完好,如果有破损和污渍尽量更新。有的道具在使用过程中可能会产生破口,需要及时处理防止划伤学生。如果在户外进行,还需准备创可贴等外伤处理和治疗晕车、中暑等药品。

主讲教师自己要调整好自己的情绪和身体状态,游戏化教学时间一般至少是3小时,大型的沙盘模拟课程会进行1到2天,会耗费教师大量体能。如果在户外进行,还要注意做好防晒或防寒。

学生的准备工作一是提前学习所需知识和理论,如果采用翻转课堂的形式,可以让学生预习线上课程内容,了解游戏活动的价值意义。需要在户外进行的活动,提醒学生做好防晒、防寒,穿着舒适宽松的运动类服装鞋帽,适当准备自己外出常用物品。

在正式开始课程之前,主要是破冰热身活动。如果是初次上课,需要让学生们相互认识了解,组建学习团队等。破冰热身类游戏有很多,可以选择1—2个实施,这有利于学生们集中注意力,调整状态,营造学习氛围。

（二）承接环节

从承接环节开始进入游戏化教学主体活动，在这个过程中首先要介绍游戏规则。游戏规则可以做成学生手册课前发给学生，也可以做成活页的形式一边讲一边发。规则的讲解要简练明了，介绍完之后要给学生留一定时间来答疑，确保大家都充分理解了规则之后开始游戏环节。

以《沙漠掘金》为例，规则介绍包括如下部分：

1. 项目目标

利用所拥有的资源及团队的聪明才智，在25天之内从大本营出发到大山里挖金币并返回大本营，最终获得资金最多的探险队为最后总冠军队。

2. 地图介绍

大本营——可以买到食物、水和其他学生认为需要的物品，比如，指南针和帐篷；风和日丽，几乎都是晴好天气。

村庄（C）——只可以买到食物和水，但比大本营的要贵一倍。大部分时间是好天气。

沙漠（S）——什么也买不到，天气时好时坏。

绿洲（L）——可无偿取水，天气时好时坏。

王陵——什么也买不到且阴森恐怖，天气变幻莫测。

金山——到达大山的第1天是休整时间，从到达大山的第2天起可以挖掘金币，每天只能挖掘到1块黄金，每块金币重50磅。金山绝大多数是晴好天气。

3. 生存与安全防护物品介绍

水——保证路途中的生存，在大本营和村庄里都可以买到。在大本营，每份重量50磅的水，价格25元；在村庄，同样重量的水，价格是大本营的一倍，即每份50元。在绿洲可以免费取水，但不可携带。

食物——保证路途中的生存，在大本营和村庄里都可以买到。在大本营，每份重量10磅的食物，价格10元；在村庄，同样重量的食物，价格是大本营的两倍，即每份20元。

帐篷——保证路途中的安全，可防风暴，避免在有风暴的情况下迷路。指南针只在大本营里可以买到，每个重量30磅，售价400元，一个帐篷可使用3次。

指南针——保证路途中的安全，可防风暴，避免在有风暴的情况下迷路。指南针只在大本营里售卖，每个重量10磅，售价100元。一个指南针可使用1次。

如果某一队在夺宝过程中，到达某地时所剩的食物或者水出现零值时（即使该地点正处于水源或食物供应处），该探险队仍将被掩埋在沙漠中无法生还。

4. 天气情况介绍

在游戏进行的25天内，会遭遇四种天气，分别是晴天、风暴、高温、高温加风暴。在小镇上有一个天气预报中心,每天都会发布一个基本准确的各地天气预报。

四种天气情况可能引起的后果:

晴天——每支队伍每天消耗1份水和1份食物。

风暴——每支队伍每天消耗2份水、5份食物,而且遇上风暴将导致迷路三天,在迷路的三天里,每天都需要2份水、5份食物;使用帐篷可以避免迷路,并且只需要1份水、1份食物;使用指南针可以避免迷路,但需要2份水、5份食物。

高温——每支队伍每天需要3份水和1份食物。

高温加风暴——每支队伍每天需要4份水、5份食物,而且遇上风暴将导致迷路三天,在迷路的三天里,每一天都需要4份水、5份食物,使用帐篷可以避免迷路,并且只需要3份水、1份食物,使用指南针可以避免迷路,但仍需要4份水、5份食物。

5.当地人文情况介绍

关于税收——当地政府允许掘金的行动,但是必须向政府交纳掘金税,总收益的20%(不包括现金节余),为了鼓励主动纳税和多纳税的行为,当局决定给纳税最多的队伍一个免收税款的奖励。

关于向导——你们可以寻找向导,但据了解,当地的百姓很少有人走进沙漠,因此绝大多数人不了解沙漠里的情况。只有一个被称为沙漠老怪的人,据说他曾经在沙漠里生活了大半辈子,对沙漠地区里的各种情况了如指掌。可是,由于他年事已高,已卧床不起,说话也很费劲,只能做出肯定或否定的回答。所以,可以向他了解沙漠地区的各种情况,但如果你想提出问题要他回答,就必须在大本营里陪他1天,他才肯说,并且一天只回答一个问题,要想知道另外一件事情,就必须再陪他1天。

6.黄金价值及最终收益的介绍

第一支掘金队带回来的黄金,每磅能兑换100元;

第二支返回的掘金队带回来的黄金,每磅能兑换97.5元;

第三支返回的掘金队带回来的黄金,每磅能兑换95元;

后面回来的队伍,均按每磅90元兑换金子。

注:在村庄买水或食物,村民们只收现金,不收黄金。

7.各队拥有的初始资源介绍

启动资金——每队1000元。

载重能力——每队1000磅。

载重能力即本队的负重能力。例:当你购买了1份水之后,这份水重50磅,你就要把50磅的载重卡片将交给交易中心,在你手里就只有950磅的载重卡片和1份水,加起来还是1000磅。

8.行动规则介绍

地图上每一格子代表1天的路程,每天只可以在地图上移动一格,只能移动相邻的一格。

出发前有30分钟的决策和准备的时间,到时而没有完成决策的队只好在大本营停留1天。

每天的讨论时间不能超过5分钟,到时而没有行动的队,只好原地停留一天。

每天各队在原地收听天气预报,然后决定去向。

只有骆驼骑士可以上来进行交易。

各队之间严禁任何交易,也不允许扔掉买多的水和食物。

9. 交易中心

交易中心设在教室前方侧面,上方有明显标志旗,桌前设有一米线,助教在此办理交易事项。前来交易的各队骆驼骑士排队进行交易,交易时间只有15分钟,时间到但没来得及交易的队终止交易,不得不停留在大本营一天。

在交易中心可以进行所有交易。每队把想要的物品填写在表格上,拿到交易中心,把相应的金额和载重卡交给交易中心的工作人员,买回想要的东西。各队每天都要把消耗的物品交到交易中心,换回载重卡。

各队在金山每停留一天,都要用50磅的载重卡在交易中心换回一块黄金。

在游戏的具体活动环节,不同游戏的操作有较大差异,这里不便一一说明。通常课程都有具体的操作说明,常见的拓展类游戏大多都有配套教学手册,通过边学边操作通常可以顺利掌握其要领。其中需要注意的通用性问题包括以下内容。

首先,时间掌控。可以用计时器等方法保证大家在确定的时间内完成游戏中规定的操作,在最初几个回合可以给学生稍微长一点时间适应,之后即可提高速度,减少讨论时间。

其次,氛围掌控。营造积极热烈、融洽和谐的氛围,不能让学生感觉压力过大气氛沉闷,也不能完全放纵,为所欲为。

最后,关系掌控。竞争类游戏中容易出现争执和矛盾,需要和谐处理,在教师扣分、处罚违规操作时也需要注意调节学生情绪。

(三)转化环节

游戏化教学中游戏是工具不是目的,要小心学生们过度沉浸在游戏的本身而没有跳出来思考究竟要用游戏说明什么思想。这个环节中要带着学生们做活动复盘,从复盘中发现问题,总结经验。本环节可以分三步进行。

学生小组内部分享总结;每组派1—2名代表发言;教师做最终点评。

在这个过程中,最重要的是教师要做好"点评"。所谓"点",就是以事实说话,点出游戏过程中发生的现象,最好是用数据、证据来说明问题;所谓"评",就是评价与评估。结合教学目标、教学内容对活动的过程和结果进行评价,指出学生们存在的问题,告知更有效的解决方案,引导学生进行深度的思考。

以《沙漠掘金》为例,可以从以下方面进行分析点评:

决策分析层面:反思如何进行物资购买决策?初始资金有限,究竟要购买多少水、粮食和防护用品?指南针和帐篷哪个性价比更高?如何进行路线决策?是否要走村庄?是否要决定进王陵?准备在金山待多少天?

团队协作层面:引导学生思考大家如何分工协作?在遇到争议的时候谁来最终拍板?谁主管财务?谁负责记录?

例如引导学生思考:最多可以挖几块黄金?第6天到达金山,第7天—第19天每天获得1块黄金。第20天开始返回,第25天抵达大本营。总共在金山停留14天,挖13块金子回来。这是最理想的状态。

关于是否要购买防护用品,如果不买防护用品,由于沙漠和绿洲的天气时好时坏,村庄和金山基本是好天气,王陵天气变幻莫测,因此只能猜测它50%的概率,也就是说沙漠地区的天气基本上是一半好,一半坏。根据对天气的预测,其中有6天是坏天气。坏天气有三种,既然了解到的情况没有说哪一种坏天气多一点,也就是说可以平均分配了,三种坏天气,各有2天。又已知我们只有1000元的现金,不可能买到足够的物资。那么,根据这些已知条件,我们可以做出一些基本推断,如果没有防护用品,在6个坏天气里,我们花在食物和水上的经费就已经达1670元了,再加上晴天的6个水的费用(6×25)150元,食物(6×10)60元,就等于1880元,似乎是我们资金的一倍,所以,12天不可能,我们没有足够的资金。结论:如果不买帐篷和指南针,我们就注定要葬身沙漠,不可能活着回来。如果购买防护用品的话,只是一个帐篷和一个指南针,就需要花费500元。在6个坏天气里,我们花在食物和水上的经费就要缩减至490元了,再加上晴天的6个水的费用(6×25)150元,食物(6×10)60元,三项费用加起来,就等于:500元+490元+150元+60元=1200元。从这个分析来看,即使买了防护用品,也还是不能在12天里返回,原因在于,我们没有把免费补水的条件放进去。

如果是把可以在绿洲免费补水的条件加进去,会有什么变化呢?第一,天数变了。已经不是12天了,只要进绿洲补水,来回都必须加一天的时间,也就是变成14天了。第二,资金需要量的变化。已知在第4天可以到达绿洲,事实上是说,你只需要买3天的水就已经足够了,剩下每一天都可以凭借着补水来生存,并且也不需要花钱了,这样,你只需要花钱买3天的水就可以生存了。已知天气的变化是一天好一天坏,我们按最坏的打算,3天里有2天是坏天气,在高温天气里是3份水,两个高温就是6份水,加上晴天的1份,我们只需要7份水,价格是175元。那么,补多少水是合适的呢?按照进入绿洲补水的想法,需要14天,那么在这14天的时间里,有11天需要水,这11天里有3天是必须花钱的,另外8天不需要花钱,只是需要在绿洲补水即可,按照这样的推断,在金山里可以停留12天,在第18天出来,如果这样的推断成立的话,那么就可以挖到11块金子,但是,这是不可能的,因为载重是不够的。从大本营出发的时候,最适当的物资储备如表5-3所示。

表 5-3　物资表

物资类型	数量	重量（磅）	单价	总价
水	7 份	350	25	175
食物	28 份	280	10	280
帐篷	一个	60	400	400
指南针	一个	10	100	100
合计		700	535	950

这样的话，载重余额还有 300 磅。3 天之后，消耗 3 份食物，7 份水，重量为 380 磅，载重又可增加 380 磅，一共 680 磅，也就是说可以免费补水 13 份。在进入金山和从金山出来到绿洲补水之前一共有 4 天，这 4 天里有 2 天是坏天气，需要 8 份水，还剩下 5 份水，也就是说可以在金山停留 5 天，挖 5 块金子。如果是第一个回来的话，按照兑换规则计算，可以有 20000 元的收益。那么，有没有可能收益更高一些呢？再深度思考就会发现，关键是水！载重只可以免费补充 13 份水，在路上要消耗 8 份水，才能再次免费补水，所以即使有载重能力，但由于没有足够的水，为了避免丧生沙漠，只能在金山停留 5 天，第 12 天就必须返回了，回到大本营也只用了 18 天，还有 7 天的时间足够返回了，这 7 天我们还可以再挖到 7 块金子，将价值最大化。如果提前了解到在金山有替代水源，那么就可以不用为在金山停留时准备水了，因此只需要有 8 份水的储备就够用了，8 份水的重量是 400 磅，在进入金山之前又用去了 200 磅，加上 3 天的食物消耗，一共是 230 磅，也就是说，当补水之后，680－400＝280，就有 280 磅的载重，消耗之后，加上 230 磅，等于 510 磅，进入金山之前的载重能力就有 510 磅了，就可以挖到至少 10 块金子了，那么在这 10 天里，你每天都要消耗一份食物，共 100 磅，你的载重能力又增加了 100 磅，又可以多挖到 2 块了，也就是说，如果能够确切地知道金山有替代水源的话，就有时间和能力挖到 12 块金子。所以问题的焦点就集中在了金山是否有水，如果没有水，最多也就是 5 块了，如果有水就可以有更多的收益。但是，怎么才能知道金山这个地方是否有水呢？其实，在情况介绍时，特别是在"当地人文情况介绍"时，有一个"沙漠老怪"，这个人对沙漠地区里面的各种情况都很了解。当然，问沙漠老怪问题是要付出代价的，也就是必须在大本营里停留 1 天，这个是必须权衡的问题，不去问只能有 5 块黄金的收入，但是一旦问出了结果，收益就是原来的 2 倍以上，至少可以获得 11 块黄金的收益，这就是在这种情况下的最大收益了。

通过以上分析，学生可以清晰理解游戏的内在逻辑和决策要点，当然这还不够，我们不是为了娱乐而玩游戏，否则游戏化教学就成了桌游俱乐部，更关键的是从游戏中跳出来思考，究竟能够领悟哪些道理。

（四）整合环节

所谓整合是要将游戏过程和教学目标整合，将体验与经验整合，将本次活动的收获与下一步行动计划整合。整合环节是总结提升,把理论与实践相结合,给予学生们更多思想启发。在复盘活动内容之后,学生可结合项目体验前后的心理变化进行回顾,总结经验教训,发散式联想,启发应用,从感性体验中进行理性升华,充分领悟游戏的内涵和价值。分享领悟可贯穿项目体验始终,内容因人、因时、因事而不同,也因团队每个人的视角和思维的不同而更加多维,更能以人为镜,相互启迪。分享领悟的方式可多种多样,也应灵活多变。可采用随机发言,也可按顺序分享,确保每个人都能有分享的机会。分享领悟应即时进行,挑战项目结束后即刻分享。分享时,应多进行表扬和鼓励,求同存异,不偏不倚,对于部分内向的学生而言,分享领悟本身可能就是一种挑战项目。分享内容宜先"放"后"收"的原则,以确保发言内容的发散和核心思想的不偏离。教师应多进行发言的引导和简要点评,就是运用鼓励与肯定的形式将学生的感悟与理解进行提升,让学生对自己的能力与潜力有一个新的认识,对团队的进展充满信心,并相信自己能够在实践中合理运用。

同样以《沙漠掘金》为例,可以从以下角度进行提炼升华(见表5-4)。

表5-4 沙盘要素对应表

情景沙盘要素	现实创业环境
金子	利润
起始资金	创业资金
驼队成员	企业创始团队
水和食物	人工成本、日常运营开支
天气	外界环境
晴天	环境平稳
高温	遇到困难
沙尘暴	遭遇挫败迷失方向
帐篷	有支持性资源
指南针	有高人指点

(1)情景沙盘模拟的投射意义着手分析,小游戏大道理,很多人的思维模式是固定的,在游戏中的行为方式在日常学习工作中会依然如此。

(2)从管理理论和方法工具着手。例如可以用目标管理的SMART原则进行分析,在讨论方案的时候用六顶思考帽进行,在分析问题时应用鱼骨图,在收集信息方面更加全面等。

(3)从未来行动计划方面着手。知而不行等于未知,所有的培训学习最后都要落实到行动计划上。在这个环节,要引导学生根据培训内容和收获,制订自己的下一步行动计划,引导学生思考。

作为今天的体验结果,你将承诺哪些新的、具体的行动?

列出那些你能预见到的阻碍你履行承诺的事项。

哪些资源是你所需要的,用来确保不会阻碍你"最大化"实现自己的目标?

你如何得知自己已经达到这些目标了?

二、场地管理

游戏化教学应用的场地很大程度上会影响到教学效果,场地主要包括户外场地和室内场地。

(一)户外游戏化教学场地

户外游戏化教学可以选择的场地类型很多,例如校内的操场、草坪、或者拓展训练基地、研学基地、旅游景区、公园等地方。如果需要专业设备的话,最好到拓展训练基地。

户外游戏最多使用的还是空旷的操场或者草坪,在此可以做一些破冰热身活动、团队协作游戏。场地项目有很多,常用的有急速60秒、地雷阵、扭转乾坤、巨人脚步、孤岛求生、信任行走等。一些综艺节目上的活动也可以使用,例如指压板赛跑、撕名牌等。高空项目包括高空抓杠、空中断桥、生死相依、缅甸桥、高空速降、垂直天梯等。这些项目有助于磨炼意志、培养勇气、战胜恐惧、激发潜能等。操作的时候需要做好防护、有专业教练保护,避免意外损伤。在有天然湖泊、河流或者人工湖的场地可以开展水上项目,包括扎筏泅渡、天使之手、搭桥过河、手吊环桥、沼泽跳跃等项目。这些项目可以培养团队协作、互帮互助、创意思维等能力。户外场地特别需要关注安全问题,防止摔伤、划伤及遇到蛇虫鼠蚁等。还要注意做好备选方案,如果由于天气变化,如遇烈日或雨雪等天气状况则要转移至室内场地。

(二)室内游戏化教学场地

室内游戏化教学场地可以选在智慧教室、会议室、教学楼大厅、体育馆等处,实在条件不够,非就餐时间的食堂也可以。如果要进行简单的游戏化活动,把桌椅清空即可,人数多的情况下准备音箱。进行沙盘模拟类教学时需要阅读和操作道具游戏活动,要把桌椅摆放好。

1.桌椅布置

(1)U形式(马蹄形)。

将多张会议桌排成U形,桌椅围合在一起,便于与会者参与讨论,也有利于幻灯片讲解。桌子连接着摆放成长方形,在长方形的前方开口,椅子摆在桌子外围,通常开口处会摆放放置投影仪的桌子,中间会放置绿色植物作为装饰,可不设会议主持人,以营造比较轻松的氛围,多摆设几个麦克风以便自由发言。这种形式适合人数较少的课程。

(2)剧院式(礼堂式)。

在教室面向讲台方向摆放成排座椅,中间留有过道。桌椅横向成排,面向主席台。桌椅也可成环形,跟随主席台形成所需角度。这种适合人数较多的课程(见图5-22)。

图 5-22　剧院式座位图

(3)课桌式。

室内将桌椅按排端正摆放或呈 V 形摆放,按教室式布置会议室,每个座位的空间将根据桌子的大小而有所不同。此种桌型摆设可针对教室面积和学生人数在安排布置上有一定的灵活性,学生可以有放置资料及记笔记的桌子,还可以最大限度容纳人数。适用于常规课程,便于学生做记录(见图5-23)。

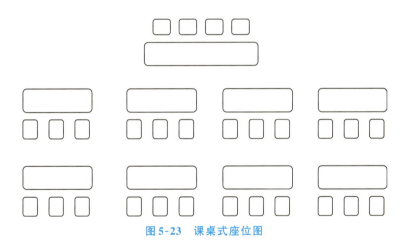

图 5-23　课桌式座位图

(4)圆桌式。

桌子使用中式圆桌,围绕圆桌摆放座椅,桌与桌之间留有过道。这种适合小组讨论式课程。

(5)酒会式。

酒会式摆桌,只摆放供应酒水、餐点的桌子,不设椅子,以自由交流为主的会议宴会摆桌形式,适合营造轻松随意的交流氛围

2.演示设备设置

演示设备包括投影仪、白板、电子屏、活页架、挂布等。有一些是教师使用,有一些是供

学生分组讨论和演示发言。传统的教学场景中,活页架除了教师使用之外,每个小组也应配备一个,便于小组把观点在白纸上写出来讨论和分享。现代的智慧教室通常都有主屏和分屏。学生们可以直接在对应的触摸屏上写下观点传至教师主屏。如果使用引导技术教学的话,还可以使用引导布和贴纸。

3. 环境氛围营造

在灯光方面,通常教室按照一般办公照明即可,在做情景游戏活动时需要模拟晚上可以使用遮光窗帘后关闭灯光。思力佳的课程《登山队》为了让学生体验白天和晚上的情景差异,设计有关灯环节,晚上是团队决策时间,大家需要拿着手电照着地图决定下一天的行动方案。有的游戏化课程在分享环节会设计"传灯"仪式,由大家手持蜡烛"点亮心灯",这样营造的氛围更加温馨。

在背景音乐方面,为了营造氛围可以在一定场景适当播放背景音乐。这些音乐包括上场音乐、颁奖音乐、情景音乐、搞笑音乐等。常用的背景音乐有《运动员进行曲》《拉德斯基进行曲》等等。恰当的音乐有助于烘托气氛,营造氛围。

在温度气味方面,最好选择有空调和通风良好的教室,保证学生有舒适的感觉。夏日可以适当喷洒空气清新剂,去除汗味。

如果条件允许的话,可以在教室走道布置咖啡、茶、小点心等茶歇,保证学生课间休息时能够有足够的体能。

后 记

"十年树木百年树人"常用来描述教育需要时间的积累,培育人才需要如此长的时间,那么培育优秀的老师需要多久呢?著名教育家陶行知先生说"学高为师,身正为范"。作为教师不仅要在专业领域取得卓越的成就,更要在道德修养上具备很高的水平。成为合格的教师不易,成为优秀的教师更需要多年的积累。回望从教十余年的经历,我一直在孜孜不倦地努力着,一边做老师一边做学生。在成长的过程中逐渐发现"教学相长"可以是教师和学生之间的合作共创,也可以是老师自己教与学的相互促进。

本书可以算作我的教学手记,其中的方法和体会基本都源自个人学习感悟和实践心得。例如,为了掌握案例教学法,我先后参加了教育部学位与研究生发展中心、全国旅游管理硕士(MTA)教育指导委员会、中欧商学院等机构举办的培训班;为了学习国际教练技术和引导技术,我参加了多个国际机构的工作坊。刚从教的那几年只要听说哪里有举办教学方面的培训,我都会积极报名自费参加。在学习中掌握了多种教学方法,在实践中进一步增加了对教学的理解,就像是库伯学习圈描述的那样,从实践中来到实践中去,在学习和应用的循环中完成了对于很多教学方法的认知闭环。通过不断提升教学水平,各类教学竞赛奖项和学生获奖也纷至沓来,从课堂教学竞赛到信息化教学竞赛,从国家级一流课程到全国教学创新大赛,等等。教学竞赛前密集化高强度的磨课过程使我的教学能力得到了很大提高,赛场上各位教师八仙过海各显神通,在和高手的过招中我的教学水平也在不断精进。

近几年,不少学校邀请我给青年教师做教学经验分享,受此激励我较为系统地总结了自己设计课程、实施教学的方法和技巧,形成了多篇文章。十余年积累,两年多撰写和修改终于成稿,由华中科技大学出版社正式付梓印刷。

回看这本书还存在有很多不完善之处,有心继续修改,但很多同事和朋友建议先出一版之后再迭代。正如精益创业所倡导的那样,首先有一个MVP(Minimum Viable Product)再通过不断地迭代打磨升级产品。希望读到本书的同仁们不吝赐教帮助我修改完善,为广大老师提供更多更好的教学工具。

感谢在本书的写作过程中提供指导和帮助的领导和老师们,南开大学的张玉利教授在百忙之中发来母校老师的谆谆教诲,中南大学的王昶教授和周文辉教授一直激励我深度钻研教学产出研究成果,中央财经大学葛建新教授、上海财经大学的刘志阳教授、湖南大学的汪忠教授、湖南师范大学银海强教授都对本书的部分观点有启发作用,从事双创教育的资深专家朱燕空老师和张静老师提出了大量有建设性的修改意见,广西师范大学和广西民族大学两所学校的创新创业学院院长蒙志明老师和刘银妹老师经常和我探讨双创教学方法切磋教学技巧。在此一并感谢,没有你们的支持和鼓励我将无法顺利完成本书的撰写。

我主持的多门线上课程都是由智慧树网协助制作和运行,感谢智慧树网副总裁陈弘及其团队,你们认真敬业、细致专业的工作是课程高质量产出的有力保证。感谢华中科技大学出版社的李欢、王乾和编辑团队,你们的精心策划、耐心审校才有本书最终的成果。

感谢湖南师范大学教务处、旅游学院的领导老师们,你们给了我创作的灵感和愉快的工作环境。感谢我的家人们,你们一如既往的支持和鼓励是我在教学、研究和写作之路上精神力量。

创新创业不仅是我研究和教学的领域,更是我的方法论和座右铭。我将继续以创业精神、创新思维和创造能力不断完善课程,为大家提供更多更好的作品!

孟奕爽于长沙
2022年4月